미국 한인이주여성의 초국적 삶과 공동체

사회통합 총서 10
미국 한인이주여성의 초국적 삶과 공동체

2021년 4월 25일 초판 인쇄
2021년 4월 30일 초판 발행

지은이 | 김영순 · 최승은 · 오영섭 · 오정미 · 남혜경
교정교열 | 정난진
펴낸이 | 이찬규
펴낸곳 | 북코리아
등록번호 | 제03-01240호
주소 | 13209 경기도 성남시 중원구 사기막골로 45번길 14
　　　우림2차 A동 1007호
전화 | 02-704-7840
팩스 | 02-704-7848
이메일 | sunhaksa@korea.com
홈페이지 | www.북코리아.kr
ISBN | 978-89-6324-759-5(94300)
　　　978-89-6324-636-9(세트)

값 20,000원

* 본서의 무단복제를 금하며, 잘못된 책은 바꾸어 드립니다.
* 이 저서는 2017년 정부(교육부)의 재원으로 한국연구재단의 지원을 받아 수행된 연구임(NRF-2017S1A5B4055802).

사회통합 총서 10

미국 한인이주여성의 초국적 삶과 공동체

김영순 · 최승은 · 오영섭 · 오정미 · 남혜경

북코리아

서문:
'연민'이 만들어내는 사회적 '연대'

　루소는 "인간은 본성적으로 악하며, 선에 대해 관념을 가지고 있지 않다"라는 홉스의 견해를 비판하면서 연민을 사회적 연대의 중요한 동기로 보았다. 아울러 "사회적 연대를 형성하는 이유는 개인 간의 서로 다른 이해관계에 내재하는 공동의 이익"이라고 주장했다. 우리는 이 저술을 통해 개인들이 지닌 연민이 어떻게 사회적 연대로 꽃피우는지를 살펴볼 것이다.

　이 책은 인하대학교 다문화융합연구소의 사회통합 총서 10권 『미국 한인이주여성의 초국적 삶과 공동체』로서 한국연구재단 인문사회 토대연구 지원사업의 연구비 지원으로 이루어진 것이다. 이 저술에 등장하는 생애담의 주인공은 1970년대에 미국으로 이주한 한인여성 7명이다. 이들이 생활세계에서 구성한 사회적 연대와 초국적 삶의 의미를 구체적으로 살펴보는 것이 이 책의 집필 목적이다.

　미국으로의 이주는 한국전쟁과 맥을 같이한 1950년대부터 본격적으로 일어났고, 가족 단위의 이주와 함께 한국 여성이 미국 남성, 특히 미군과 결혼하여 미국으로 이주하는 사례가 많았다. 이 책의 연구참여자인 7명의 한인이주여성 중 5명은 한국에 주둔하던 미군 남성과 부부로서의 인연을 맺고 미국 사회로 편입한 여성들이고, 한 명은 어린 시절에 가족 단위로 이주한 경우다. 또 다른 한 명은 취업 형태로 미국 사회로 편입한 이주민이다. 이주의 배경과 동기가 다양한 것과 마찬가지로 각각 다른 스토리를 가진 한인이주여성 연구참여자들은 이주여성이라는 사회적 소수자로서의 삶을 살지 않고 주체적으로 초국적인 삶을 살아왔다. 이들은 이주한 미국에서의 삶뿐 아니라 모국인 한국에서의 삶도 병행해왔다. 미국과 한국 사이에서 정체성 협상을 통해 양국의 정체성을 동시에 형성하면서 초국적 세계시민으로서 삶을 살아온 것이다.

그녀들이 초국적인 삶을 실현할 수 있었던 것은 가족이라는 울타리와 함께 비혈연 관계의 울타리, 즉 이주민이 참여하는 공동체가 있었기에 가능했다고 본다. 다수가 모여 구성하는 사회적 연대는 이주민에게 특별하다. 예를 들면, 교회 같은 종교 기관 혹은 한인여성이 구성한 월드킴와 같은 사회 공동체는 이주민의 사회적 지지 기반이 되었다.

이런 공동체는 사회적 편견과 선입견으로 이방인이 될 수밖에 없는 위치의 이주민을 사회적 연대로 구성해주었다. 이 공동체 속에서 이주민은 서로를 의지하며, 이주와 문화적응 과정에서의 상처들을 반짝이는 '별'로 승화시킬 수 있었다. 작금의 우리 사회에 그녀들이 겪었던 초국적 삶의 이야기는 과연 어떤 의미로 다가올까? 해답은 의외로 간단하다. '다문화'가 공존하는 한국 사회에서 모든 구성원이 이주민의 초국적 삶을 이해하고 다양성을 존중하도록 하는 데 도움을 줄 것이다.

이 책은 총 4장으로 구성하여 미국 한인이주의 생애담 속에서 초국적 삶을 구체화하고, 초국적 삶을 실현시키는 조력자 역할의 사회적 연대와 공동체의 의미를 기술했다. 1장 '초국적 삶과 이주여성'에서는 초국적 삶에 대한 의미를 이론적 차원에서 검토한 후, 한인이주의 역사와 미국 한인이주여성의 현황과 이와 관련한 연구들을 분석했다. 2장 '사회적 연대와 공동체'에서는 사회적 연대의 개념과 철학, 그로 인한 이주민 연대의 특징이 무엇인지를 살피면서 한인이주여성의 초국적 공동체의 의미와 구체적 실체를 찾아보는 연구를 수행했다. 3장 '미국 한인이주여성의 생애담'에서는 연구참여자들을 통해 미국에서 한인이주여성으로서 살아가는 삶의 다양한 양상, 한인여성 이주자로서의 임파워먼트를 중심으로 그녀들이 실천한 초국적인 삶을 이해하고자 했다. 특히 한국의 다문화 사회에 많은 시사점을 제공하는 연구참여자들의 초국적 삶이 가지는 의미를 생애사적으로 접근하여 해석했다. 4장 '별이 된 상처: 미국 한인이주여성의 초국적 삶'에서는 한인이주여성이 선택한 초국적 이주, 그 속에서 경험한 초국적 정체성이 나와 국가 그리고 세계에 기여한 바가 무엇인지를 삶의 차원에서 살펴보았다. 특히 미국 한인이주여성의 삶이 통시적인 관점에서 초국적 삶으로 발전하는 과정을 살펴본 후 그녀들이 한국의 다문화 사회에 전하고픈 메시지에 주목했다.

우리 연구팀은 이 책을 통해 개인적 연민이 사회적 연대를 구성하고, 그 연대 속에서 초국적 삶을 살아내며, 이주의 생활세계에서 어떻게 상처가 치유되는지를 경험했다. 그녀들의 삶을 온전히 글로 옮길 수는 없지만 적어도 연구자들은 이 총서를 통해 그녀들의 세계를 이해하고, 이 경험과 의미를 한국 사회에 전이할 수 있으리라 생각한다.

이 총서 출간을 위해 자료수집에서 집필에 이르기까지 꼼꼼히 챙겨주신 월드킴와 정나오미 회장님께 심심한 감사를 드린다. 무엇보다 인하대 다문화융합연구소가 미국 한인이주여성을 연구할 수 있게끔 상호 연구협약에 동의해주셨고, 연구 과정에서도 조언을 아끼지 않으셨다. 이에 무어라 감사함을 표할지 모르겠다.

연구를 시작한 시기는 바로 2019년 봄, 교정이 하얀 벚꽃들로 가득할 때였다. 원고의 최종 교정을 확인하면서 서문을 적고 있는 지금, 벚꽃들이 다시 만발해 있다. 필자는 사람들도 봄꽃처럼 다시 돌아올 수 있다면 좋겠다고 생각한 적이 있다. 그녀들의 이야기가 다문화 사회를 살아가는 우리 마음속에서 꽃피우길 기대하는 마음으로 서문을 줄이고자 한다.

2021년 4월
봄꽃처럼 다시 돌아올 수 있음을 믿으며
연구책임자 김영순

CONTENTS

서문: '연민'이 만들어내는 사회적 '연대' 5

연구개요 13
  1. 연구의 필요성 및 목적 15
  2. 연구 내용 18
  3. 연구 방법 21

1장. 초국적 삶과 이주여성 33
  1. 초국적 삶 35
  2. 미국 한인이주의 역사와 한인여성의 현황 37
  3. 미국 한인이주여성 관련 선행연구 46

CONTENTS

2장. 한인이주여성의 공동체　　55
1. 사회적 연대　　57
2. 월드킴와　　64
3. 국제결혼가정선교전국연합회　　73
4. 코윈　　76
5. 한미여성총연합회　　78
6. 그 밖의 단체들　　80

3장. 미국 한인이주여성의 생애담　　83
1. 연구참여자 1: 어머니에서 여성 인권운동가로　　85
2. 연구참여자 2: 희로애락으로 채운 새로운 고향, 새로운 삶　　102
3. 연구참여자 3: 가족이라는 조력자와 함께한 교육자의 삶　　120
4. 연구참여자 4: 교도소 재소자들을 아들로 품은 마미킴　　137
5. 연구참여자 5: 필리핀의 가난한 자들을 섬기는 선교사　　167
6. 연구참여자 6: 오뚝이처럼 다시 일어나는 여장부　　196
7. 연구참여자 7: 소외된 이들과 함께하는 신앙인　　237

4장. 별이 된 상처: 미국 한인이주여성의 초국적 삶   277
  1. 개인적 삶에서의 이주   280
  2. 사회적 삶에서의 문화적응   284
  3. 초국적 삶에서의 공동체   289
  4. 한국에 보내는 메시지   293

맺음말   307
참고문헌   309
찾아보기   314

연구개요

1. 연구의 필요성 및 목적
2. 연구 내용
3. 연구 방법

1.
연구의 필요성 및 목적

　인하대학교 다문화융합연구소의 사회통합 총서 10권은 한국연구재단 인문사회 토대연구 지원사업의 일환으로, 미국으로 이주한 한인여성의 초국적 삶과 공동체를 탐구한 저술이다. 이와 같은 재외동포의 삶을 통해 이 연구는 한국 사회의 다문화 생활세계에 대한 이해의 폭을 넓히고자 한다.

　국제이주는 초국적 이주로 국경을 넘는 이주를 의미한다. 국경을 넘는 이주로서의 초국적 이주는 이제 삶의 차원에서 접근하여 집중할 필요가 있다. 국경을 넘는 초국적 이주는 초국적 삶으로 발전하고, 초국적 삶은 개인의 삶의 의미에서 나아가 이주민 삶의 전형이 되고, 나아가 다문화 사회에서 우리 삶의 의미가 되기 때문이다. 그리고 이러한 변화는 이주민에 대한 사고의 변화에서 확인할 수 있다.

　과거에 이주민은 우리의 삶 속에서 어떤 의미로 정의되었을까. 이주민은 다른 언어와 문화적 배경을 가진 사람들로 새로운 환경에 적응해야 하는 소수자로서의 삶을 살아가는 사람들을 의미했다. 그러나 현재 이주민은 기존의 의미와 함께 능동적으로 삶을 개척하는 사람들, 그리고 이주민 자국과 정주국 사이의 연결고리 역할을 하는 사람들로 그 의미가 변화하고 있다. 즉 이주민의 정의가 "초국적 삶을 영위하는 사람들"로 그 의미가 변화하고 있으며, 이 변화의 중심에는 미국 한인이주여성이 있다.

이주민의 정의를 변화시키고 나아가 우리의 삶을 변화시킨 초국적 삶이 과연 무엇일까. 이 책에서는 1970년대에 미국으로 이주한 한인여성 7명의 삶의 궤적을 통해 초국적 삶의 의미를 구체적으로 살펴보고자 한다. 미국으로의 이주는 1950년대부터 본격적으로 일어났고, 가족 단위의 이주와 함께 여성이 미국 남성, 특히 미군과 결혼하여 미국으로 이주하는 사례가 매우 많았다. 당시의 한국 사회를 반영하듯 이 책에서 소개하는 7명의 한인이주여성 중 5명은 한국에 주둔하던 미군 남성과 부부로서의 인연을 맺고 미국 사회로 편입한 연구참여자이고, 한 명은 어린 시절에 가족 단위로 이주, 또 다른 한 명은 취업 형태로 미국 사회로 편입한 이주민이다. 즉 7명의 연구참여자 중 5명이 미군과의 결혼을 통해 이주했고, 1명은 유년 시절에 가족과 함께 이주했으며, 1명은 '아메리칸 드림(American Dream)'을 꿈꾸며 홀로 이주했다. 각각 다른 스토리를 가진 한인이주여성이지만 그녀들은 변방의 존재 혹은 소수자로서의 삶을 살지 않고 공통적으로 초국적인 삶을 살아온 한인이주여성이다. 이주한 미국에서의 삶뿐 아니라 태어나 자라온 한국에서의 삶도 병행하며 살아가는 초국적인 삶을 지향해왔다. 미국과 한국 사이에서 정체성을 잃고 좌절하는 대신 양국의 정체성을 동시에 누리며 양국의 국민으로서 초국적인 삶을 살아온 것이다.

이러한 초국적인 삶을 살아온 연구참여자들의 생애담은 현재 한국의 다문화 사회에 특별한 의미를 부여한다. 그것은 그녀들의 삶이 파격과 혁신 같은 거창한 삶, 즉 개인의 영웅적 면모를 드러내며 살아온 삶이 아니라 평범한 어머니로서, 아내로서 공동체 속에서 초국적 삶을 발현했다는 점이다. 7명의 연구참여자도 여느 이주민처럼 언어로 인한 소통의 벽, 남편과의 갈등과 이혼, 자존감 문제, 문화 충격, 문화 갈등을 경험하는 시련과 갈등의 삶을 살아왔다. 그럼에도 그녀들이 초국적인 삶을 실현할 수 있었던 것은 가족이라는 울타리와 함께 비혈연 관계의 가족 울타리, 즉 이주민이 참여하는 사회적 연대와 공동체가 있었기에 가능했다.

다수가 모여 구성하는 사회적 연대와 공동체는 이주민에게 특별하다. 예를 들면, 교회 같은 종교 기관 혹은 한인여성이 구성한 월드킴와(World-KIMWA, World Federation of Korean Inter-Married Women's Association, 세계국제결혼여성총연합회) 같은 사회 공동체는 이주민의 사회적 지지기반이 되고, 이주민이 사회와 소통하는 구심점 역할을 한다. 사회적 편견과 선입견으로 이방인이 될 수밖에 없는 위치의 이주민을 사회 관계망 속에 편입하게 하는 중간 통로가 공동체이고, 이러한 공동체 속에서 이주민은 서로를 의지하며 작은 영웅으로서 초국적 삶을 살 수 있다.

이 책에서 소개하는 7명의 연구참여자도 월드킴와를 통해 만난 한인이주여성으로, 그녀들은 각자의 방식으로 월드킴와 활동을 하며 한국과 미국 사이의 교두보 역할을 하고 있었다. 월드킴와는 서로 다른 환경과 지역에 거주하는 국제결혼여성을 하나로 통합하며, 그녀들의 삶이 초국적인 삶이 되게 하는 데 큰 역할을 담당하고 있다. 공동체 활동을 통해 이주민은 '나'에서 '우리'가 되어 자국과 정주국, 양국의 시민으로서 활동하는 작은 영웅으로 살아가고 있었다. 따라서 우리는 공동체 속에서 초국적 삶을 실천하는 미국 한인이주여성의 삶의 궤적을 살펴본 후 구체적으로 초국적 삶의 실천이 무엇인지, 그리고 초국적 삶을 가능케 하는 공동체가 가진 사회적 의미에 대해 살펴보고자 한다.

2. 연구 내용

　이 책은 총 4장으로 구성하여 미국 한인이주의 생애담 속에서 초국적 삶을 구체화하고 초국적 삶을 실현시키는 조력자 역할의 사회적 연대와 공동체의 의미를 기술했다. 1장에서는 초국적 삶의 의미를 고찰한 후 미국 한인이주 역사와 한인여성의 이주 현황을 초국적 의미의 공동체 속에서 이론적으로 접근했다. 그리고 미국 한인이주여성에 대한 현재까지의 연구 내용과 경향을 살폈다. 2장에서는 사회적 연대 개념과 철학을 통해 이주민 연대의 특징이 무엇인지를 고찰하고자 했으며, 한인이주여성의 초국적 공동체가 무엇인지 구체적 실체를 소개했다. 3장과 4장에서는 연구참여자인 7명의 미국 한인이주여성의 생애담을 이주 전후로 나누어 살피고, 그녀들이 한국 사회에 전하고픈 메시지에 귀 기울였다.

　1장 '초국적 삶과 이주여성'에서는 초국적 삶에 대한 의미를 이론적 차원에서 검토한 후 세계이주여성과 재미교포의 공동체 현황과 관련 연구사, 그리고 월드킴와, 코윈 같은 한인이주여성의 초국적 공동체에 대해 논의하고자 했다. 1장에서는 이론적 접근과 함께 실제적 삶의 양상으로 구현되는 초국적 공동체의 현황을 살핀 후 그녀들의 단체 활동이 가지는 초국적 삶의 의미를 이해하고자 한 것이다.

2장 '사회적 연대와 공동체'에서는 사회적 연대의 개념과 사회적 연대가 가진 철학, 그로 인한 이주민 연대의 특징이 무엇인지를 살피면서 한인이주여성의 초국적 공동체가 무엇인지 그 구체적 실체를 찾아보는 연구를 수행했다.

3장 '미국 한인이주여성의 생애담'에서는 총 7명의 연구참여자를 통해 미국에서 한인이주여성으로서 살아가는 삶의 다양한 양상, 한인여성 이주자로서의 임파워먼트를 중심으로 그녀들이 실천한 초국적인 삶을 이해하고자 했다. 7명의 연구참여자는 각자 다른 이주 동기 속에서 미국으로 이주했고, 서로 다른 문화적응 방식으로 미국에서 가정을 이루며 현재까지 정착해 살아오고 있다. 삶의 이야기는 모두 다르지만 이 연구참여자들은 공통으로 주체적인 삶을 살며 한국과 미국 사이의 연결고리 같은 초국적인 삶을 영위해나가고 있다. 한국의 다문화 사회에 많은 시사점을 제공하는 이들의 초국적 삶이 가지는 의미를 생애사적으로 접근하여 살펴봤다.

4장 '별이 된 상처: 미국 한인이주여성의 초국적 삶'에서는 한인이주여성이 선택한 초국적 이주, 그 속에서 경험한 초국적 정체성이 나와 국가 그리고 세계에 기여한 바가 무엇인지를 삶의 차원에서 살펴보고자 했다. 한인이주여성이 능동적 행위자로서 삶을 개척하는 과정에서 그녀들은 개인적·사회적·초국적으로 삶을 영위하고 확장해나가며 최종적으로 자신의 삶을 만들어갔다. 정주자로서 살아가는 사람들이 개인적·사회적으로 삶을 영위하는 것과 달리 국가의 경계를 뛰어넘어 이방인으로서 삶을 살아야 하는 이주자는 초국적 삶이 선택적으로 남아 있었다. 그래서 4장에서는 통시적인 관점에서 7명의 미국 한인이주여성의 삶이 초국적 삶으로 발전하는 양상을 살펴본 후 그녀들이 한국의 다문화 사회에 전하고픈 메시지에 주목했다.

3.
연구 방법

1) 생애사 연구

　　생애사 연구는 질적 연구의 하나이며, 고전적 의미와 현대적 의미로 구분하기도 한다. 고전적 의미의 생애사는 "한 개인의 삶에 관한 기술"로 정의하며, 현대적 의미의 생애사는 "한 개인의 외적인 삶의 상태와 심리적인 측면, 그리고 정신적이고 내적인 측면을 묘사하는 것"으로 정의한다(김영천, 2013). 생애사 연구의 기원은 20세기 초에 쓰인 미국 인디언 추장의 자서전으로 시작된 이후 1920년대 시카고 대학의 사회학파에 의해 도시 빈민과 그들의 삶을 연구하는 방법으로 발달했다(Miller, 2000; 김영천, 2013). 시카고 학파는 생애사 연구를 통해 미국의 도시화 과정에서 발생하는 사회문제를 개인의 삶이라는 렌즈를 통해 탐구하고자 했다(김영천·한광웅, 2012). 이러한 생애사 연구는 개인이 사회적 행위주체로서 사회구조와 상호작용하여 삶의 환경을 어떻게 구성하는지를 탐구할 수 있으며, 사회적 조건에 따른 개인의 변화 및 과정을 이해하는 데 유용하다(Ojermark, 2007; 이동성, 2013).

생애사 연구에서 중요한 특성 가운데 하나는 시간성을 들 수 있다. 즉 현재부터 과거까지의 시간에 걸쳐 있는 사회적 조건 변화의 영향, 사건이 개인에게 끼친 영향, 그리고 참여자의 삶의 과정을 관통하는 사회적 조건의 생성, 성숙, 소멸 등을 연구한다(Miller, 2000). 생애사 연구에서 시간의 개념은 크게 크로노스의 시간과 카이로스의 시간으로 구분한다. 크로노스의 시간은 과거, 현재, 미래, 그리고 봄, 여름, 가을, 겨울 또는 1960년대와 같이 명료하고 논리적인 개념의 시간을 말한다. 크로노스의 시간에 기초한 생애사 연구는 연구참여자가 살아온 삶을 연대기로 파악하여 과거, 현재, 미래를 직선상으로 놓아 그가 살아온 삶의 사실적 탐구에 집중한다. 이에 반해 카이로스의 시간은 시간에 대해 한 개인이 부여하는 심리적 개념으로 과거 삶의 여러 사건 가운데 특별히 더욱 값지고 의미 있게 기억하고 회고하는 시간을 의미한다. 그리고 그러한 시간은 항상 과거에 머무르지 않고 재구성·재해석된다.

연구참여자가 자신의 삶을 어떻게 기억하고 해석하는가에 따라 과거의 삶과 시간은 현재에 다른 의미로 만들어지고 다른 색으로 나타난다. 따라서 생애사 연구에서 과거는 어떠한 상황에서도 변화되지 않는 사실이 아니라 구술면담의 상황과 연구참여자와 연구자의 관계, 참여자의 관점변화에 따라 의미가 달라진다. 그러므로 생애사 연구에서 과거는 확정적이지 않고, 현재의 지평과 관련한 시간성을 갖는다. 즉, 카이로스(또는 아이언)의 시간은 현재의 시점에서 과거와 미래를 끊임없이 나누는 유동적인 의미의 시간을 말한다(김영천·한광웅, 2012; 김영천, 2013). 생애사 관점에서 시간성은 현재의 관점에서 이해된 과거, 현재의 경험으로 인해 예기된 미래를 담는 것이다. 다시 말하면, 현재의 틀에서 과거를 되짚어보고 미래를 예견함으로써 과거·현재·미래가 촘촘하게 연결된다. 생애사의 주체인 개인은 '나는 누구인가'라는 질문에 대답하는 과정을 통해 자신의 정체구조를 드러낸다(McAdams, 1985; 이만영·김수연, 1995). 즉, 개인이 자신의 삶 동안 추구한 행위들은 이러한 크로노스와 카이로스의 시간성에 의해 표면화되고 재해석된다. 아울러 개인의 행위를 통해 표현된 의미들은 변하지 않는 시간성의 속성에 의해 삶의 궤적으로 남아 개인의 정체성을 나타낸다.

생애사 연구의 또 다른 특성은 생애사가 개인과 사회의 상호작용에 의한 구성물이라는 관점이다. 사회학 관점에서의 생애사는 개인이 자신의 생애에서 직면하는 사회적 환경에서 행하는 행위에 대해 개인이 대처하는 전략과 행위들의 구성물이다. 생애 과정에서 일어나는 개인의 사회적 경험, 역학, 지위, 신분 등은 개인화의 표현임과 동시에 사회구조적인 사회화 내용을 보여준다(Berger & Luckmann, 1998/1969; 이희영, 2005a). 이러한 생애사 연구는 사람들에게 통찰과 명료화를 제공하며, 연구참여자가 살아가는 사회적·역사적 세계를 효과적으로 묘사하도록 한다. 또한, 생애사 연구는 사건 및 경험과 관련된 조건의 원인과 의미를 조명한다(민성은·김영천·정정훈, 2015).

이처럼 생애사 연구는 한 개인과 그를 둘러싼 환경을 함께 살펴봄으로써 그 개인에 대한 이해를 심화한다. 생애사는 한 개인이 자신의 삶에 대처하는 행위와 전략들의 궤적으로 그 개인을 대표한다. 그러므로 생애사를 통해 표현된 개인의 모습은 그 자체로서 역사성을 가지며 지워질 수 없는 그 개인만의 정체성을 나타낸다. 이러한 특성을 가지는 생애사 연구를 통해 재외한인여성의 생애사와 정체성을 살펴보고자 한다. 현대사회에서 개인의 국가 간 이주는 이전 시기보다 빈번하고 다양해졌다. 독일과 미국으로 이주한 한인여성은 외모와 언어, 문화, 가치관이 다른 거주국 사회에서 거주국 사회의 구성원과 상호작용할 필요가 있었다. 이들 한인여성이 삶의 다양한 변화에 대처하면서 자신의 정체성을 표현한 과정은 다양한 문화 속에서 살아가는 현대사회의 우리 모두에게 시사점을 줄 것이다.

2) 자료 수집 및 인터뷰 질문

　미국에 거주하는 한인이주여성의 초국적 삶과 공동체 활동을 살펴보기 위해 자료 수집은 다음과 같이 진행되었다. 한국 여성들이 세계에 개인적 또는 사회적 이유로 이주한 후 거주국에 정주하거나 거주국 남성과 결혼한 경우가 있다. 이들 가운데 특히 거주국 남성과 국제결혼한 한국 여성은 그들 스스로 모임을 만들어 외로움을 달래는 한편 지역사회에 봉사하면서 삶의 터전을 일구어나갔다. 이들 한인 국제결혼여성의 모임은 처음에 지엽적으로 이루어졌으나 시간이 지나면서 점차 지역의 경계를 아우르고, 나아가서는 국가의 경계를 넘어 세계 규모의 여성단체로 성장했다. 이러한 단체 가운데 한인 국제결혼여성이 자발적으로 만든 단체는 '월드킴와'와 '국제결혼가정선교전국연합회'가 있으며, 한국 정부의 주도하에 생성된 '코

[그림 1] 인하대학교 다문화융합연구소와 월드킴와의 협약식

원'이 있다. 그리하여 이들 세 단체에 속해 있는 한인 국제결혼여성이 본 연구에 참여한 주체다. 본 연구를 위한 연구참여자와의 만남은 지난 2019년 10월 8일 인하대학교 다문화융합연구소와 월드킴와의 협약(MOU)이 이루어짐으로써 시작되었다. 양 기관의 협약은 재외한인여성 연구 및 다문화교육을 목적으로 상호 유기적인 협력체계를 구축하기 위해 체결되었다.

월드킴와는 인하대학교와 상호협력을 위한 협약을 체결한 다음 날인 2019년 10월 9일부터 12일까지 월드킴와 세계대회를 서울의 한 호텔에서 열었다. 이때 인하대학교 연구진이 이 행사에 참여한 한인 국제결혼여성과 인터뷰하면서 본격적인 연구가 시작되었다. 미국에 거주하는 한인여성의 생애사 자료의 수집은 2019년 10월부터 2020년 4월까지 면대면 인터뷰와 전화 등을 이용한 인터뷰로 추가 자료 수집이 이루어졌다. 면대면 인터뷰

〈표 1〉 생애사 연구를 위한 질문 개요

구분	질문내용
이주 전의 삶	• 개인의 출생과 성장 • 가족관계(부모, 조부모, 형제자매), 가정환경 • 학업, 친구, 학교생활
이주 동기	• 이주를 추동케 한 개인적 환경(학업, 직장) • 개인을 둘러싼 사회적·국제적 환경 • 이주 과정
이주 초반기	• 거주국에서의 사회 활동 • 거주국의 문화환경, 적응과정 • 거주국 구성원과의 문화교류, 언어습득
이주 중반기	• 자녀 출생과 성장, 교육(모국 연계 사회 활동) • 가치관, 언어, 문화, 정체성 등 • 거주국에서의 대외 활동
이주 후반기	• 여가 활동 • 모국인 한국과의 연결성 • 자기 삶에 대한 성찰 및 새로운 목표

는 월드킴와 세계대회 때 이루어졌으며, 이후에 전화와 메일 등을 통해 인터뷰와 자료 수정이 이루어졌다. 연구참여자들과 면대면 인터뷰를 위한 질문은 한 사람의 생애를 전체적으로 이해할 수 있도록 개인의 삶을 어린 시절부터 노년까지, 그리고 이주 전과 이주 후 등으로 분류하여 순차적으로 작성했다. 인터뷰 질문의 내용은 위의 〈표 1〉과 같다.

3) 연구참여자

본 연구에 참여한 미국 거주 연구참여자들은 1950년대에 태어났으며, 이주는 1970년대부터 1990년까지의 시기에 이루어졌다. 이주 경로는 결혼이주와 이민이 있었다. 연구참여자들의 거주기간은 29년에서 47년까지 다양하다. 연구참여자는 다음 〈표 2〉와 같다.

〈표 2〉 연구참여자

구분	출생 연도	이주 경로	이주 시기	거주 지역	거주 기간 (2019년 기준)	자녀	국적
연구참여자 1	1958	결혼	1990	버지니아주	29년	1남	미국
연구참여자 2	1950	결혼	1973	워싱턴주	46년	-	미국
연구참여자 3	1956	결혼	1979	워싱턴주	40년	3남	미국
연구참여자 4	1956	이민	1972	조지아주	47년	2남	미국
연구참여자 5	1953	이민	1980	워싱턴주	38년	2남 1녀	미국
연구참여자 6	1956	결혼	1978	아칸소주	41년	2남 1녀	미국
연구참여자 7	1958	이민	1984	테네시주	35년	3녀	미국

미국 거주 연구참여자들의 거주 지역은 〈표 2〉에 나타나듯이 5개 주다. 특징을 보면 연구참여자들은 1950년부터 1958년 사이에 출생했다. 이들의 어린 시절은 정치·사회적으로 혼란한 시대였으며, 경제적으로는 한국전쟁 휴전 직후 매우 가난했던 시기였다. 또한 미군의 주둔과 미국의 경제적·문화적 영향이 이들의 성장기에 포함되어 있다. 그리하여 연구참여자들의 이주 경로에 결혼과 이민이 있음은 사회적으로 방송 매체, 영화, 문화적·정치적·경제적으로 미국의 영향력에 휩쓸리던 한국 사회의 환경과 연결된다. 그렇기에 생애사를 통해 이주의 영향을 살펴보고자 한다. 연구참여자의 개별적 특성은 다음과 같다.

연구참여자 1

연구참여자는 1990년 한국에서 만난 미국인 남성과 결혼하여 처음으로 미국 버지니아주로 이주했다. 한국에서 만날 당시에 남편은 한국에 주둔한 미군 육군 장교였다. 친구의 소개로 남편의 한국어 숙제를 돕기 위해 만났고 남편의 적극적인 구애로 결혼을 결심했다. 사실, 연구참여자는 한국 남성과 이혼하고 한 명 있는 아들조차 만나지 못하면서 방황기를 겪고 있었다. 이러한 사정 때문에 결혼 후 버지니아주에 정착하여 살면서 한국에 두고 온 아들을 그리워했고, 결국 입양 절차를 거쳐 1993년 아들을 미국으로 데리고 왔다. 둘 사이의 아이를 원하지 않은 남편은 대신 한국에서 데리고 온 아들을 잘 보살펴주었으며 아버지로서의 역할에 충실했다. 안정적인 가정생활 덕분에 연구참여자는 미국에서 꽃집을 운영하며 성공해 좋은 집도 사고, 아들도 대학에 보냈다. 아들은 연구참여자의 이혼과 재혼 그리고 미국으로의 이주에 대해 어머니를 긍정적으로 응원했고 연구참여자도 자신이 선택한 삶에 후회가 없다. 현재 연구참여자는 60세가 된 후 꽃집을 정리하고, 남편과 봉사활동을 하며 살고 있다.

연구참여자 2

친구의 소개로 한국에서 미국인 남자를 만나 결혼하여 미국 시애틀에서 영주권을 받고 살았다. 그러나 그 시간도 잠시, 다시 아이오와주로 이주하여 미국 생활을 이어나갔다. 그때 나이가 20대 초반이었다. 그러나 문화 적응은 쉽지 않았고 1년 후 한국으로 혼자 돌아왔지만, 한국에서의 생활도 녹록지 않았기에 결국 다시 미국으로 돌아가는 결정을 했다. 결정에 책임을 지고자 남편과 잘살아보기 위해 노력했다. 그러나 첫 번째 남편과 이혼했고, 이혼 후 휘드비섬에서 일반 사병이던 현재 남편과 1982년 재혼했다. 휘드비섬은 제2의 고향과도 같은 곳으로, 그곳에서 희로애락을 모두 경험했다. 부모 같은 노부부와의 인연도 있었지만, 남편과의 사이에서 낳은 아들이 교통사고로 세상을 떠나는 슬픔도 겪었다. 현재는 아들을 잃은 슬픔을 대신하여 조카들을 보살피고 주변에 봉사하며 살아가고 있다. 남편과 군부대 안에 있는 교회를 함께 다니며 신앙생활을 공고히 하고, 주변과 이웃에 봉사하며 생활한다. 현재 기독교 모임 활동을 하며, 한국과 주변에 도움을 주며 생활하고 있다.

연구참여자 3

연구참여자는 친어머니 없이 아버지 집에서 할머니와 한방을 쓰며 살았다. 할머니가 예뻐해주셨으나 자라면서 계모로부터 구박도 받았고, 친어머니 집에 살다가 다시 아버지 집에도 사는 등 탁구공처럼 살았다. 어릴 때부터 책 읽는 것을 좋아했고, 컴퓨터 프로그래밍을 배워서 1977년 공무원이 되었다. 한국에 파견 나온 남편을 만나 1979년 남편과 함께 미국으로 가게 되었다. 아들 세 명을 낳고 남편과 행복하게 40년 동안 살아왔다. 그런 가운데 조승희 사건*을 듣게 되었다. 그리하여 직장을 그만두고 주위의 이민자 아이들을 데려다가 책 읽기를 시작했으며, 그 모임의 이름을 '책벌레 클럽'이라고 명명했다. 책벌레 프로그램으로 4년 만에 살던 지역에서 올해의 봉사자상을 탔다. 한국의 다문화 아이들이나 취약 계층의 아이들에게 영어를 화상으로 배울 수 있도록 일을 추진하고 있다. 다음 목표는 흑인 아이들에게 교육을 통해 새로운 삶을 살게 하는 것이다. 연구참여자는 정부 보조금에 의존해 사는 부모 밑에서 같은 삶을 살아가는 아이들의 삶을 변화시키는 것이 자신의 소명이라고 생각하고 있다.

연구참여자 4

연구참여자는 인천에서 2남 4녀 중 막내로 태어났다. 운수업을 하는 아버지로 인해 부유한 가정에서 자랐다. 아버지는 정치인과 교분이 많아서 정치인들이 집에 찾아오기도 했고, 어려서부터 미국인과 미국문화, 그리고 영어를 습득했다. 1972년(당시 15세)에 가족이민을 갔다. 앨러배마 주립대에서 정치학을 전공하고, 졸업 후 친구의 초대로 독일에 가서 7년을 일했다. 미국교회에서 성가대 지휘자였던 남편을 만났고, 두 아들 중 장남은 법대를 나와 인권 변호사로 일하고 있으며, 차남은 범죄와 사회학을 공부하고 조지아주 교정국에서 근무하고 있다. 부모의 교도소 사역을 보면서 차남은 재소자의 입장과 교정국의 입장을 둘 다 이해한다. 주류사회의 혜택을 많이 받아서 사회에 환원해야 한다는 생각이 많았으며, 현재 조지아주에서 16년간 교도소 사역을 하고 있다. 연구참여자는 먼저 정착한 한인 혹은 미

---

* 2007년 4월 16일에 일어난 버지니아 공대 총기 난사 사건(Virginia Tech shooting)

국 현지인의 도움으로 사회일원이 되었음을 기억한다. 마찬가지로 한국 사회의 한국인이 이민자를 환대하고 나누고 가르쳐줄 때 더욱 윤택한 나라가 될 것이며, 협력관계나 문화교류를 할 수 있고, 이것이 결국 사회의 큰 자산이 될 것이라고 주장한다.

연구참여자 5

연구참여자는 인천이 고향이며, 인천에서 고등학교를 졸업하고 봉사하는 것이 좋아서 간호학교에 들어갔다. 이후 인천보훈병원 간호사, 인천남중학교 양호교사로 근무했다. 미국에 처음 온 것은 몬태나주였고, 이스트 몬태나 칼리지에서 영어 공부와 아르바이트를 하던 중에 지금의 남편을 만나 31세에 결혼했다. 간호사로서 주사를 놓는 과정에서 보게 되는 피(혈액)가 싫어져서 간호사의 꿈을 포기했고, 남편과 상의하여 한국 사람이 많은 시애틀로 이주했다. ○○침례교회 목사가 사역 동참을 요청하여 여기에서 7년을 전도사로 봉사했으며, 주로 외로운 한인 이민자를 돕는 사역을 했다. 연구참여자는 80세까지 하나님의 일을 하고 싶다는 소망이 있다. 2남 1녀의 자녀들이 잘 성장해주었으며, 현재 주중에는 홈스테이 양로원에서 봉사하고, 교회에서 새벽예배의 반주를 하고 노인 픽업을 도와주고 있으며, 토요일에는 한인 노인을 위한 실버대학에서, 일요일에는 교회에서 봉사하고 있다.

연구참여자 6

영어공부를 하던 중 만난 남성이 미국에서 공부시켜준다고 하여 결혼 후 함께 미국으로 갔다. 그러나 미국에 간 지 2주 만에 남편에게 다른 여자가 생겨 이혼을 당했다. 의지할 곳도, 아는 사람도 없는 상태에서 자살 결심을 했고, 그 순간 특별한 영적 체험을 했다. 그것을 계기로 새로운 사람으로 변화하는 삶의 전환이 찾아왔다. 그리고 공부를 계속하여 약대를 졸업했다. 약사로서의 삶을 살아가려 했지만, 신의 부름을 받고 신학대학원에서 석·박사 과정을 마친 후, 미국 교단에서 정식 목회자가 되어 미국인 회중에게 목회활동을 하고 있다. 미국에서 한인회 회장으로 봉사하며 한국의 지자체와 연계하여 한국전에 참전한 용사들의 희생에 감사하는 행사를 주최했다. 이 행사에서 한국전쟁 참전용사들과 그들의 가족, 그리고 미국 사회에 '한국은 감사함을 잊지 않음'을 알렸다. 이러한 보은 활동은 연구참여자가 목회자가 된 후에도 계속되었다. 그 결과 2020년 한국전쟁 70주년 유엔군 참전 기념일에 보훈처 주관 포상대상자로 선정되어 대통령 표창을 받는 영광을 경험하게 됐다. 앞으로의 바람은 한국인이 이주 문화나 다문화에 대해 더 열린 마음과 포용하는 마음을 갖고 서로 상생하는 것이다.

연구참여자 7

연구참여자는 서울에서 살다가 열 살 때 부산으로 이사했고, 대학 졸업 때까지 부산에서 거주하다가 졸업 후 서울로 다시 이사했다. 5남매의 막내로 성장했고, 대학에서는 식품영양학을 전공했다. 언니들이 모두 국제결혼으로 미국에 이민을 갔기에 어머니는 막내딸은 옆에 두고 싶어 했다. 그러나 언니가 매일 편지하여 더 넓은 곳에서 공부하도록 격려했고, 가족을 초청했다. 가족 초청 승인을 기다리며 대학을 졸업했고, 미 8군 재무회계부서에 비서로 취직했다. 취직한 미국 군인부대에서 현재의 남편을 만났고, 한국에서 혼인신고만 하고 미국으로 이주했다. 미국에 가서는 아이를 2년 동안 키우고 난 후 복직하고 싶었으나, 남편의 반대와 자녀 양육으로 인해 복직 기간을 놓쳤기에 한인이 하는 재봉을 배우게 되었다. 쌍둥이(미숙아)를 출산하는 과정에서 과다출혈로 생명을 잃을 뻔했으나 기적적으로 살아났고, 병원에서 청소하는 한인 부부의 돌봄을 받게 되었다. 이런 출산 과정이 인생의 전환점이 되었다. 이후 부동산 일을 시작하면서 한인 국제결혼여성과 만나게 되었다. 이들 가운데 남편에게 학대를 당하고 실제적인 도움이 필요한 사람들을 알게 되어 도움을 주었고, 이런 일을 계기로 이주문화가정 목회자협의회에서 일하게 되었다. 현재는 한인 혼혈, 입양 출신 미국인의 모국방문, 부모 찾기 등을 지원하고자 준비하고 있다.

1장

초국적 삶과 이주여성

1. 초국적 삶
2. 미국 한인이주의 역사와 한인여성의 현황
3. 미국 한인이주여성 관련 선행연구

1.
초국적 삶

　　초국적 삶은 초국적 이주를 바탕으로 한다. 정겨운 고향과 가족을 떠나 낯선 환경과 사람들 속에서 살아가는 초국적 이주는 개인의 선택이지만 동시에 국가의 경제적 격차, 교통 및 미디어 기술의 발달 등 세계자본주의 과정에 영향을 받은 선택이기도 하다. 개인의 선택이지만 동시에 국가 및 사회적 영향 속에서 선택한 결과가 초국적 이주다. 그러나 초국적 삶은 이주민 개인의 온전한 선택이다. 초국적 이주를 바탕으로 한 초국적 삶은 이주민 개인이 결정한 삶의 방향으로, 공간적인 환경에 지배를 받지 않고 이주민 스스로 탈경계화된 삶을 누린다. 이주민이 선택한 초국적 삶은 개인의 삶에서 사회적 삶 그리고 공동체의 삶으로까지 발전한다. 이주민이 경험한 차별과 편견은 개인의 문화갈등이 아니라 이주민의 문제가 되고, 나아가 공동체의 이야기가 된다. 그래서 초국적 삶 속 이주민은 자신의 문제를 사회적으로 공론화하고, 그것을 공동체 속에서 함께 해결하고자 한다. 이러한 과정에서 이주민은 현재 자신이 거주하고 있는 공간, 사회나 국가를 벗어나 초국적인 존재로서 삶을 살아간다. 실제로 우리가 만난 7명의 한인이주여성은 가정 내의 어머니 혹은 아내로서만 살아가지 않고 국경을 넘어 자신들의 도움이 필요한 이들의 손을 잡고 거시적 차원의 어머니로서 살아가고 있었다. '초국적 이주'라는 배경을 토대로 7명의 한인이주여성은 초국적 삶을 살아가고 있는 것인데, 그녀들의 초국적 삶은 궁극적으로 '초국적 세계'라는 변화하는 삶을 상징한다.

초국적 삶은 앞으로 펼쳐질 우리의 삶이기도 하다. 그동안 초국적 이주를 한 이주민, 그중에서도 변혁을 모색하는 진취적인 이주민이 초국적 삶을 이끌어왔다면, 앞으로는 더 많은 사람이 접근이 용이한 소셜네트워크 같은 미디어나 공동체를 통해 초국적 삶을 살아갈 것이다. 전통적 의미의 초국적 삶이 초국적 이주를 바탕으로 가능했다면, 앞으로 다가올 미래에는 초국적 이주 없이도 초국적 삶이 가능해질 것이다. 사실, 많은 사람이 이미 초국적 삶을 누리기 시작했다. 국경과 언어의 제약을 뛰어넘어 많은 사람이 공통의 관심사와 문제를 다양한 소셜네트워크를 통해 소통하고 있다. 하나의 정체성을 넘어서 다양한 정체성을 지향하는 초국적 삶을 시작한 것이다.

초국적 삶은 이제 이주민에게만 속한 삶이 아니다. 세계의 구조적 변화에 따라 초국적 삶은 나의 삶이고 우리의 삶이다. 그래서 이 책에서 소개하는 7명의 미국 한인이주여성의 초국적 삶은 나의 이야기이자 우리의 이야기다. 그래서 그녀들의 삶을 통해 초국적 삶을 이해하고, 나아가 우리의 미래를 준비할 수 있을 것이다.

2.
미국 한인이주의 역사와 한인여성의 현황

1) 미국 한인의 현황

2018년 12월 기준으로 총 180개국에 거주하는 재외동포 수는 대략 750만 명(7,493,587명)이다. 지역별로는 동북아시아(3,286,363명), 북미(2,788,732명), 유럽(687,059명), 남아시아태평양(592,441명), 중남미(103,617명), 중동(24,498명), 아프리카(10,877명) 순으로 재외동포가 많다. 하지만 국가별로 살펴보면 미국(2,546,982명), 중국(2,461,386명), 일본(824,977명), 캐나다(241,750명), 우즈베키스탄(177,270명), 베트남(172,684명), 러시아(169,933명), 호주(167,331명), 카자흐스탄(109,923명), 필리핀(85,125명) 순으로 재외동포가 많았다(외교부, 2019a).

미국은 전 세계에서 한인 재외동포가 가장 많은 단일국가(34%)이며, 거주 자격별로 영주권자(426,643명), 일반체류자(560,566명), 유학생(77,717명), 시민권자(1,482,056명)로 재미교포가 구성되었다(외교부, 2019b). 미국 내 아시아계로는 중국, 필리핀, 인도, 베트남에 이어 다섯 번째로 많은 수치다(연합뉴스, 2019).

2) 미국 한인 이민의 역사

　미국 한인 이민사는 1902년 12월 인천 제물포항을 떠난 101명의 한인이 미국 상선 갤릭호를 타고 1903년 1월 13일 미국 하와이 호놀룰루에 이민자로서 첫발을 내디딘 것으로 시작되었으며, 이제 미국 이민 역사가 117년이 되었다.
　미국 한인 이민사를 크게 초기, 중기, 최근으로 구분하면 다음 〈표 3〉과 같다.

〈표 3〉 미주 한인 이민자의 시기별 유형

구분	기간	이민자 수	이민자의 특성
초기	1903~1905	7,226	하와이 사탕수수 노동자
	1910~1924	1,115	사진신부
		541	독립운동가, 유학생
	1924~1945	-	동양인 배척법으로 인한 이민 중단
중기	1945~1964	14,352	미군병사와 결혼한 여성
			전쟁고아, 혼혈아, 입양아, 유학생
최근	1965~2005	826,535	영주 목적의 가족이민자

출처: 이전, 2001; 윤인진, 2004; 이영민 외, 2007에서 재구성

(1) 이민 초기

　미국 한인 이민 초기는 1903년부터 조선의 독립 직전인 1944년까지로 이민자의 구성은 하와이 노동자로서 미혼 남성, 이들과 사진 교환을 통

해 결혼하여 미국에 이민 온 사진신부들, 그리고 유학생 신분이지만 독립운동을 목적으로 미국에 온 정치인들이라고 할 수 있었다. 1905년 이민자(7,226명)의 9%는 여성이었다. 1924년에는 미국 이민법이 아시아인을 배척하는 국가별 할당법으로 개정되면서 한인의 이주는 중단되었다. 제2차 세계대전이 진행되면서 한국을 포함한 아시아인의 미국 이민은 없었으며, 1945년 미국인 한인 총 인구수는 대략 1만 명으로 추산되는데, 이 중 3천 명 정도가 미국 본토에 거주했으며, 나머지 6,500여 명이 하와이에 거주했다.

이 시기에 주목할 만한 한인이주여성은 소위 '사진신부(picture brides)'라고 불리는 여성 이민자다. 이들은 1910년 경술국치 이후로 일본이 한인의 미국 이주를 억제했음에도 상당수의 여성이 이주했다. 이들은 1910년부터 1924년까지 15년간 하와이에 951명, 미국 본토의 서부 연안에 115명으로 1천여 명의 한인여성이 미국에 이주했다(Houchins & Houchins, 1974; 이광규, 1988). 최초의 사진신부는 1910년 11월 28일 도착한 '최사라'라고 알려져 있으며, 이래수의 부인이 되었다. 이들은 하와이 최초 한인 이민자의 절대다수였던 미혼 남성들과 사진을 통해 결혼을 결심하고 태평양을 건너서 하와이에 도착한 여성들이었다.

이들은 식민지화된 조국의 현실과 전통적인 유교적 여성상의 굴레에서 벗어나 해외로 눈을 돌려 진출하고자 했으며, 사진을 통한 결혼이라는 과감한 결심을 할 정도로 선구적인 여성들이라고 할 수 있다. 이들이 이주할 수 있었던 계기는 경술국치로 인해 일본 제국주의 정부의 여권 발행이 쉽지 않은 상황임에도 해외 한인 이민자가 독립운동을 활발히 전개하고 있는 상황에서 일본 정부가 결혼을 통해 다소 그러한 움직임을 누그러뜨리려는 판단으로 한인이주여성에게 여권을 발급한 것으로 추정한다(이영민 외, 2007).

사진신부로 대변되는 한인이주여성은 초기 한인 이민사회에 상당한 변화를 주었다(이영민 외, 2007; 이전, 2001). 먼저 한인 이민사회는 가족 중심의 정착 집단으로 안정을 추구하게 되었다. 이에 따라 미국에서 태어난 한인 2세대가 출현하게 되었다. 사진신부들은 자신들의 남편들보다 교육 수준이 높고 좀 더 계몽화된 여성들이었기에 남편들을 설득하여 하와이에서의 노동을 그만두고 호놀룰루, 샌프란시스코 등의 도시로 2차 이주를 하도록 했다. 도시로 진출한 한인은 교역이나 소규모 사업을 시작했다. 하지만 사진신부들은 남편과의 연령차가 평균 14년 정도나 되어 한인 가정의 이혼율이 상당히 높았으며, 일찍 과부가 되는 경우도 많았다(Yoon, 1997).

특히 초기 한인 이민집단을 다른 아시아계 이민집단과 비교하면, 미국 한인 이민은 다음과 같은 특성을 가졌다(이영민 외, 2007).

첫째, 강한 민족의식이 장기간 지속되었다. 한인 이민자는 경제적인 빈곤에서 벗어나고자 돈을 벌기 위해 외국에 임시로 체류했다가 고향으로 돌아가는 임시체류자가 아니었다. 경술국치 이후 한인 이민자는 의도하지 않더라도 사실상 정치적 망명자 신세가 되었으며, 이러한 이유로 미국 한인 이민자는 독립운동자금 모금을 활발히 벌이면서 조국의 독립운동에 상당히 기여했다.

둘째, 영구거주자가 많았다. 일본의 한반도 강점 이후로 이러한 비율은 다른 민족집단에 비해 높았으며, 사진신부들의 유입으로 한인 이민자의 영구거주는 더욱 가속화되었다.

셋째, 본국의 사회적 배경과 출신 지역이 다양했다. 한인 이민자는 한반도 전역의 여러 도시 지역에서 모집되었으며, 특히 개항장과 대도시에 거주하는 사람들이 압도적으로 많은 비중을 차지했다.

넷째, 한인 이민의 배경에는 개신교의 역할이 상당했다. 개신교 지도

자들, 특히 미국인 개신교 지도자들은 주로 개항장과 대도시를 중심으로 활동했으며, 여기에 살고 있는 노동자들에게 적극적으로 이민을 권유했다. 한인 이민자가 미국에 도착한 이후에도 동족 교민 간의 결속과 민족정체성을 확보하는 데 개신교가 큰 역할을 담당했다.

(2) 이민 중기

미국 한인 이민 중기는 해방된 1945년부터 미국 이민법 개정 직전인 1964년으로 한인 이민자는 미군과 결혼한 여성, 전쟁고아, 혼혈아, 입양아, 유학생들이었다. 이 중 대다수는 미군과 국제결혼한 여성과 미국인이 입양한 전쟁고아들이다. 이 시기의 한인 이주자 중에서 한인여성은 한인남성의 3.5배나 많았다(이전, 2001). 연구자마다 통계가 다소 차이가 있긴 하지만, 1950년 미군과 결혼하여 1965년까지 1만 4천여 명에서 1만 7천여 명의 한인 이주자가 있다는, 대략 43~45%의 비율인 7,700명 혹은 6,423명이 미군 부인으로 미국에 이주한 여성이었다. 1950년 총 이민자 10명 중 겨우 1명의 한인여성이 미국 시민권자의 아내였던 데서 1964년 총 이민자 2,362명 중 1,340명의 한인여성이 미국 시민권자의 아내였던 것으로 보아 한인여성은 상당한 비율을 차지했다. 1956년부터 1979년까지 국제결혼의 약 95%가 미군과 결혼한 한인여성으로 추정되며, 미군과 결혼한 한인여성은 1950년대 이후부터 현재까지 10만여 명으로 추산하고 있다(Yuh, 2002). 그러므로 미군과 국제결혼한 한인여성이 미국 내에서 가장 많이 사는 곳은 미군기지가 있는 지역이며, 미군 남편이 제대한 후에도 미군기지 인근에서 사는 경향이 있다. 이들은 전쟁신부(war bride), 군인 아내(military wife), 미군

부인(wives of U. S. servicemen) 등 다양하게 지칭되는데, 이들은 한국에서도 소위 '양공주' 혹은 '기지촌 여성'으로 무시당했으며, 미국에서도 언어장벽, 문화적 차이, 시댁의 냉대로 인해 어려운 생활을 했다. 이들을 지지하는 집단이나 주변에 도움을 줄 수 있는 한인이 없으면, 자살하는 극단적인 경우도 빈번하게 발생했다. 이들은 한인 이민자의 편견에 의해 한인 이민사회의 구성원으로 인정받지 못하고 주변인으로 전락하는 경우도 있었다. 따라서 미주한인여성은 연대조직을 구성하고 한인으로서의 정체성을 찾고자 노력했다(Yuh, 2002). 이때 미군과 결혼한 여성 이주자는 남성 위주의 이민인구에 여성의 비율을 상당히 끌어올리는 데 기여했다.

이 시기에 미국으로 이주할 수 있는 또 다른 길은 유학이었다. 유학생들은 학생비자로 미국에 입국했고, 유학생 신분이 끝나면 한국으로 돌아가지 않고 시민권이나 영주권을 획득하여 미국에 남았다. 이 시기에 6천여 명의 미국 유학생 가운데 94%가 미국에 남았다(이광규, 1988). 이들은 1965년 미국 이민법이 개정된 이후로 한국의 가족들을 초청하여 가족이민의 기틀을 마련했으며, 한인 이민사회를 이끌어가는 데 공헌한 지도자의 위치에 있었다.

다른 한편으로 이 시기에 입양을 통한 이민도 상당수를 차지했다. 당시 전체 미국의 한국인 이민자 1만 5,051명 중에서 입양을 통한 이민자가 5,348명으로 전체 이민의 35%를 차지한다. 이 중 1955년부터 1961년까지 혼혈아는 2,601명, 비혼혈아는 1,499명이었다(이영민 외, 2007). 이는 한국전쟁으로 인해 많은 전쟁고아와 혼혈고아가 발생하면서 정부 차원에서 해외입양사업을 시작했다. 해외 및 종교 관련 원조기관을 통해 해외입양이 이루어지다가 1961년 「고아입양특례법」이 제정된 후 이들을 외국의 가정으로 입양시킬 수 있는 법적 근거가 마련되었다.

이러한 이주집단은 향후에 100만이 넘는 미국 한인사회를 구성하는 기초가 된 것으로 평가하고 있다.

(3) 최근 이민

1965년부터 최근까지의 미국 한인 이민 후기는 '신(新)이민' 시기라고도 불리면서 영주 목적 가족이민이라고 할 수 있다. 1965년 미국 이민법이 개정되면서 미국 한인 이민은 전환기를 맞이했다고 할 수 있다. 1965~1973년 사이에 2,500명의 간호사, 800명의 약사를 포함한 의료보건 전문인력이 이주했다(Kim, 1981). 국제결혼한 한인여성과 함께 이들은 한국에 있는 가족들을 초청하면서 1970년대 들어서 한인 이민자 수가 급증하게 된 계기를 만들었다.

신이민이 가속화된 원인은 다음 세 가지로 볼 수 있다. 첫째, 한국에서의 배출요인(push)으로 한국의 신중간계층 형성이었다. 한국의 신중간계층은 경제발전, 도시화, 교육의 확대로 인해 대졸 학력을 가지며 전문직·관리직·기술직 등에 종사하는 대도시 거주자라고 할 수 있다. 하지만 이들의 기대와 달리 한국에서는 경제적 성장 기회가 제한되어 한국이 아닌 해외로 눈을 돌릴 수밖에 없었다. 그뿐만 아니라 자녀들의 교육이 상당한 요인으로 작용했다. 부모의 높은 교육열과 무관하게 대학진학을 위한 치열한 경쟁과 투자는 부모에게 큰 부담으로 작용했고, 영어를 좀 더 저렴하고 자유롭게 교육을 받을 수 있는 미국으로 발걸음을 돌리게 했다.

둘째, 미국으로의 흡입요인(pull)은 1960년대 중반에 미국 의료보건 분야의 급성장으로 인해 인력확충이 어려워지자 아시아의 의료보건 전문인력을 확보하기 위해 이민의 문호를 열게 되었다. 이는 한국의 의료 전문 인력이 이민 가는 계기가 되었다. 1965년부터 1973년까지 3천 명의 의사, 2,500명의 간호사, 800명의 약사, 100명의 치과의사가 미국으로 이주한 것으로 추산된다. 다시 말해 1965년 이후 미국 한인 이민은 중산층 이민이라고 할 수 있다.

셋째, 한국과 미국 간의 군사·정치·경제·문화적 관계는 미국 한인 이민의 흡입요인이자 배출요인으로 작동했다. 광복 이후 미국이 정치적·군사적으로 한반도에 개입하면서 4만 명의 주한미군 주둔으로 국제결혼을 가속화했다. 아울러 경제적·문화적으로 풍요로운 미국은 전후 복구와 가난에 시달린 한국인에게 동경의 대상이 되었으며, 이민 열병으로 이어졌다. 이 시기에 상당수의 유학생이 미국으로 유학길에 올랐다. 다시 말해 한국에서 근대화, 도시화, 산업화를 경험한 신중산층이 처음부터 정주 목적으로 이민 갔다고 할 수 있다.

2000년 미국 인구 센서스 자료에 의하면, 한인여성 인구수는 48만 3,223명이었다. 한인 인구의 성비는 여자 100명에 남자 93.9명으로, 미국 전체 인구 성비 95.3과 비교하여 한인여성이 한인남성에 비해 약간 많았다. 하지만 연령대별 성비는 큰 차이가 없었다. 35세까지의 청년층, 35세 이상의 장년층, 60세 이상의 노년층에서 여성이 남성보다 많았다. 이러한 이유는 젊은 연령층에서 자기계발 기회를 잡고자 여성들이 이민에 적극적이었고, 노년층에서 평균수명도 높을 뿐 아니라 어머니가 자녀들과 살기 위해 이민 오는 경우가 많았기 때문이다. 특히 청장년층에서 여성 이민자의 비율이 높은 것이 전체적으로 한인 인구에서 여성의 비율이 높은 원인이었다.

그뿐만 아니라 미국 한인여성의 노동 참여도 다른 민족에 비해 높은 편이었다. 1990년 기혼 한인여성의 노동참여율은 60%로서 기혼 백인여성의 58%보다 높았다. 하지만 실제로 가족사업체에서 무임금으로 일하므로 이 통계는 실제보다 낮을 가능성이 높은 것으로 추정된다. 하지만 이는 한국의 여성노동 참여율 25%보다 매우 높은 수치다. 이는 미국 한인남성의 평균 개인소득이 낮고, 여성의 노동 기회가 많기 때문이다. 미국에서 전통적인 성역할에 대한 태도가 변화되어 한인여성은 적극적으로 노동에 참여했다.

그러나 이러한 경제적 기여에도 남편과의 관계가 평등하게 실현되지 않은 것으로 보인다. 남편들은 여전히 전통적인 성규범과 성역할을 고집하여 부부갈등이 늘어났다. 한인 이민가족은 한국의 가족에 비해 부부갈등 빈도가 더 높다고 보고되고 있다(민병갑, 1998). 미국 한인남성의 이혼율은 한국 기혼남성의 3배가량 높고, 미국 한인여성의 이혼율은 한국 기혼여성 이혼율의 무려 5배에 달하는 것으로 알려져 있다. 이는 미국 한인사회에서 심각한 문제가 아닐 수 없다(민병갑, 1997).

3.
미국 한인이주여성 관련 선행연구

이 장에서는 국내와 해외에서 진행된 재미한인, 특히 미국 한인이주여성에 대한 전반적인 연구를 정리하여 소개하고자 한다.

먼저 재외동포에 대한 인류학적 연구와 정책 제안을 통해 재외동포의 위상을 제고하는 데 커다란 족적을 남긴 이광규 교수의 재미동포 관련 연구를 학술지를 중심으로 살펴본다. 다음으로 재미학자로서 재미한인 연구를 집대성하고 있는 민병갑 교수의 재미동포 문헌연구를 중심으로 1970년대부터 2010년까지 발표된 재미 한인이주여성에 대한 연구 내용을 연구자 중심으로 정리한다. 마지막으로 최신 연구 동향을 살펴보기 위해 2011년 이후 지금까지 국내에서 발표된 재미 한인이주여성에 대한 학위논문과 학술지를 중심으로 살펴본다.

첫째, 서울대 인류학과 명예교수이자 재외동포재단 (전)이사장인 이광규는 재외한인의 인류학적 비교연구, 가족연구, 직업연구, 정책제안 등을 통해 재미동포의 실태와 현황을 조사했을 뿐만 아니라 재미동포를 비롯한 재외동포에 대한 국가적인 관심을 환기시키고 재외동포의 위상을 높이는 연구를 수행했다.

    이광규는 주로 1980년대부터 2000년대 초반까지 재미동포 사회에 대한 연구를 진행했다. 먼저 「재미한국인 서설」(이광규, 1986)에서 재미 한인이민의 특성을 엘리트이민과 가족이민이라고 규정하면서, 이민자의 동화과정에서 큰 심리적 충격이 있으며, 이민자 개인과 이민 사회 사이의 완충지대라고 할 수 있는 가족이 재미한인에게 매우 중요한 역할을 한다고 보았다. 또한 「재미한인의 분포연구」(이광규, 1988)에서 1980년 인구통계자료를 중심으로 아시아계 미국 이민자와 비교하면서 재미한인의 특성을 살펴보았다. 1970년대 이전에는 국제결혼여성과 입양아가 한인 이민의 주류였다면, 1970년대 이후에는 20~30대 중심의 노동이민으로 바뀌었고, 교육 수준에 비해 타민족보다 전문직 취업 비율이 낮으며, 영세한 개인 기업에 종사하고 있음을 파악했다. 재미동포를 재소동포와 비교한 「미국과 소련의 동포사회 연구」(이광규, 1991)에서는 미국 이민이 엘리트이민, 기술이민임에도 미국 사회의 기대치에 자신의 능력을 맞추는 하강 이민이며, 이로 인한 개인의 심리적 어려움과 가족의 내부 문제가 야기된다고 보았다. 그럼에도 재미한인은 모범적인 소수민족으로서 개인적 욕구와 필요에 따라 전통 한국문화를 유지한다고 강조했다. 그는 「세계화와 재외한인가족」(이광규, 1995)에서 다시 한번 이민자의 문화적응을 개인 차원이 아니라 가족 차원에서 다루었다. 특히 가족의 형태나 기능보다 부부 문제, 자녀 문제를 중심으로 심리적 어려움의 실태와 원인을 제시했다. 나아가 「재미동포의 뷰티 서플라이 산업」(이광규, 2002)을 통해 재미한인이 독점하고 있는 뷰티 서플라이업계에 대해 분석하여 재미동포가 흑인을 상대로 사업하며 미국에서 살아가는 방식을 보여주었다. 그리고 「미주동포와 한국어 교육」(이광규, 2008)에서는 미국 사회에서 제2외국어로 한국어의 위상이 높아진 현실에서 미국대학의 한국학 현황, 한국학교와 미국 중·고교에서 한국어교육 현황, 미국 정부의 한국어 장려정책을 살펴보면서 재미한인의 의식 전환을 촉구했다.

이러한 재미한인에 대한 인류학적 연구와 더불어 이광규는 정부의 재미동포를 포함한 재외동포에 대한 관심을 촉구하며, 다른 한편으로는 재미동포의 성찰을 촉구하는 연구를 진행했다. 이광규(1992a; 1992b)는 1992년 발생한 미국 로스엔젤레스 흑인폭동사건을 통해 먼저 재미동포에게 유색인종으로서 미국 이민사회에서 다른 민족과 더불어 살아가는 지혜를 배우고 흑인 문화를 존중하는 계기가 되어야 한다며 재미동포의 각성을 촉구했다. 더 나아가 이광규(1993)는 "재미동포는 재외동포의 전형적인 예이면서 모범적인 소수민족으로서 흑인을 대변하고 용기를 주어야 하는 과제를 가지고 있으며, 재외동포는 더불어 살아가고 모든 민족의 평화와 행복을 증진하는 데 기여해야 한다"라고 말했다. 이광규(1997; 1998a; 1998b)는 국가에 위기가 있을 때마다 도움을 주는 해외동포의 역할을 상기시키면서 정부에 해외동포에 대한 장기적인 정책을 촉구하고, 해외교민청 신설, 광범위한 연구 활동, 교과서 개발, 교포 현지 채용, 현지적응 지원, 2세와 입양아에 대한 교육 등에 대해 구체적인 정책을 제안했다. 이와 같이 이광규 교수는 재미한인을 포함하여 재외한인에 대해 국내에서 선구자적인 연구자로서 43편의 연구 논문과 25권의 저서를 발표했다.

둘째, 뉴욕시립대학교 사회학과 교수이자 한국커뮤니티연구센터(Research Center for Korean Community) 디렉터인 민병갑은 재미교포사회를 오랫동안 탐구한 사회학자로서 재미교포 연구에 대해 전반적으로 문헌을 검토했다.

민병갑 외(2010; 2011)는 재미교포를 다룬 연구가 본격적으로 1970년대에 시작되었고, 2011년 기준으로 한인 이민자를 다룬 저서와 논문이 600개

이상이 된다고 추산했으며, 이들은 연구를 위해 총 501개를 추려냈다.

대략 11개의 범주로 구성되는데, 가족관계, 여성, 노인 및 사회사업(115편, 23.0%), 한인사업체, 관련 인종갈등(101편, 20.1%), 자녀, 교육, 심리(62편, 12.4%), 종교 활동 및 기관(47편, 9.4%), 사회경제적 성취 및 동화(39편, 7.8%), 이민, 정착 양상(25편, 5.2%), 입양아, 전쟁신부(24편, 4.8%), 역사(23편, 4.6%), 민족성, 본국과의 초국가적 연계(22편, 4.4%), 한인공동체, 한인단체 및 정치 발전(19편, 3.8%), 기타(23편, 4.6%)로 볼 수 있다.

이 가운데 한인이주여성에 대한 연구는 가족관계, 노인 및 사회사업 등과 같은 범주에서 115건인 23%를 차지했으며, 특히 입양아와 전쟁신부에 관한 연구는 24건인 4.8%로 나타났다. 민병갑 외(2010)의 참고문헌 목록에서 미국 한인이주여성과 관련된 연구는 총 47편(저서 20권, 논문 27편)이다.

민병갑(2010)의 선행연구에서 미국 한인이주여성 연구의 대표적인 학자를 송영인, 밀리안 강, 김광정, 여지연, 김애라, 김정하로 정리할 수 있다.

여성주의 학자인 송영인(1997; 1998)은 여성학적 시각에서 한인이주여성에 대해 연구했으며, 대표적으로 한국 전통문화와 현대 여성주의 문화 사이에서 살고 있는 여성상을 보여주며, 가정폭력을 포함해 광범위한 문제를 다루었다. 특히 송영인의 『침묵의 희생자: 한인이주가정의 학대받는 여성들(Silent Victims: Battered Women in Korean Immigrant Families)』(1987)은 한인 이민여성의 가정폭력 경험을 다룬 대표적인 저서라 할 수 있다.

아울러 밀리안 강(1997; 2010; 2003)은 여성주의 시각으로 한인 손톱미용사의 삶을 통해 인종(race), 젠더(gender) 그리고 몸(body)에 대해 분석했다.

전쟁신부를 다룬 연구자로서 역사학자 여지연(2002; 2007)은 구술사를 기반으로 미군과 결혼한 한인이주여성, 소위 기지촌 여성의 삶을 다루었다. 여지연(2007)에 따르면, 미군과 결혼한 한인이주여성에 대한 선행연구의 절대다수는 사회복지 제공자들에 의해 수행된 연구로 결혼만족도, 결혼생활의 적응과 갈등, 가정학대, 복지서비스 전략에 대한 것이다. 미군 군목들은 군대에서 이런 부부를 돕기 위해 제공할 서비스를 연구했으며, 한국이민교회 목사들은 이들에 대한 목회활동 방식을 다루었다. 여지연은 한국인 군인 아내들에 대해 전적으로 다룬 연구가 미국과 한국에서 거의 없다고 평가하고 있다. 그리고 10만여 명이나 되는 미군 부인들의 실체와 경험에 대한 관심 부족에서 벗어나 이들에 대한 진지한 학문적인 작업으로 접근한 연구를 촉구했다.

교회 내에서 한인이주여성에 대한 연구자로 한인 이민 여성학자 김애라와 1.5세 한인 여성학자 김정하가 있다. 김애라(1996)와 김정하(1997)는 미국 한인 이민자교회 내에서 여성의 권력 결여에 대해 다루고 있다. 이러한 현상의 배경을 김애라는 유교문화적 사상으로 보았으며, 김정하는 성차별의 원인을 제공하는 기독교신학에 문제가 있다고 보았다.

한편, 사회학자인 김광정의 대표적인 연구(1988)는 한인이주여성이 가정주부이자 직장인으로서 이중고를 다룬 연구를 진행했다. 민병갑(1992)도 한인이주여성의 고단하고 불평등한 삶에 주목했다. 그는 뉴욕시에 거주하는 298명의 한인 결혼이주여성이 그들의 남편과 비교하여 직장에서 상당한 초과시간을 근무하고 가사업무를 맡고 있음에도 남편들은 성역할에 따른 가사업무 분담에 대한 전통적인 관념을 유지하고 있었다. 이는 미국 한인이주여성에게 상당한 스트레스로 작용했다. 또한 민병갑(2008)은 미국 한인 이민교회에서 여성 리더십의 역할과 지위에서 상당히 저평가되어 있음을 말했다. 이렇게 된 요인으로는 한국의 유교에 기반한 가부장적 전통의 영향, 한국 교회의 보수신학적 경향, 한국 남성의 민족 교회를 통한 지위 상승의 필요로 보았다. 구체적으로 여성안수에 부정적인 한국 교회의 입장,

뉴욕시 한인교회의 교단 입장, 뉴욕시 여성 목회자 비율 등을 영향 요인과 함께 분석했다.

셋째, 민병갑의 2010년도까지 문헌 정리 이후 현재까지 국내에서 발표된 한인이주여성에 대한 학위논문과 학술논문 등 주요 논문 9편을 살펴보면 다음과 같다.

전명희(2011)는 미국 내 한인여성의 가정폭력 특징과 유형에 관한 48건의 피해사례 내용을 분석하여 세 가지 유형으로 분류하면서 탐색적 연구를 했다. 연구 결과로서 언어, 문화, 이민 지위에서 남편과의 격차는 권력 불균형을 이루고 가정폭력을 유발하는 주요 요인이 되었다. 가정폭력을 세 가지 유형(전통적 이민가정, 문화차이가 큰 신혼가정, 재혼가정)으로 나누고, 유형에 따른 예방 및 개입전략을 시사점으로 제시했다.

김민정(2012)은 하와이로 이주하여 일본인 혹은 중국인 남성과 국제결혼한 한인여성 7명의 생애담을 통해 한국 사회의 가부장적 질서에서 벗어나 미국 본토와도 차별화된 하와이의 이주자 여성으로서 주체성을 추구한 한인이주여성을 보여주고자 했다. 이들은 한인과 아시아계 로컬과의 종족 간 결혼을 통해 주류 로컬사회와 소수 한인사회를 매개하고 새로운 혼혈 인구층을 생성하는 것을 넘어서 자신의 존재로 인해 하와이에 모국의 문화를 전파하고 애국자로서 자리매김하고 있었다.

박해광(2015)은 국제결혼을 통해 미국에 거주하는 한인여성의 문화적응에 대해 연구했다. 한인이주여성의 국제결혼 계기와 과정을 살펴보고, 언어적응, 음식적응과 문화의 조정, 그리고 교회와 공동체적 연대의 측면을 통해 문화적응 양상을 살펴보았다. 이를 통해 국제결혼한 미국 한인이주여성은 초국적 정체성을 지닌다고 했다.

남혜경·김영순(2016)도 마찬가지로 국제결혼한 재미한인여성 6명의 문화적응 사례에 관해 연구했다. 이들의 문화적응을 개인적 차원(문화, 직업, 언어)과 집단적 차원(가족, 사회적 지지, 편견과 차별)으로 나누어 살펴보았으며, 개인적 차원에서 한인이주여성은 언어와 문화로 인해 직장 내 차별을 경험했고, 진급에 한계가 있었다. 미국 사회 내에서도 차별을 경험했으나, 집단적 차원에서 남편 가족과 국제결혼 한인여성의 자조모임으로부터 지지를 얻으면서 미국 사회에 적응하고 타문화를 존중하는 긍정적인 태도를 발전시키는 모습으로 성장했다. 이러한 재미 국제결혼 한인여성의 문화적응은 현재 한국 사회의 국제결혼이주여성을 위한 시사점으로 제시될 수 있다.

김병수(2016)는 국제결혼한 재미한인여성이 인식하는 미국인 남편의 역할에 대해 연구했다. 11명의 한인여성에 대한 질적 사례연구를 통해 이들의 결혼생활 적응은 남편의 돌봄자로서의 역할, 가장으로서의 역할과 관련되어 있었다. 그뿐만 아니라 국제결혼 재미한인여성은 미국인 남편에 대해 기대를 충족하고 탈출구로서의 역할, 돌봄자로서의 역할, 문화수용자로서의 역할, 가장으로서 책임지는 역할, 건강한 종교인으로서의 역할 등 다섯 가지 역할에 대해 기대를 가지고 있었다.

최미정(2018)은 뉴욕지역을 중심으로 시인으로 활동하고 있는 재미한인여성의 시문학에 대해 연구했다. 이들 시의 특징은 세대별로 차이가 있기는 하지만, 대체로 이방인으로서의 의식과 경계인으로서의 소외감, 어머니와 시인으로서의 정체성, 노동의 체험과 타자성, 초국적 정체성, 고향에 대한 그리움과 제2의 고향 미국에 대한 정착의식 등을 보여주고 있다.

김민정(2018)은 '파독 간호사'로 대표되는 재독한인여성과 달리 '미군부인'으로 대표되는 재미한인여성이 재외한인으로서 배제되는 현상에서 국가주의 민족 담론의 방식을 분석한다. 재외한인은 '포함과 배제', '포섭과 추방'이라는 정치적 과정의 산물이라는 점에서 이주여성, 국제결혼여성에 대한 타자화를 진행한 국가주의와 순혈민족주의의 차별성과 폭력성을 다각도로 검토하고 반성할 필요가 있음을 제안하고 있다. 아울러 미군 아내들이 자조모임과 대외활동을 통해 자신들의 존재를 인정받기 위한 정체성을 만들어간 점을 부각하고 있다.

최정아(2018)는 간호학 연구로 미국 한인 이민여성의 신체적 건강, 자궁경부암에 대해 관심을 가지고 자궁경부암 예방교육 프로그램을 개발했다. 이 교육 프로그램은 재미 한인 이민여성에게 많이 발병하는 자궁경부암 예방을 증진하는 간호 중재 프로그램으로 활용될 것으로 기대하며, 이러한 예방활동을 지속하기 위한 정책적 지원체계의 필요성을 시사점으로 제시했다.

정수연(2019)은 재미한인 기혼부부의 내현적 자기애*와 결혼만족도의 관계를 용서와 공감의 매개효과와 함께 분석했다. 성별에 따라 용서와 결혼 만족도가 의미 있게 차이를 보이는데, 여성의 용서 수준이 남성보다 높고, 여성의 결혼 만족도가 남성보다 낮은 것으로 나타났다. 여성은 남성에 비해 내현적 자기애 성향이 강할수록 용서하는 데 어려움을 겪으며, 용서 수준이 높을수록 결혼 만족도가 높아지는 것으로 나타났다. 이를 통해 본 연구는 이혼율이 높은 재미한인여성의 결혼만족도를 향상시킬 수 있는 요인들을 제공한다고 할 수 있다.

이와 같이 1970년대부터 본격적으로 시작되어 현재까지 50여 년 동안 미국 한인에 대한 연구, 특히 미국 한인이주여성에 대한 연구를 살펴볼 때, 문화적응, 가정폭력, 차별과 불평등, 미군 부인, 자영업체 등에 대해 주로

---

* 내현적 자기애(Covert Narcissism)는 자기애가 강하지만 겉으로는 드러나지 않는다. 외현적 자기애(Overt Narcissism)와 달리 내현적 나르시시스트는 표면적인 자신감이 부족하여 주목받는 상황에 놓이는 것을 기피한다. 스포트라이트를 받았다가 자신의 잘못이나 단점이 부각되는 것을 두려워하기 때문이다.

다루었으며, 최근 10년 동안 다양한 활동을 통한 주체성의 표현, 정체성 인정, 신체적 질병 예방과 같은 주제들로 연구가 확장되고 있는 추세다.

그럼에도 여전히 2000년을 기준으로 48만여 명에 이르는 것으로 추산되는 미국 한인여성의 다양한 이주 동기와 이민사회에서의 경험 등 한인이주여성에게만 온전히 초점을 두고 진지하게 탐구한 연구는 양적으로나 질적으로 여전히 갈 길이 멀어 보인다. 더욱이 미국 한인이주여성은 실제로 자신들이 가정과 직장에서 당면한 어려움을 극복하는 것을 넘어서 본인이 거주하고 있는 지역에서 이주여성 네트워크를 활발히 형성하여 교민사회뿐만 아니라 지역사회에 봉사하고 있다. 그뿐만 아니라 미주 전역에서 서로를 연결하고 국제적인 연대 활동을 하면서 모국인 대한민국에 정기적으로 방문하여 미국 한인이주여성으로서 미국과 전 세계에서 자신들의 성공 경험과 높아진 위상을 전파하고 있음에도 여전히 미국 한인이주여성의 변화를 온전히 반영하는 연구는 매우 미흡하다. 이런 점에서 본 연구는 사회적 연대를 통해 초국적 삶을 살아내고 공동체를 형성하는 미국 한인이주여성의 실상을 포착하고 담아낸다는 점에서 의미가 있다.

2장

한인이주여성의 공동체

1. 사회적 연대
2. 월드킴와
3. 국제결혼가정선교전국연합회
4. 코윈
5. 한미여성총연합회
6. 그 밖의 단체들

1.
사회적 연대

인간이 사회적 동물이라는 아리스토텔레스의 말은 인간의 근본적인 성향, 속성, 특징에 대한 메시지를 전달한다. 인간이 정치적·종교적·권력적 존재라는 것인데, 무엇보다 중요한 메시지는 인간이 홀로 살아갈 수 없는 존재라는 것이다. 인간은 항상 사회를 형성하고 그 속에서 살아가고자 하는 동물로, 사회 속에서 삶의 방향과 가치를 획득한다는 것이다. 그리고 인간의 정체성을 사회적 동물로 본 아리스토텔레스의 해석은 다민족이 함께 살아가는 다문화 사회에서도 매우 유용한 가치를 전달한다. 다문화 사회에서 이주민은 사회적 동물로서의 존재성을 더욱 강화시켜 살아가는 특성을 보이기 때문이다. 이주민은 태어난 고향인 자국에서보다 낯선 타국에서 사회적 동물로서의 존재성을 갈망하고 실제로 같은 조국, 같은 언어, 같은 종교처럼 같은 문화를 공유하는 사람들과 공동체를 구성하는 경향이 강하다. 특히 한인 이주 사회에서 공동체란 한인교회, 한인회, 한인상회, 한글학교 같은 것이고, 이러한 공동체 속에서 이주민은 사회적 연대감을 공유하며 끈끈한 상호관계를 형성한다.

'사회적 연대(social solidarity)'는 프랑스 혁명 이후에 본격적으로 중요한 정치적·사회적·도덕적 함의로 등장했으며, 거의 모든 정치, 시민, 사회, 종교 운동에서 핵심적인 강령 또는 이상으로 자리 잡아왔다(서유석, 2013). '연대'라는 개념의 어원은 본래 고대 로마의 채권법에서 기원하는 것으로, 민사법 내의 공동 책임, 연대 채무 등을 뜻한다(장승혁, 2014). 다시 말해 빚을 갚지 못하는 한 사람에 대해 공동체의 구성원 모두가 책임을 지는 것을 의미했다. 사회적 연대를 전통적인 사회학 이론에서 살펴보면 다음과 같다.

루소(Jean-Jacques Rousseau)는 『인간불평등기원론』에서 '연민'이라는 감정을 사회적 연대의 중요한 동기로 보았다. 루소는 "인간은 본성적으로 악하고 선에 대해 관념을 가지고 있지 않다"라는 홉스(Thomas Hobbes)의 견해를 비판하면서 연민이 고통받는 사람들을 보호하는 데 기여한다고 보았다. 아울러 루소는 『사회계약론』에서 "사회적 연대를 형성하는 이유는 개인 간의 서로 다른 이해관계에 내재하는 공동의 이익"이라고 주장했다. 그리고 공동의 이익을 잘 보전하기 위해서는 개인의 자유와 권리 중 일부를 양도하여 상호의존적이고 불가분적으로 연결될 수밖에 없는 공동체가 형성되어야 한다고 보았다. 이런 점에서 루소가 말한 연대적 개념은 자발적인 연대를 통한 공화적 정치체계 수립을 제시했다는 점에서 주목할 만하다. 루소의 주장은 이후에 공화적 국민국가의 형태로 제도화되거나 19세기 사회운동에 의해 확장되어 '복지국가'라는 모습으로 구체화되었다. 이에 '연대'라는 개념은 프랑스 혁명에서 '박애'라는 가치를 정치적으로 구현하고 전파하는 데 사용되었으며, 권리선언과 혁명헌법에서 "한 시민의 몰락은 모든 시민의 몰락"이라는 명제로 연대가 일반화되었고, 정치적인 개념으로 구체화되었다.

18세기 산업사회 도래 이후 빈곤 문제가 사회의 주요 문제로 등장하면서 연대는 사회학의 본격적인 논의 주제가 되었다. 연대는 가난한 자들을 위한 사회부조, 공동의 돌봄, 자선, 연금제도 같은 형태로 국가가 필수적인 역할을 하는 방향으로 논의되었다. 연대 개념을 구체화한 초기의 사회학자는 푸리에(Charles Fourier), 르루(Pierre Leroux), 콩트(Auguste Comte), 뒤르켐(Emile Durkheim) 등이다.

초기 사회주의자인 푸리에는 『일반통합의 이론』에서 사회주의자 공동체에서 구현되는 방식으로서 '연대'라는 개념을 사용했다. 푸리에에게 연대는 보험과 부채 상환을 위한 집단의 공동 책임, 필요한 사람에게 자원을 분배하는 자세, 공동체의 감정과 관련된 개념, 보장된 최소소득을 의미한다. 다시 말해 푸리에에게 연대는 사회적 부의 불평등을 전제로 하고 사회주의자들이 전통적으로 주장하는 연대의 의미 혹은 복지국가의 이상으로 계승되었다.

르루는 『인류론』에서 자선과 연민에 대비하여 '연대'라는 개념을 사용했다. 르루는 기독교적인 자선과 연민에서 나타난 모순을 보완하고, 홉스와 루소의 사회계약론에 나타난 원자화된 개인에 대한 전제를 비판하며, 독재주의로 귀결될 우려가 있는 유기체적인 사회 개념을 거부하면서 이에 대한 보완적이고 대안적인 개념으로서 연대를 제시했다.

콩트가 프랑스 대혁명과 산업사회에서 프랑스가 경험한 사회 위기를 반영하여 저술한 주요 저작에 의하면, 연대는 사회적 결속의 메커니즘을 형성하고, 분업은 인간 연대의 다른 표현이었다. 다시 말해 콩트에게 연대는 분업이며, 분업에 내재한 상호의존은 세대 사이의 협력, 이전 세대에 대한 부채와도 연결되어 있다.

뒤르켐은 『사회분업론』에서 사회적 연대를 '기계적 연대'와 '유기적 연대'로 구분하여 정의한 바 있다. 그의 이론에 따르면 상대적으로 노동 분화가 낮은 전통적인 문화 속에서 유사한 직종의 구성원들이 공통의 경험과 믿음을 바탕으로 기계적 연대를 가진다고 한다. 그리고 유기적 연대는 산업화와 도시화로 인해 상호의존의 중요성을 인식하고 다양한 직종의 구성원들이 사회적 연대를 가지는 것을 의미한다. 뒤르켐의 사회적 연대 이론에서 보면, 다문화 사회에서 이주민은 유기적 연대 속에서 삶을 살아간다고 볼 수 있다. 실제로 많은 이주민은 직종의 제한 없이 공통의 문화적 가치관을 통해 공동체를 구성하며 연대감을 형성해나간다. 그리고 공동체에서 발현되는 연대감은 이주민이 낯선 환경에서 성공적으로 문화적응을 하게 만드는 중요한 힘이 된다.

    이러한 측면에서 미국으로 이주한 한인의 유기적 연대를 공동체를 통해 구체적 실체를 살펴보면 다음과 같다. 우선, 미국 한인의 이주역사에서 중요한 지역은 하와이다. 1903년 이주노동자 자격으로 한인이 하와이의 사탕수수농장에 처음으로 이주를 시작했다. 하와이로 간 한인 이주민은 육체적 및 정신적으로 많은 어려움 속에 살아갔고, 그러다 보니 이주민은 자연스럽게 한국 전통 농촌 마을에서 볼 수 있는 '동회'를 조직했다. 가장 나이가 많은 연장자를 지도자로 선출하여 동회의 지도자로 임명했고, 그 속에서 많은 한인 이주민은 한인으로서의 정체성이라는 유대감을 형성해나갔다. 그러나 남성 중심의 공동체인 '동회'에서 여성 이주민은 소외될 수밖에 없었고, 이러한 가운데 교회가 남녀 성별의 차별을 두지 않는 한인 이주민의 공동체가 되었다. 특히, 교회라는 공동체는 한인여성에게 교육과 사회적 활동의 범위를 넓혀주는 구심적 역할을 했다. 한인여성은 교회를 통해 한국의 전통사회에서 경험하지 못한 서구 문명을 경험하기 시작했고, 사회적 및 정치적 분야에 걸친 다양한 활동에 참여할 수 있었다. 하와이에서 공동체를 구성한 한인여성은 1919년 '대한부인구제회'라는 조직을 구성하여 한국 독립운동에 참여하기도 했다. 기금과 구호품을 마련하여 대한민국임시정부 같은 기관을 지원하는 초국적 활동까지 하며 한인으로서의 정체성을 확장해나갔다. 이처럼 '교회'라는 공동체는 하와이의 한인 이주민에게 종교 기관 이상으로 새로운 환경에 적응하고 주류사회에 참여하게 만드는 공간, 즉 유기적 연대의 공간이었다.

그리고 '교회'라는 유기적 연대의 공간은 하와이에만 존재한 것이 아니었다. 미국 전역에서 교회는 한인 이주민의 대표적인 공동체 기관이며, 이주민은 함께 모여 다양한 활동을 하며 유기적 연대를 실천하며 살아가고 있다. 특히, 여성들은 한인 이주민이라는 공동체 속에서도 또 다른 유기적 연대를 구성하며 살아가고 있다. 남성에 비해 여성이 갖는 사회적 차별과 편견이 이주민 사회에도 존재하는데, 이러한 갈등을 극복하고자 한인이주여성은 자신들만의 유기적 연대의 공간을 만들기도 한다.

대표적인 유기적 연대 사례가 '월드킴와'라고 할 수 있다. 월드킴와는 2개의 한인 국제결혼여성단체인 한미여성회 미주연합회와 국제결혼가정선교전국연합회의 회원 중 일부가 연대한 대표적 한인 국제결혼여성단체다. 월드킴와가 매년 주최하는 세계대회의 목적은 "전 세계에 흩어져 살고 있던 국제결혼 한인여성이 이중문화 주체성을 확립하고 평화의식을 고취하여 세계평화에 이바지하는 주체세력으로서 역할을 담당할 수 있는 지도자 육성"이다. 대회 목적에서 알 수 있는 바와 같이 월드킴와 자체가 수십여 년 동안 미국과 전 세계에 흩어져 개별적으로 활동해온 국제결혼여성단체를 하나로 아우르며 국제적·지역적 네트워킹을 통해 하나의 단체로 결속한 연합단체이면서, 흩어진 여성들의 역량을 결집하여 이민여성의 주체성, 평화의식, 리더십 개발에 힘쓰고 있다. 지난 14년 동안 한인결혼이주여성은 월드킴와 세계대회를 모국에서 개최했으며, 16개국에 38개 지회와 5천 명의 회원을 확보하면서 25만여 명으로 추산되는 한인 국제결혼여성의 목소리를 모국과 세계에서 대변하고, 아울러 민간대사와 문화외교관으로서 역할을 하고자 노력했다.

한국 여성의 해외 이주역사는 오랜 시간을 두고 꾸준히 이루어졌으나 그에 관한 역사적 기록은 충분하지 않은 것이 현실이다. 이들 한인여성은 해외로 이주하여 거주국에 정주하면서 그들만의 공동체를 구성하고 서로 협력하면서 이주자의 삶을 지탱해왔다. 이주한 한인여성의 경우 언어와 문화, 그리고 정치, 경제, 사회적으로 모국과 다른 환경에서 살아가게 된다. 이는 재외한인여성이 거주국의 삶에서 더 많은 어려움에 직면하게 되기에 더욱 분투하는 삶을 살아가게 하는 이유가 된다. 이러한 현실에서 살아남기 위해 여성들은 서로 협력할 수밖에 없었고, 그러한 이유에서 결성된 것이 여성 공동체다. 그리고 재외에 거주하는 한인여성단체나 공동체 등에 관한 연구 역시 극히 일부다. 극히 일부이지만, 선행된 연구를 살펴보면 다음과 같다. 김경신 외(2008)는 재외한인여성의 공동체 활동은 독립운동 시기인 1914년 '한인부인회'가 있었으며, 1917년 '부인친애회' 조직 이후 비교적 조직적으로 여성 공동체 활동을 해왔다고 했다. 나라사랑어머니회는 한국의 불우한 어린이를 돕기 위해 설립되었고, 퀸즈 YWCA는 한국 YWCA와 주로 교류했으며, 미국 내에서는 주로 한인단체와 교류했다. 재미한인 여성공동체 네트워크는 주로 한국 그리고 미국 내 한인과의 교류로 한정되는 양상을 나타냈다. 박준영(2020)은 인도네시아 자카르타에 거주하는 한인여성은 기존의 한인사회 네트워크 자본에서 여성이 배제된 현실을 개선하려는 노력을 기울였음을 발견했다. 그리하여 여성과 아이들이 한인사회 활동에 참여할 수 있도록 노력했음을 보여주었다. 이는 여성을 배제하는 것에 대한 여성 자신의 사회적 변화의 시도이며, 주체적 자각에 의해 시작된 것이라고 했다. 이처럼 여성공동체에 관한 연구는 소수이지만 여성들의 의식이 달라지고 있으며, 이를 위한 활동에서도 적극적 행태를 보여주고 있음을 나타낸다. 이와 더불어 재외한인여성 공동체의 양상은 상당한 변화를 거쳐 현재에 이르렀으며, 한인여성은 자신들의 네트워크 활동 영역을 전 세계로 확장하는 단계로 발전했다.

2.
월드킴와

　　미국으로 이주한 한인여성은 이주 초기에 외로움을 이겨내기 위해 친목을 목적으로 모이기 시작했다. 특히 미국 내 주요 군사기지 주변의 도시에 한인 커뮤니티가 형성되었다. 언어와 문화가 낯선 타국에서 국제결혼한 한국 여성들의 가정은 여러 가지 어려움에 처했다. 이에 목회자들이 교권 확장과 더불어 한인 국제결혼여성과 그들의 가정에 1987~1988년부터 복음을 전파하기 시작했다. 그리하여 국제결혼여성과 그들의 가정을 목양하는 미국 감리교단 내 한국인 목회자들이 이중문화가정 목회의 난제를 극복하기 위해 만든 서포터즈 형태의 '이중문화가정목회전국연합회(이하 이가전)'를 구성했다. 이때 목회자 '이가전'에 참석했던 감리교 국제결혼여성 평신도들이 그들끼리의 단체를 만들어 '만명위원회(이하 만회원)'라고 명명했다.

　　이후 2004년 6월 미국 시카고 남부한인감리교회에서 개최된 이가전 제15회 수련회에서 평신도 단체의 '만회원'이 '이가전'에서 독립하여 이름을 '국제결혼가정선교전국연합회(이하 국제선)'로 명명하고 초교파 평신도 단체로 전환했다. 그리고 그 수련회에 참석한 한미부인회 리더들이 따로 한미부인회(KAWA)라는 모임을 열고 '한미부인연합회(KAWA-USA)'를 결성했다. 국제선과 한미부인연합회는 미국 내에 국제결혼여성연합(가칭)을 발족시킨 뒤 점진적으로 캐나다, 일본, 독일 등 미국 이외의 다른 나라에 거주하는 한인 국제결혼여성의 지정학적·정치적·종교적 차이를 아우르는 세계적인 공동체를 지향했다.*

그리고 한인 국제결혼여성의 국제적인 모임 형성과 한국 내의 국제결혼에 관한 부정적 통념을 불식시키기 위해 2005년 서울에서 제1회 세계(한인)국제결혼여성 총연합회를 가졌다. 그러나 종교단체인 국제선과 종교를 초월하여 인권을 중심으로 한 한미여성연합회의 의견 불일치로 본래의 공동대회를 지속하지 못하고 2회 대회부터 국제선이 탈퇴를 선언했다. 그리하여 한미여성연합회에서 2차 세계대회를 준비하며 유럽에서 활동하고 있는 국제결혼여성과 합류하여 세계 한인 국제결혼여성의 인권 중심 단체로 거듭나고자 했다. 이를 위해 정관을 새롭게 마련하고 총회장체제로 결성하여 글로벌 성격의 한인 국제결혼여성 공동체를 구성했다. 즉 한인 국제결

---

* 이러한 모임들의 설립과정에는 2004년 3월 미국 뉴욕에서 '무지개집' 대표로 활동하던 여금현 목사, '이가전' 마지막 회장인 조하경 목사, 한국에서 환경운동가로 활약하고 무지개집 후임자인 서진옥 대표, 재외동포재단 3대 이사장이던 이광규 이사장의 협력이 있었다. 여금현 목사는 1991년 뉴욕에 무지개교회를 개척하여 노숙인이 된 한인여성을 돕는 쉼터를 열고 목양과 사회사업을 시작했다. 2004년 무지개집 후임 사무총장으로 내정된 서진옥 대표가 무지개집 사회교육부에서 주최하고 한국 정부 산하(재외동포재단, 여성가족부)의 후원으로 '무지개집 제2차 수련회(무지개평화여성대행진)'를 계획했다. 그리하여 한국에서 활동하는 여성운동가와 미국에서 활동하던 '한미부인회' 회원, 그리고 '만회원' 회원 30여 명을 초청하여 서울 감리여성회관에서 수련회를 열었다. 6박 7일 동안의 수련회를 통해 국제결혼여성에게 여성 의식을 심어준 것이 출발선이 되어 미국 내 국제결혼여성만의 단체연합을 구상하고 계획하도록 장려했다. 그러나 여러 가지 이유로 국제결혼 여성단체연합 계획이 무산되자, 서진옥 대표는 2005년 10월 미국에서 활동하는 '국제선'과 '한미여성연합회' 단체를 묶어 공동으로 '제1회 국제결혼여성서울대회'를 계획하고 추진하고자 했다. 그리하여 준비대위원장이 되어 미국에서 활동하는 한미부인회 회원들과 국제선 회원들뿐만 아니라 캐나다, 일본, 대만, 유럽 등지에 거주하고 있는 국제결혼여성을 재외동포재단의 후원으로 초청했다.

혼여성 공동체는 미국에서 활동하던 6개 단체의 '한미여성회'와 '만회원', 그리고 재외동포재단(이사장: 이광규)과 여성가족부의 후원으로 시작되었다. 이 단체는 2004년 3월 '무지개여성평화대행진'을 기점으로 하여 2004년 6월에 결성된 '한미여성연합회'와 '국제선'이 공동으로 '제1회 국제결혼여성세계대회'를 주최하면서 기초를 닦았다. 그리고 이어서 2006년 10월 제2회 서울대회 중에 정관과 함께 총회장을 선출하고 총회장체제로 조직을 구성했다. 그리하여 공식 명칭을 '한미여성연합회(KAWA)'를 아우르는 '월드킴와(World-KIMWA: World-Federation of Korea Inter-Married Women's Association, 세계국제결혼여성총연합회)'로 명명했다. 다음 〈표 4〉는 한인 국제결혼여성 단체(월드킴와 및 국제선)의 설립 및 변천을 표로 작성한 것이다.

〈표 4〉 한인 국제결혼여성 단체의 설립 및 변천

단체명	설립연도	설립 및 참여자	초대 회장	목적
한미부인회 Korean American Wives' Association (KAWA)	1963	송전기(창립자) 외 5명의 한미부인회 회원들	송전기 (전 에드워드)	회원 간의 친목, 국제결혼한인여성의 미국 생활 정착에 도움을 주고자 함
워싱턴여성회 Korean American Wives Club of Washington	1982	전신: 한미부인회(초대 회장: 고수영)	고수영	1982년 한미부인회에서 독립 후 발족한 워싱턴여성회는 문화와 장학사업을 목표로 함. 한국의 혼혈 학생들과 미국의 고등학생들에게 장학금을 제공함
한미여성재단 The Organization of Korean American Women(OKAW)	1984	비영리단체로 등록하며, 한미부인회 명칭을 '한미여성재단'으로 바꿈	-	핫라인을 통한 전화상담 제공, 가정폭력 피해 여성들의 임시 쉘터 운영. 가정폭력 피해자 및 이혼한 국제결혼여성을 위해 비영리단체 501C(3)로 등록하고 단체 명칭을 바꿈

단체명	설립연도	설립 및 참여자	초대 회장	목적
이중문화가정 목회전국연합회 (이가전) National Association of Inter-Cultural Family Mission	1988	구본웅, 김원호, 김옥남, 박승도, 박이섭, 조하경, 주완식, 엄준노, 여금현 그 외 감리교 목사들과 평신도들	김원호	국제결혼여성 가정을 목양하는 미국 감리교단, 한국인 목회자들끼리 정보교환과 목회를 강화하기 위한 모임 결성. 소외된 사람이 없는 세상을 만드는 것이 목적임
뉴욕 무지개집 Rainbow House	1993	• 이사장: 백상순 → 김혜선 → 백상순 → 박정순 → 방은숙 • 실무대표: 여금현 → 서진옥 → 김순옥 → 김은경	여금현	뉴욕 근처에서 노숙인이 된 한인 국제결혼여성과 다른 한인여성의 임시쉼터 제공과 구명운동 등 실천본부 역할을 통해 그들의 사회적응과 권익옹호를 위해 설립된 한인여성단체. 후에 국제선과 동역함
국제결혼가정선교 전국연합회 (국제선) National Association of Inter-Cultural Family Mission*	2004	조하경 목사 (이중문화가정 목회전국연합회 마지막 회장), 여금현 목사 & 김민지, 유영심, 이정희 등 평신도 대표들	김민지	감리교 한인 남자 목사들의 단체에서 독립하여 초교파 평신도 국제결혼여성의 선교단체로 분리됨. 평신도 조직으로 자체적으로 땅 구입. 국제결혼가정선교전국연합회(국제선)로 개명한 후 조직을 개편함
한미여성회미주연합회 Korean-American Women's Association of the USA (KAWA-USA)	2004	전신: 한미부인회 송전기 (라스베이거스 한미부인회 고문 및 한미부인회 창립자) & 5명의 한미부인회 회원 (윤영실, 준 윤, 한미영, 정 나오미, 헤더 현)	실비아 패튼 윤영실	여성인권옹호운동, 한국문화 알리기, 권익 신장 등에 초점을 맞춤

단체명	설립연도	설립 및 참여자	초대 회장	목적
미주 국제결혼 여성단체연합 (가칭 국제여단) Union of the Korean Inter-Cultural Married Woman's Organization	2004	서진옥(무지개집 대표, 2004년 3월 서울에서의 '무지개평화여성 대행진' 준비대위원장)	박혜숙	2004년 10월 준비회의 후에 무산되고, 재외동포재단의 후원으로 10월 세계 국제결혼여성 서울대회로 발전함
제1회 국제결혼여성세계대회 The 1st World Convention of the Korean Intermarried Women	2005	준비대회집행 위원장: 서진옥, 김민지 (국제결혼가정선교 전국연합회장), 실비아(윤영실: 한미여성회 총연합회장), 김예자	김민지, 윤영실 (공동회장)	전 세계 12개국에 거주하며 활동하는 국제결혼여성이 서울에 모여 김민지 국제선 대표와 윤영실(한미여성총연합회 회장) 대표가 공동으로 대회장이 되어 제1회 세계대회를 재외동포재단과 여성부의 후원으로 개최함
제2회 국제결혼여성세계대회 The 2nd World Convention of the Korean Inter Married Women	2006	국제선 대표들과 일반 한미여성회 회원들, 전 세계 12개국에서 대회에 참석한 120여 명의 한인 국제결혼여성	윤영실 (실비아 패튼)	국제결혼가정 선교전국연합회(국제선) 대표들의 1차 세계대회 참가 후 미션 불일치로 더 이상 공동으로 대회를 하지 않기로 선언함
월드킴와 World-Federation of Korea Inter-Married Women's Association (World-KIMWA)	2006	대회장: 윤영실(실비아 패튼)과 대회준비위원장 (윤홍교-준 윤), 천순복(이탈리아), 이영남(독일) 외 9개국에서 코윈에 참가한 다수의 국제결혼여성	김예자 (Lea Amstrong)	전 세계에 흩어져있는 국제결혼 한인여성의 효과적인 활동을 위해 창립함. 세계 각국에서 활동하고 있는 국제결혼여성회를 하나로 묶어 네트워크를 구성하고, 국제결혼여성의 이중문화 정체성 확립을 목적으로 함

출처: 월드킴와 대회 자료 및 미주 한국일보, 미주 중앙일보, 한미여성재단 50주년 책자 『나도 한국의 딸』을 참고하여 재구성
* 한국어 명칭만 변경됨. 영문 표기는 이전과 동일

월드킴와는 세계 한인 국제결혼여성 단체들이 "국제결혼여성을 하나로"라는 목적을 가지고 구성된 한인 국제결혼여성 인터내셔널 총연합회이며, 2006년 10월 창립되었다. 이 단체는 2004년 서울에서 열린 '무지개 여성대행진'을 계기로 시작되었고, 이듬해인 2005년 10월 '국제결혼여성 서울대회'를 개최했다. 이후 2006년 세계적인 여성단체로 도약할 비전을 세우고 조직개편을 통해 '세계국제결혼여성총연합회'로 명명하고 회장을 선출하며 공식 출범했다. 한인 국제결혼여성 단체는 처음에 미국 워싱턴 D.C.와 근교에 거주하는 국제결혼여성이 받는 인간적 소외와 멸시, 그리고 언어의 다름과 문화장벽으로 인한 불이익을 타개하기 위해 시작되었다. 1963년 7월 7일 송전기 여사와 5명의 한인 국제결혼여성이 자발적으로 여성 모임을 결성하고 유지 발전해온 한미부인회(Korean American Wive's Association 이하 KAWA)가 한인 국제결혼여성의 유일한 모임이었다. 초창기에는 미국 내에서 12개 KAWA 단체가 활동하고 있었으며, KAWA는 한인 국제결혼여성의 모임으로 대표성을 띠게 되었다.

2006년부터 2019년까지 총 14회 세계대회를 개최한 월드킴와는 외국인 남편을 둔 한국 여성으로 구성된 국제 규모의 여성단체다. 현재 16개국에 36개 지회가 있으며, 세계 50만 한인 국제결혼여성의 목소리를 대변한다. 이 단체가 세계적 규모의 단체로 나아가게 된 동기는 한인 국제결혼여성이 겪는 각종 편견과 차별 등에 대해 그들 스스로의 목소리로 대처하기 위함이다. 또한 자신뿐만 아니라 후세대의 정체성 확립, 그리고 한인 국제결혼여성의 인권침해와 복지 사각지대를 해소하고자 한다. 이에 더 나아가 모국인 한국과 교류와 협력을 확장하는 것은 재외에 있는 한인 국제결혼여성과 한국 사회가 공통 이해로 나아가는 것을 목표로 하기 때문이다.

한인 국제결혼여성은 그동안 한국뿐만 아니라 재외한인사회에서 편견과 멸시의 대상이었으며, 거주국에서도 결혼이주 외국여성으로서 이방인이 되어 차별과 소외의 대상이었다. 한인 국제결혼여성은 한국 사회에서는 그들을 문제 있는 사람으로 바라보는 시각을 느꼈고, 거주국에서는 그들을 주변인으로 여겼으며 사회적 소수자로 존재했다. 이에 한인 국제결혼여성은 자신들이 겪는 다양한 문제에 아무도 관심을 두지 않았으므로 스스로 해결하고자 했다. 그리하여 국제결혼여성이 가장 많이 거주하는 미국에서 자발적으로 시작되었다. 이러한 모임은 친목 활동에서 시작하여 남을 위한 봉사활동으로 발전해왔다. 지금까지 세계국제결혼여성총연합회는 대외적으로는 민간대사 역할을 해왔다. 그 일환으로 거주국 내의 한국전 참전용사들을 위해 꾸준한 보훈 봉사활동을 했다. 그리고 최근에는 한국의 다문화가정 지원, 재외한인 입양인과 연계, 그리고 한인 국제결혼가정 차세대가 거주국에서 다방면으로 성공할 수 있도록 지원하고 있다.

한인 국제결혼여성은 공동체를 통해 그들 자신의 자긍심 고취와 리더십 발전을 목표로 한다. 아울러 국제결혼여성의 권익 신장과 여성들의 인권수호에 대한 목소리를 조성하고자 한다. 즉, 문화적·사회적 약자와 소외계층(혼혈인, 입양인, 기지촌 여성 등)의 권익옹호를 위해 지속적인 노력을 기울이려 한다. 다음 〈표 5〉는 월드킴와의 주요 행사를 표로 구성한 것이다.

〈표 5〉 월드킴와의 주요 행사

구분	날짜	개최지역	총회장	준비위원장
국제결혼여성서울대회	2006년 10월 27~30일	서울	김예자(미국)	윤영실(미국)
제1회 세계국제결혼여성총연합회 리더십 심포지엄(이하 리더십 심포지엄)	2007년 7월 17~20일	서울	김예자(미국)	윤영실(미국)

구분	날짜	개최지역	총회장	준비위원장
제2회 리더십 심포지엄	2008년 10월 17~21일	포천	김예자(미국)	정경옥(호주)
제3회 리더십 심포지엄	2009년 10월 20~23일	서울	김예자(미국)	조미희(미국)
제4회 리더십 심포지엄	2010년 8월 3~6일	미국 시애틀	김예자(미국)	천순복(이탈리아)
제5회 리더십 심포지엄	2011년 10월 25~28일	인천 송도	천순복(이탈리아)	헬렌 장(미국)
제6회 리더십 심포지엄	2012년 10월 9~12일	충남 덕산	천순복(이탈리아)	강하운(미국)
제7회 리더십 심포지엄	2013년 10월 7~10일	서울	은영재(미국)	신영숙(미국)
제8회 리더십 심포지엄	2014년 10월 14~17일	부산 해운대	은영재(미국)	박혜숙(미국)
제9회 리더십 심포지엄	2015년 10월 19~22일	서울	정경옥(호주)	권정아(미국)
제10회 리더십 심포지엄	2016년 10월 17~20일	제주도	정경옥(호주)	권정아(미국)
제11회 리더십 심포지엄	2017년 9월 26~29일	서울	정명렬(독일)	은영재(미국)
제12회 리더십 심포지엄	2018년 10월 16~19일	서울	정명렬(독일)	은영재(미국)
제13회 리더십 심포지엄	2019년 10월 9~12일	서울	정나오미(미국)	민혜경(미국)
제14회 리더십 심포지엄/ 제1차 차세대 리더십 콘퍼런스 및 월드킴와 총본부 현판식	2020년 9월 25일	Zoom 화상회의	정나오미(미국)	민혜경(미국)

출처: 재외동포 신문 및 월드킴와 대회 자료, 월드킴와 회장의 회고(2020)를 바탕으로 작성

특히 월드킴와는 2020년 9월 11일부터 13일까지 샌프란시스코 지회 창립과 차세대 리더십 콘퍼런스, 그리고 월드킴와 총본부 현판식을 가졌다. 이 모임들에서 월드킴와 총회장은 "월드킴와는 글로벌 여성단체로의 도약과 해외 입양인에게로 봉사의 영역을 확대할 것이다. 그리고 이와 아울러 급변하는 세계정세에 적합한 글로벌 여성단체로 나아가는 도약의 발판으로 삼겠다"라고 했다. 특히 12일 월드킴와 총본부는 미주 한인 이민의 역사가 시작된 샌프란시스코에 사무실을 개원하고 현판식을 거행함으로써 월드킴와가 글로벌 여성 공동체로서 실제로 존재하게 되는 의미를 가진다. 그리하여 월드킴와는 향후 각국에 거주하는 한인 국제결혼여성을 위한 행보와 아울러 입양 한인, 한국의 다문화가정과 연계하고 필요한 도움을 나누고자 한다. 전세계에 흩어져 활동하고 있는 국제결혼여성이 한데 뭉쳐서 한 목소리를 내며 그들의 삶과 이웃, 그리고 한국 사회와 거주국에 미칠 수 있는 긍정적 영향력을 펼치려는 것이다. 이제 당당한 그들만의 이야기를 써 내려가고자 한다. 나아가 그들의 존재 가치는 물론 한인사회의 자존감 상승에 큰 역할을 담당해나갈 것이다.

3.
국제결혼가정선교전국연합회

국제결혼가정선교전국연합회(이하 국제선)는 한인 국제결혼여성이 미국으로 이주하여 영어를 잘하지 못해 다양한 차별을 받은 현실에서 교회를 중심으로 성장해왔다. 한인 국제결혼여성이 교회 모임을 바탕으로 미국에서의 적응을 도모한 것이다. 이 모임의 발단은 1987년 국제결혼가정을 대상으로 미국 연합감리교회 목회자들과 평신도 여성들이 텍사스주에 있는 킬린(Killeen)에 모여 국제결혼가정 목회 세미나를 시작하면서부터였다. 즉, 한인국제결혼가정의 특수성을 목회 차원에서 연구하고 하나님 나라를 위한 사역에 동참할 수 있도록 하기 위한 목적을 갖고 시작되었다.

'국제선'이라는 종교적 공동체가 한인 국제결혼여성의 어려움에 더욱 집중하게 된 계기는 1991년 일어난 한 사건과 연관된다. 1991년 겨울, 일리노이주 시카고에서 한 한인 국제결혼여성이 새벽길을 헤매다가 언 땅에 소금을 뿌리던 트럭 뒷바퀴에 치여 사망하는 어이없는 사건이 발생했다. 이에 감리교 평신도를 중심으로 "이 땅에 이웃이 없어 길에서 죽는 이가 없는 세상을 만들자"라는 구체적 결의가 일어나면서 1만 명 회원 운동이 시작된 것과 연결된다. 1만 명 회원 연결망 운동은 "어떤 차별도 반대하며 하나님의 창조물로서 평등한 삶을 살기 위해 한인 국제결혼여성이 하나가 되어 모이기 시작한 평신도 운동"이다. 이러한 운동은 처음에 감리교단에서 시작되었으나 후에 국제선이 감리교단에서 탈퇴하여 더 많은 평신도가 모일 수 있도록 초교파적 성격을 표방했다. 국제선에 참여하는 한인 국제결혼여성은 미국에 거주하는 한인 여성들이다. 그리고 한국과 캐나다의 한인 국제결혼여성이 일부 국제선에 참여한다. 국제선의 가장 큰 특징은 종교를 바탕으로 국제결혼가정의 특수성에 다가간 것이다. 월드킴와는 종교적 성격을 전면에 내세우지 않았으나 국제선은 종교적 배경의 토대 위에 세워졌다.

국제선은 종교적 자애 개념을 적용하여 한인 국제결혼여성이 종교단체를 통해 상호 도움을 주고받는 형태로 활동하고 있으며, 1999년 8월 1만 명 운동의 결실로 '평화마을' 건립을 위해 대지 105에이커(약 12만 6천 평)를 세인트루이스 미주리 지역에 매입했다. 평화마을은 선교센터, 심신치료센터, 주말농장 등을 운영하면서 국제결혼가정에 다가가는 활동을 실행하고 있다. 이들은 한국 정부 및 그 누구의 도움도 받지 않고 스스로 문제를 해결하고 자립해왔다. 2006년 2월 평화의 집에 화재가 발생했으나 화재보험을 받아서 동년 7월에 평화의 땅 대출금을 완불했다. 평화마을을 조성하고 유지해오는 동안 임원 회의를 거쳐 의견을 나누는 가운데 하나씩 어려움을 해결해오고 있다. 현재 평화마을에는 홀로 된 국제결혼여성 두 명이 입주해 있으며, 무지개 집에서 이주해온 20명 가운데 10명이 다시 무지개 집으로 돌아갔고, 이곳 평화마을에 남겠다는 의사에 따라 10명의 노숙인이 남았다. 이후 이들 가운데 2명은 독립하여 나가고 8명이 남아서 함께 지내고 있다. 그들은 현재 연로하여 병원 같은 전문적 돌봄을 필요로 한다. 또한 평화마을에 입주하고자 하는 한인 국제결혼여성 가운데에는 남편과 함께 입주하기를 바라는 의견이 있기에 이를 추진하고 있다.

한인 국제결혼여성을 대상으로 하는 두 단체인 월드킴와와 국제선은 2004년 열린 첫 대회만 함께했으며, 제2회 2005년 대회 이후부터 2018년까지 각자의 길을 걸어왔다. 그리고 2019년 월드킴와 한국대회에 국제선의 임원 가운데 일부가 참여하면서 향후 활동에서 협력할 기반을 마련했다.

한인 국제결혼여성과 함께하고자 하는 두 단체(월드킴와, 국제선)는 단체의 성격에서 일부 차이를 가지고 있으나 두 단체 모두 한인여성이 자체적으로 만든 공동체다. 이 두 단체는 그들의 어려움에 대해 스스로 자구책을 마련하고 실행하는 것에서 공통 특성을 가진다. 이들 공동체는 모국인 한국의 다문화 상황에 대해서도 큰 관심을 가지고 있으며, 한국 사회에 도움이 될 길을 모색하고 있다. 또한 한국인 입양인과도 협력하고자 한다. 한인 국제결혼여성의 공동체 구성 및 활동은 사회적으로 큰 의미가 있다. 여성들이 이주하여 거주국에서 사회적·제도적·환경적으로 어려움에 처하는 것은 너무나 빈번하게 일어나는 일이다. 그러한 상황에서 한인여성은 거주국에서의 삶의 환경에 적응해나갔고 나아가 타자를 돕고 있다. 이는 이 여성들이 능력이 많고 풍족해서가 아니라 자신들이 어려움을 겪었기에 다른 사람들의 필요에 더욱 민감하게 반응하기 때문이다. 이들은 자신들의 고달픔보다 먼저 타자의 필요사항에 반응하는 특성이 있다. 이러한 특성은 그들 스스로를 변화시켰고, 나아가 이웃과 사회를 변화시켰으며, 현재는 그들의 모국과 거주국을 변화시키는 활동으로 이어지고 있다. 즉 재외한인여성의 공동체 활동은 그들 스스로와 가족, 그리고 입양인, 혼혈인, 한국의 다문화 가족의 어려움을 나누고자 한다. 이러한 활동의 영향은 개인뿐 아니라 사회와 국가, 그리고 전 지구적으로 미친다.

4.
코윈

코윈(KOWIN: Korean Women's International Network, 세계한민족여성네트워크)은 2001년 여성부 출범을 계기로 국내외 여성과 전 세계 170여 곳에서 활약하는 동포 여성과의 교류와 연대를 구축하고자 설립되었다. 나아가 한민족 여성의 국제적 지위 향상과 국가 발전에 공헌하는 것을 목적으로 한다. 설립 동기는 한민족 여성의 네트워크 구축 방안에 대한 정보를 교환하며 재외한인여성의 동포 간 네트워크 형성을 위한 길을 열기 위함이다. 이 여성단체의 첫 행사는 2001년 7월 23개국 94명의 해외 인사를 포함하여 400명이 참석한 가운데 개최되었다. 전 세계 한인여성이 한자리에 모인 목적은 한민족 여성의 국제적 지위 향상과 국가 발전에 공헌하는 데 있었다.

코윈의 주요 사업에는 다음과 같은 것이 있다. 세계한민족여성의 연대 강화를 위한 네트워크 활동 및 지원활동, 세계한민족여성네트워크 홍보사업 및 사업, 연대 해외 한민족 여성의 발전 및 정체성 함양을 위한 교육사업, 차세대 한민족 여성리더 양성사업, 재외동포 여성들을 위한 지원사업, 소외된 한민족 여성 지원 및 복지사업 등이 있다.

코윈에는 각 나라의 지역을 대표하는 담당관제도가 있어 여기에서 선발된 여성들은 2년 임기로 봉사한다. 현지 활동을 취합하여 한국으로 보내는 일은 담당관이 하는 일 가운데 기초적인 일이다. 그 외에 여성가족부와 협력하여 그 지역에 있는 한인여성이 동반 성장하고 네트워크를 구성하도록 특강, 세미나 등 다양한 모임을 계획하고 준비한다. 그리하여 회원 간에 상호 소통하고 연결되어 서로 도울 수 있도록 장을 마련하고 격려한다.

이러한 코윈 활동은 재외한인여성의 네트워크를 강화하려는 한국 정부 차원의 활동이다. 여기에는 매년 재외에서 활발히 활동하는 한인여성이 초대된다. 그리고 일정 기간 한곳에 모여 세미나를 하고 여러 활동과 대화를 통해 재외한인여성이 상호 연결되는 효과를 기대한다.

코윈 독일지역본부는 2003년 창립되었고 현재 베를린지회, 북부지회, 남부지회, 중부지회 등 4개 지회에서 50여 명의 회원이 활동하고 있다. 여성가족부의 권장사업과 자체 행사 및 판문점 선언 1주년 기념 한반도 평화통일 기원 인간 띠 잇기, 국제 일본군 위안부 피해자 기림의 날 평화집회, 한반도 음악회 등 다양한 행사의 주최 및 후원단체로 활동하고 있다.

한인여성은 거주국에서 살아갈 때 다양한 어려움이 있음에도 문제점들을 해결해나가면서 스스로 삶의 주체가 되어 활동한다. 나아가 여성단체들을 형성하고 이끌어나가면서 한인여성의 영향력을 거주국에서 확장해나가고 있다. 그러나 재외한인여성의 공동체 활동이나 여성 조직에 관한 연구는 아직 걸음마 단계와 같다. 전 세계에 진출한 한국 여성들은 거주국에서 다양한 성격의 모임에 연결되어 있으며, 각 모임에서 그들의 역할을 만들어가고 있고, 각자의 자리에서 책임을 감당하며 발전해가고 있다. 그러므로 향후 다방면에서 재외한인여성의 삶과 여성 공동체에 관한 연구가 활성화되기를 기대한다.

5.
한미여성총연합회

한미여성총연합회(KAWA-USA)는 미국에 거주하는 한인국제결혼여성단체(KAWA, Korean American Wives Association)의 연합이다. 2004년 6월 미주 전역에서 각자 활동하던 16개의 단체 중에서 6개가 연합하여 한미여성총연합회가 결성되었다. 최초의 한미부인회는 국제결혼여성 모임의 선구자로 불리는 송전기(Chon S. Edwards, 1928~2018)에 의해 1963년 5명의 국제결혼여성과 함께 초창기 이주 국제결혼여성을 돕기 위한 목적으로 조직되었다.

한미여성총연합회가 결성된 배경은 2004년 3월 14일부터 20일까지 서울 등에서 최초의 국제대회인 '무지개평화여성대행진'에 참석한 국제결혼 한인여성 단체장들과 일본, 캐나다에서 참석한 국제결혼여성이 모이게 되면서부터다. 이 모임은 재외동포재단(이사장 이광규)과 여성부(장관 지은희)가 후원했으며, 한인 국제결혼여성의 권익을 옹호하고 혼혈인과 한인 사회를 위해 미국에서의 전국적인 조직을 구축하고 효율적인 봉사활동을 하는 데 목적을 두었다.

1950~1970년대의 국제결혼 유형은 미군과의 혼인으로 이루어진 경

우가 다수였다. 그리고 이때 미국으로 이주한 한인여성은 언어와 문화, 가치관, 음식 등이 달라 상당한 어려움을 겪었다. 한인 국제결혼여성은 남편의 폭력과 이혼에 노출된 상황에서 도움을 구할 마땅한 기관이 없었다. 그래서 국제결혼여성은 그들 스스로를 돕기 위한 활동을 전개해나갔다. 이러한 활동이 국제부인회 모임이었다. 국제부인회 모임은 처음 한국 여성이 미국에 도착했을 때 주위에 한국인이 매우 드물었으므로 자발적으로 몇몇이 한 달에 한 번씩 모여 친목을 도모한 것이 시초가 되었다. 미주지역의 한인 국제결혼여성 단체인 한미여성총연합회는 미군과 결혼하여 이주한 한인여성이 시작한 모임으로, 주변에 한국인이 거의 없었기에 한인여성이 외로움을 견디고자 하나둘 모이기 시작하여 구성된 단체였다.

 월드킴와에 속하여 대외적인 활동을 하면서도 지회에서 자체적으로 국제결혼여성의 단체 활동을 하는 한미여성총연합회는 2018년부터 2020년 4월 초까지 월드킴와의 미국 지부로 활동했으나 윤영실 부회장이 2020년 4월 초 월드킴와에서 제명되면서 월드킴와에서 탈퇴하여 독립적으로 활동하고 있다. 그 이후 미국 전역의 각 소도시에도 구성되기 시작했고 그것이 역사가 길어지면서 변형, 해체, 재정립 등의 과정을 거쳐 지금까지 유지해오고 있다.

6.
그 밖의 단체들

한인이주여성의 다양한 단체는 세계 곳곳에 존재한다. 한인 국제결혼여성 모임은 미국과 독일, 오스트리아 등 세계 여러 나라 각 지방에 형성되어 있다. 이러한 단체들의 일부는 '월드킴와'라는 세계적 규모의 한인 국제결혼여성 단체에 속하기도 하지만 속해 있지 않은 단체가 더 많다. 그리고 이러한 자체적 단체들은 공적 단체에 등록하지 않고 모임을 이어나가는 경우가 많아 취합하기 어려운 점이 있다. 다만 월드킴와에 속해 있는 단체와 활동 내용이 유사한 면이 있기도 하다. 다음 〈표 6〉은 각 단체의 설립과 목적, 그리고 활동을 정리한 것이다.

이곳에 소개한 단체는 전체 한인 국제결혼여성 단체 가운데 극히 일부임을 밝힌다. 국제결혼여성은 한인회나 한국인의 모임과는 다른 특성을 가진 그들만의 모임을 만들어 유지해오는 경우가 많다. 오스트리아 빈에도 국제결혼여성 모임이 있지만, 그들은 모임의 크기를 늘리지 않고 그들만의 모임을 소소하게 이끌어가기를 바라기에 다른 단체에 속하는 것을 고려하지 않는다. 이들 국제결혼여성은 거주하는 지역이 서로 다른 나라에 있고

〈표 6〉 단체 설립과 활동

단체명	설립 시기/설립 주체	설립 목적 및 활동
미네소타 한미여성회	1981/ 한인 국제결혼여성	매월 1회 모임, 친목과 봉사활동, 입양한국인 단체에 도움을 주고 있으며 미네소타 한인회 행사에도 동참
유타 한미여성회	1997/ 난 데이비스 외 10명	형제자매 같은 우애와 친밀도, 50여 명의 회원이 활동. 한인회 행사와 유타 한인노인회에 기부와 봉사활동
월드킴와 지회	2010	양로원 봉사, 참전용사 기념품 증정, 김치 판매, 장애인 학교 오찬 후원
라스베이거스 한미여성재단	1998/ 송전기	국제결혼여성의 권익보호, 친목, 교육, 가정상담, 문화 활동을 목적으로 하는 봉사단체
월드킴와 조지아	2017/ 김영님 초대 회장	친목도모, 권익증진, 지역사회 봉사 및 2세대 양육 목적. 6.25 참전용사 격월로 점심 대접, 2세대 5주간 한국어 어학연수 지원
뉴욕 한인 여성네트워크	2003/ 지화조	뉴욕의 한인 전문직 여성을 중심으로 한인 사회에 봉사하기 위해 설립된 기관
재미한국부인회	1985/ 이준자	재미 대한부인회 뉴욕본부로 시작, 1987년 '재미한국부인회'로 명칭 변경. 각종 사회교육, 사회봉사활동, 장학사업 등 실시
퀸즈 YWCA	1975/ 김경숙	1975년 재미 한인 YWCA클럽 조직을 시작으로 1978년 뉴욕한인 YWCA 창설, 그리스도 정신으로 인종에 관계없이 센터별 교육을 담당하는 교육기관. 어린이센터, 노인센터, 문화센터, 청소년센터, 성인 사회봉사 프로그램 등 정기행사 진행
한인간호사협회	1969/ 황선희	LA에 설립된 한인 간호사를 위한 기관. 미국에 이민 온 간호사의 미국 생활 적응을 돕고, 상호친목 도모 목적
독일 베를린, 마인츠 지회	1975	지역사회와 주민에게 봉사활동, 문화전달, 문화교류, 한인 동포의 건강관리, 상호협조
오스트리아 빈 국제부인회	2008년 6월 창립, 2009년 2월 인가	오스트리아에는 160여 가구의 한인 국제결혼가정이 있는 것으로 추정되며, 50여 명의 회원이 참여. 국제부인회가 추진하는 중점사업은 어린이 한글놀이방, 가정 지원 무료 상담센터, 음식 만들기, 워크숍 등임. 이 단체의 목표는 모든 이의 외로움과 어려움을 어루만져줄 수 있는 마음의 친정이 되기를 바람

출처: 김경신 외, 2008; 박옥균, 2012; 월드킴와 2015년 제11회 대회 소책자 참조

너무 멀리 떨어져 있어서 서로 교통하지 못했음에도 모임의 목적과 취지가 유사했다. 외로움으로 인해 친목을 다지고자 모임을 만들었고, 모임이 이루어지고 난 후에는 지역사회와 소통하고 봉사활동을 한다. 그들은 한국인으로서 문화를 전달하는 민간 외교활동을 적극적으로 펼치는 특징을 나타냈다.

월드킴와나 국제선처럼 한인 국제결혼여성 단체가 세계적 규모를 지향하는 이유는 한인 국제결혼여성을 위한 실질적 영향력을 넓히기 위함이다. 여성들이 거주국에서 구타나 부당한 이혼을 당하거나 양육권 등의 소송이 있을 때 이를 적절하게 지원하기 위함이다. 또한, 아랍의 몇몇 나라처럼 여성의 권한이 현저히 적은 나라의 경우 아직 연계되지 않고 있어 이에 대한 여성 인권 차원에서도 영향력을 행사하고자 한다. 그리하여 한인 국제결혼여성의 인권 사각지대를 줄이고자 한다. 실제로 재판 같은 법적 효력이 발생하기 전에 여성단체가 개입함으로써 여성의 목소리가 효과적으로 전달되기도 한다. 그러나 이러한 여성단체가 각국 정부나 사회에 미치는 영향력은 아직 높지 않다.

3장

미국 한인이주여성의 생애담

1. 연구참여자 1: 어머니에서 여성 인권운동가로
2. 연구참여자 2: 희로애락으로 채운 새로운 고향, 새로운 삶
3. 연구참여자 3: 가족이라는 조력자와 함께한 교육자의 삶
4. 연구참여자 4: 교도소 재소자들을 아들로 품은 마미킴
5. 연구참여자 5: 필리핀의 가난한 자들을 섬기는 선교사
6. 연구참여자 6: 오뚝이처럼 다시 일어나는 여장부
7. 연구참여자 7: 소외된 이들과 함께하는 신앙인

1.
연구참여자 1:
어머니에서 여성 인권운동가로

1) 생애담 요약

연구참여자는 20년 전인 1990년 미국 버지니아주로 이주한 결혼이주 여성이다. 당시에 한국에서 한국 남성과 결혼하여 슬하에 아들 한 명을 두었지만, 이혼 후 친정어머니와 단둘이 살아가고 있었다. 이혼과 함께 아들과 떨어져 살며 방황기를 겪고 있을 무렵, 친구의 소개로 현재의 남편을 만났다. 당시 한국에 주둔한 미군 신분의 남편과 한국어 선생님 관계로 만난 연구참여자는 연애 후 결혼했고, 현재까지 미국 버지니아주에서 초국적 삶을 살아가고 있다.

이주 초기에 연구참여자는 주변인의 도움으로 비교적 순탄하게 낯선 타국에서 새로운 삶을 시작할 수 있었다. 그러나 표면적으로 보이는 것과 달리, 한국에 두고 온 아들로 인해 연구참여자는 내적 갈등이 무척 심한 상황이었다. 이러한 연구참여자의 상황을 다행히 남편이 이해하여 부부는 한국에 두고 온 아들을 미국으로 입양했고, 이후 연구참여자는 미국에서 긍정적인 문화적응을 시작할 수 있었다. 진정한 새로운 삶이 본격적으로 시작된 것이다. 아들의 입양을 통해 어머니로서의 삶이 회복된 연구참여자는 꽃집에서 일할 기회를 얻었고, 그 경험을 바탕으로 그녀는 노년이 될 때까지 꽃집을 운영하며 독립적으로 경제 활동을 할 수 있었다. 이처럼 아내뿐 아니라 어머니로서의 위치를 회복하면서 연구참여자의 삶은 점차 가정에서 사회로 확대되었고, 마침내 그녀는 국제결혼 한인여성 인권운동가로서의 실천적 삶을 살 수 있었다.

현재 월드킴와 국제결혼한인여성회의 부회장으로 활동하고 있는 연구참여자는 자신과 같이 국제결혼을 한 여성을 위해 봉사하며 여생을 보내고 있다. 연구참여자가 여성 인권운동가로서의 실천적 삶을 살아가게 된 배경에는 아이러니하게도 미국의 한인 사회가 가진 국제결혼여성에 대한 선입견과 편견 때문이었다. 한인 사회가 가진 미군과 결혼한 이주여성에 대한 선입견과 편견은 부정할 수 없는 사실이었고, 이러한 사실이 연구참여자를 국제결혼 한인여성 인권운동가로 만들었다. 연구참여자는 한인 사회에서 경험한 편견에 좌절하거나 순응하지 않고 맞서는 쪽을 택한 것인데, 이를 위해 그녀는 적극적인 사회 활동을 했다. 국제결혼여성회에서의 활동과 민주당에서의 봉사활동은 연구참여자가 한인 사회를 넘어 미국 사회의 구성원으로서 활동한 것으로, 이는 연구참여자 개인 활동 이상의 대표성을 가진다. 또한 연구참여자는 미군과 국제결혼한 여성이라는 대표성을 가진다. 이러한 건강한 사회적 활동은 한인 사회가 가진 선입견과 편견에 경종을 울릴 수 있다.

현재 꽃집 운영을 정리하고 은퇴하여 노후의 삶을 살고 있는 연구참여자는 미국이라는 자신이 속한 지역사회에서 벗어나 한국과 세계 여성 인권에 관한 활동을 하고 있다. 기지촌 할머니들과 한국의 다문화가정을 후원하는 활동들을 통해 연구참여자가 경험한 성공적 문화적응을 한국, 나아가 세계에 함께 공유하며 문화적 자산으로서 발전시키며 살아가고 있다.

2) 초국적 생애담

(1) 이주 전의 삶

평범한 시골 소녀

연구참여자의 고향은 강원도 양구다. 군인이었던 아버지 때문에 어린 시절에는 양구, 화천, 부산 등지를 다니며 생활했다.

> "[원래 한국에서는 서울이 고향이신 거예요?] 아니요. 강원도 양구인데 아버지 군대 생활하면서 양구 뭐 화천, 부산 이렇게 옮겨 다니다가 여섯 살 때부터인가 한국 서울에서 정착했어요."

여느 소녀들처럼 연구참여자는 부모님과 함께 유년기와 청년기를 보냈다. 군인 아버지로 인해 잦은 이사를 했지만, 여섯 살 때부터 서울에 정착하여 울타리 같은 부모님 그늘 속에서 미래를 꿈꾸며 성장했다. 그렇게 평범한 시골 소녀가 서울 처녀가 되었고, 결혼 적령기가 되어 20대에 한국 남자를 만나 연애하고 결혼했다. 그리고 목숨보다 귀한 아들까지 낳고 단란한 가정을 꾸리며 살아가고 있었으나 그 행복은 오래가지 못했고 결국 이혼했다.

(2) 이주 동기

① 이혼으로 인한 암흑기

이혼은 연구참여자의 삶에 많은 시련을 주었다. 그중 하나가 아들과 떨어져 지내는 것이었다. 전남편과의 사이에 아들이 한 명 있었고, 이혼과 함께 아들을 볼 수 없었다. 식당 일을 하는 어머니를 도우며 바쁘게 생활했지만, 연구참여자는 재혼한 남편이 데려간 아들에 대한 그리움으로 인생의 암흑기를 보낼 수밖에 없었다.

> "저는 엄마 일 도와주고 있었어요. 엄마 식당 하시는 거. 처음에 만나게 된 동기는 첫 번째 남편하고 이혼하고 혼자 이렇게 직장생활도 그만둔 상태에서 이제 방황하고 있을 때였죠. 아들 하나 있었고."

방황 속에서 힘겨워할 무렵, 친구가 현재의 남편을 소개했다. 당시에 남편은 미군 육군 장교였고, 용산의 메릴랜드대학에서 한국어를 배우며 도움을 줄 한국어 선생님을 찾고 있었다. 연구참여자는 한국어 선생님으로서 남편과 첫 만남을 가졌고, 젊은 청춘남녀의 만남은 자연스럽게 데이트로 발전했다. 그리고 약 3개월의 만남 후에 남편은 연구참여자에게 청혼했다.

② 새로운 시작으로서의 국제결혼

암흑기에 만난 남편은 새로운 희망이었다. 남편의 청혼은 암흑 속 광명과도 같았으나 연구참여자는 한 번의 이혼과 미군이라는 남편의 특수성 때문에 더욱 신중한 선택을 할 수밖에 없었다.

"메릴랜드대학교가 용산 부대 안에 있었어요. 이제 한국말 숙제 좀 도와달라고 그래서. 그건 영어 잘하지 않아도 되니까 가르쳐주다가 만나서 한 3개월 데이트하고 나니까 사랑한대요. 저보다 열 살이나 많은데 대머리도 벗겨지고. 나이도 많아 보였는데 내가 당신이 싱글인지 어떻게 아느냐. 여기서 속은 사람들이 굉장히 많잖아요. 또 결혼해서 가서 거기서 이혼당하고 진짜 자기가 싱글이 아닌데도 그런 사람이 있었거든요. 그래서 부모님이 오셨어요."

당시에 남편은 미군이었다. 미군과 속아서 결혼했다는 사람들에 대한 소문이 많았고, 무엇보다 한 번의 이혼을 경험한 연구참여자는 미군인 남편과의 결혼을 쉽게 결정할 수 없었다. 그런 상황에서 남편은 연구참여자에게 믿음을 주기 위해 미국에서 한국으로 부모님을 초청했다.

"아버님은 하버드대학 나오시고 지리학과 교수였고, 어머님도 정말 너무 괜찮으신 거예요. 가정교육도 잘 받았고. 어머니, 아버지 만나고 지금까지도 굉장히 잘해주셨는데, 이제 돌아가셨어요. 그분들은 노총각 구해줘서 고맙다고. 독신주의자였거든요. 동양 여자들의 알뜰함과 이런 데 반한 거 같아요."

한국을 방문한 예비 시부모님은 둘의 결혼을 적극적으로 환영했고, 연구참여자도 시부모님을 만난 후 결혼을 결정했다. 그렇게 부모님의 방문과 함께 결혼은 일사천리로 진행되었다. 당시에 이혼녀였던 연구참여자가 한국 사회에서 받았을 수많은 선입견과 편견을 생각해보면, 그녀가 미군과 결혼하고 미국으로의 이주를 선택한 것은 우연이라기보다 숙명에 가깝다. 그렇게 연구참여자는 한국에서의 모든 것을 정리하고 결혼과 함께 미국으로의 이주를 선택했다.

(3) 이주 초반기

① 헤어진 친아들을 입양하고 다시 시작한 어머니로서의 삶

결혼은 누구에게나 새로운 삶의 시작이다. 현남편과의 결혼은 시련 후에 다시 찾아온 새로운 시작이라는 점에서 더욱 특별할 수밖에 없었고, 낯선 땅으로의 이주라는 점에서 새로운 삶의 시작이었다.

결혼과 함께 연구참여자의 삶은 1990년 미국 버지니아주에서 새롭게 시작되었다. 다행히도 버지니아주에서의 새로운 삶은 매우 긍정적이었다.

"버지니아로 제일 처음에 간 데가 한국하고 날씨도 비슷하고 사람들도 참 좋았어요. 거기 가서 또 여성회가 있었고. 만나서 같이 친형제 자매, 엄마처럼 그렇게 지내면서 그냥 거기서 쭉 지금까지 살고 있어요."

한국과 비슷한 버지니아주의 날씨, 친절하고 호의적인 주변 사람들, 이 모든 것은 연구참여자의 문화적응에 긍정적인 힘이 되었다. 특히, 한인여성회에서 만난 사람들은 친형제자매처럼 연구참여자를 돕고 지켜주는 이웃들이었고, 그녀의 새로운 가족과도 같았다. 모든 것이 영화처럼 아름다웠고 순탄했다.

그러나 영화 같은 버지니아주에서의 삶에도 연구참여자의 마음에 채워지지 않는 무엇인가가 있었다. 그것은 한국에 두고 온 아들이었다. 연구참여자는 미국에서의 삶이 행복하면 할수록 한국에 두고 온 아들이 더욱 그리워졌고, 그때마다 아들과 힘겹게 통화하곤 했다. 계모의 눈을 피해 통화해야 했기에 아들이 친구 집에 놀러 가면 친구 집으로 전화해서 서로의 안부를 물으며 목소리를 듣곤 했다.

"제일 힘들었던 게 아들하고 통화하고 싶은데 새엄마가 받으면 통화 못 하니까 아들이 친구 집에 가 있으면 그 시간 맞춰서 전화하고 통화하고 그랬던 게 참 힘들었고. [아, 아드님이 이제 여기서 전남편분하고 살고 있었으니까.] 네. 전남편은 이혼하자마자 아들 새엄마 집에 가서 같이 살았으니까 이제 그런 문제가 좀 있었고."

대부분 이주민이 새로운 환경에서 겪는 문화갈등은 언어 혹은 문화 차이로 인한 갈등이지만, 연구참여자는 한국에 두고 온 아들에 대한 그리움과 죄책감이 그녀를 힘들게 했다. 외부에서 오는 갈등이 아닌 연구참여자의 특수한 상황에 따른 내적 갈등이었고, 미국에서의 새로운 삶, 성공적인 문화적응을 위해 연구참여자에게 아들은 반드시 채워야 할 부분이었다. 이러한 상황에서 남편은 연구참여자의 내적 갈등을 이해해줬고, 연구참여자

부부는 한국에 두고 온 아들을 입양하기로 결정했다. 여러 서류상의 문제들이 있었지만, 모두 해결한 후 아들이 초등학교를 졸업하던 해에 연구참여자는 비로소 아들을 미국으로 데리고 와서 품에 안을 수 있었다.

"초등학교 졸업하고 데려갔어요. 처음에는 남편하고 살다가 제가 먼저 미국으로 가고. 그리고 학교를 미국에서 다녔으면 좋겠다 그래서 입양을 하자마자 6개월 걸리더라고요. 그때가 1993년인가? 그때 데려 왔고."

독신주의자 성향의 남편은 자녀 낳는 것을 원치 않았기에 연구참여자와 남편 사이에는 아이가 없었다. 그 대신 남편은 한국에서 데리고 온 아들의 좋은 아버지가 되었다. 남편은 아들의 공부를 가르쳐주고 학교에 데려다주는 등 아버지로서의 역할에 충실했고, 연구참여자는 이러한 남편의 배려로 아들과 삶을 함께 나누는 어머니가 될 수 있었다. 즉 버지니아에서의 삶이 진정한 새 출발, 성공적인 문화적응이 가능했던 것은 연구참여자가 상실한 어머니로서의 삶을 회복할 수 있었기에 가능했다. 그리고 다시 시작한 어머니로서의 삶은 그녀의 성공적인 문화적응, 나아가 초국적 삶에 결정적 영향을 미쳤다.

"지금도 아들이 '엄마랑 저는 여기 온 게 너무 좋아요. 엄마 이혼 잘 했어요.' 그래요. 지금 벌써 장가가서 손녀가 있어요. [축하드려요!] 고등학교 수학 선생이고 우리 아들은 지금 스테이트 아파트먼트에 근무하고 있고, 딸 하나 있고. 너무너무 행복하게 잘살고 있어요."

결혼하여 가정을 꾸리고 행복하게 살아가는 아들의 삶은 연구참여자의 자랑이다. 건강하게 성장한 자녀의 삶이 세상 모든 어머니의 행복이고 자랑이겠지만, 연구참여자에게 아들의 행복은 자랑 이상의 의미, 즉 미국으로의 이주와 결혼이 성공한 삶이었고 나아가 성공적인 문화적응이었음을 의미한다. "미국으로 온 게 너무 좋다", "엄마 이혼 잘했어요" 하는 아들의 지지와 응원은 연구참여자가 자신의 삶을 긍정적으로 평가하는 데 결정적인 요소가 되었고, 자신의 삶을 평가하는 척도가 되었다. 남편과의 결혼은 낯선 땅과 낯선 문화로의 이주를 의미할 뿐 아니라 이혼녀라는 부정적인 사회의 편견과 맞서는 결정이었다. 그래서 아들의 행복은 연구참여자의 결정이 절대 틀리지 않았음을 의미하는 상징성을 지닌다.

② 마이 비즈니스, 꽃집 운영

우연한 기회에 꽃집에서 일할 사람을 구하는 광고를 보았다. 당시에 영어가 부족했던 연구참여자에게 꽃꽂이는 언어의 장벽을 뛰어넘어 도전할 수 있는 일이었다. 연구참여자의 성실성과 실력이 온전하게 인정받으며 꽃집 일을 통해 여러 사회적 경험을 쌓을 수 있었다. 이렇게 우연히 시작된 꽃꽂이는 25년 동안 연구참여자의 비즈니스가 되었다. 연구참여자가 아내와 어머니로서가 아닌 나로서의 삶, '나'라는 독립된 인격체가 미국이라는 낯선 땅에서 처음으로 발을 내딛도록 한 시작이 꽃집에서의 일이었다.

"한국에서는 꽃꽂이를 많이 하잖아요, 취미로. 취미로 했죠. 꽃꽂이 하는 거 좋아하니까. 그런데 우리 남편 가끔 점심 먹으러 가면 밑에 꽃집이 있는데 '헬프 원티드(Help wanted)' 써져 있는 거야, 꽃집에서. 나 영어 잘 못하지만 꽃 이렇게 거는 스타일부터 했어요. 그때 이제 마더스데이(Mother's Day), 이스터(Easter), 그다음에 발렌타인데이(Valentine's Day). 세 개가 2월부터 5월까지 있어요. 그래서 우연히 파트타임으로 취직을 했다가 발렌타인 때는 밤을 새요. 거기는 프로기 때문에 장미 한 가지에 80불씩 받아요. 되게 비싸요. 거기 장미를 많이 보내요. 미국 꽃집에서 일하다가 한국 꽃집에서 일하고 한 네 군데인가 다니다가 94년도에 우리 남편 제대하면서 꽃집을 차렸어요. 그러니까 다른 데에서 경영하는 거를 배웠죠. 아, 여기는 이렇게 하고 여기는 이렇게 하는구나. 그리고 이제 남편이 도와줬으니까 성공했죠. 그리고 돈도 많이 벌었어요. 그때는 밀리언짜리 집도 사고 아들 대학까지 다 보내고."

꽃꽂이 일은 아르바이트에서 비즈니스로까지 발전했다. 남편의 은퇴와 함께 새롭게 시작한 일이 꽃집을 직접 차려서 운영하는 것이었고, 꽃집을 통해 연구참여자는 주도적으로 가정 경제를 운영하는 주체가 되었다. 물론, 조력자인 남편과 함께 이룬 성과였지만, 성공적인 꽃집 운영은 연구참여자의 노력과 성실함 아래 가능했다. 연구참여자의 경험과 노하우가 성공적인 비즈니스의 열쇠였고, 그 결과 백만 달러짜리 집을 사고, 아들을 대학에 보내고, 그리고 평안한 노후를 보낼 수 있었다.

친아들 입양과 꽃집 운영은 연구참여자가 미국이라는 낯선 땅에서 어머니로서, 그리고 성공적인 문화적응을 할 수 있게 한 개인적 사건들이었다. 이러한 개인적인 성공을 통해 연구참여자는 미국 사회의 구성원으로서 성공적인 문화적응을 할 수 있었다.

(4) 이주 중반기: 한인 여성 인권운동가로서의 실천적 삶

연구참여자의 미국에서의 삶에는 개인적인 주제의 문화적응과 함께 사회적 주제의 문화적응이 큰 비중을 차지하고 있었다. 현재 연구참여자는 월드킴와 국제결혼한인여성회의 부회장으로 활동할 만큼 자신과 같이 국제결혼한 여성들과 함께 나누는 삶을 살고 있다. 그녀가 여성 인권운동가로서의 실천적 삶을 살아가게 된 배경에는 아이러니하게도 미국의 한인 사회가 가진 국제결혼여성에 대한 선입견과 편견이 있었다. 기존의 정주민이던 미국인에게 받는 차별이 아니라 같은 동포, 같은 이주민 입장의 한인에게서 차별을 경험한 것이다. 연구참여자는 미국 사회가 가진 국제결혼여성에 대한 차별의 원인을 한국전쟁에서 기인했다고 본다.

"미국 사회에서는 차별이 없는데 한인 사회에서 아직도 색안경을 끼고 보는 사람이 있죠. 국제결혼에 대한 50년대 생각 때문에. 국제결혼하면 다 안 좋게 보는 사람들이 많았어요. 30년 전만 해도 그랬었고. 그런데 하인즈 워드가 영웅이 되고 나서 그때부터 조금씩 한국도 바뀌었듯이 약간씩 바뀌기 시작하고 자기들 자녀들도 국제결혼하는 시대니까. 이제 조금씩 바뀌었는데. 우리가 이민을 가서 동생들 식구들 다 데리고 왔잖아요. 옛날에 그래서 이민 사회가 형성된 거잖아요. 그럼에도 불구하고 자기 누나가 결혼한 걸 실제 밝히고 싶지 않은 그런 사람도 있었고, 떨어져서 이제 아는 척도 안 하고 사는 사람들도 봤어요. 그러니까 한인 사회에서의 차별이 더 심했죠. 미국 사회에서는 전혀 못 느꼈고. 그런데 독일, 영국, 호주는 그런 걸 못 느끼고 사는 게 우리가 혼혈이다 이런 걸 못 느끼고 살고 그쪽에는 미국 사람들처럼 그런 차별 같은 것도 전혀 모른대요. [한인 사회 안에서도요?] 우리가 이제 국제결혼여성 세계대회하면서 각 나라에서 다 모이잖아요. 거기에서 그 점을 발견했어요. 아, 이건 특별히 미국에서만 그렇구나. 6.25전쟁 때 미국 기지촌이나 미군들 그런 데에서 나온 생각 같아요. 그러니까 다른 나라에 간 사람들은 주로 유학. 이태리 같은 경우나 호주도 유학을 많이 갔으니까 아무래도 그런 차이점이."

보통 다문화 사회에서 갈등은 이주민을 향한 정주민의 선입견과 편견으로 시작된다. 그러나 연구참여자가 처음으로 접한 그녀에 대한 선입견과 편견은 정주민인 미국인에게서 비롯되지 않았다. 본토 정주민인 미국인이 가진 선입견과 편견이 아니라 오히려 똑같이 이주민으로서 미국에서 삶을 시작한 한인에게서 선입견과 편견을 경험했다. 즉 미국 남성, 특히 미군과 결혼한 국제결혼여성은 유학생이나 가족 단위의 다른 한인 이주민과 다른 위치와 차별 속에 있었다.

연구참여자는 국제결혼여성이 받는 선입견과 편견을 한국전쟁이 남긴 상흔 때문이라고 생각했다. 한국전쟁으로 인해 미군 기지촌 같은 상흔은 수십 년이 지난 후에도 남아있었고, 그 상흔은 연구참여자처럼 미군과 결혼한 여성에게까지 영향을 미치고 있었다. 미군과 결혼한 여성은 모두 부도덕한 여성이라는 잘못된 넝마가 씌어 있었다. 한인 사회가 가진 미군과 결혼한 이주여성에 대한 선입견과 편견은 부정할 수 없는 사실이었고, 이러한 사실은 연구참여자를 국제결혼 한인여성을 위한 인권운동가로 만드는 데 원동력이 되었다. 그래서 연구참여자는 한인 사회에서 느낀 선입견과 편견에 위축되거나 순응하지 않고 맞서 싸우길 택했고, 그녀가 택한 투쟁 방법은 미국 사회에서의 인권 활동이었다. 연구참여자는 국제결혼여성회와 민주당에서 적극적으로 봉사활동을 하며 자연스럽게 미국 남성과 결혼한 국제결혼여성에 대한 위치를 바꿔나갔다. 어머니 혹은 아내로서의 삶에서 나아가 가정폭력과 추방당할 위기의 국제결혼여성을 돕는 여성 인권운동가로 거듭난 것이다.

"여성회하고 국제결혼여성 그다음에 미국 민주당 쪽에서 같이 봉사 하면서 어렵고 힘든 사람들 도와주고. 우리 민주당이라 그러면서 정치 인들 인맥을 많이 쌓아놨어요. 그래서 무슨 일이 있으면 도와주기 서로. 그다음에 투표할 적에 투표권자들 머릿수를 채워주고 펀드레이징(fundraising)해주고. 1998년에 제가 버지니아 한인 민주당 회장을 했거든요. 여성회를 먼저 하기 전에 그래서 그때부터 인맥들을 쌓아온 걸로 여성회 일을 하면서 가정폭력 또는 추방당하게 생긴 여자들 그때 제가 도움을 그분들한테 많이 받았어요, 국회의원들한테. 청원서 서명 운동 이런 것들 하며 주지사가 해줄 수 있는 거. 그리고 추방당하게 생긴 여자를 두 번이나 구해냈고. 그게 워싱턴포스트(The Washington Post)에도 일 년에 두 번이나 다 났었어요. 잇 워즈 미라클(It was miracle). 정말 이 사람들도 기적이라고 그러는 거야. 그 정치인들의 도움으로 그렇게 혜택을 받았어요. 그러니까 서로 상부상조한 거죠. 빼앗긴 아기도 한 명 찾아준 적 있어요. 진짜. 남편이 오클라호마에 사는데 한국에서 여자하고 같이 들어가는데 공항에서 여권이랑 다 맡겨놓고 이 여자는 화장실에 간 사이에 아이를 데리고 그냥 타버리고 간 거예요. 그러니까 여자는 그 계획적이었던 거 같아요. 여자는 아이도 뺏기고 자기는 시민주권자도 아니었고 그래서 이제 법정 소송을 들어가게 됐고, 우리는 그때 서명운동을 하고 그래서 결국에는 아이를 찾아서 지금 엄마하고 같이 살아요. 한국 안산에서."

아이를 빼앗길 위기에 놓인 한인여성을 도운 사례처럼 연구참여자는 국제결혼한 한인여성을 위한 다양한 활동을 했고, 워싱턴포스트 같은 신문에 '기적'이라는 표지로 실릴 만큼 사회적으로 영향력 있는 활동을 전개해 나갔다.

연구참여자가 한인여성 인권운동가로서의 실천적인 삶을 살 수 있었던 데는 여러 가지 이유가 있었겠지만, 무엇보다 스스로 자신의 삶을 책임지고자 한 주체성으로 인해 모든 활동이 가능했다고 본다. 연구참여자의 돌봄의 대상이 되었던 국제결혼여성은 또 다른 그녀로, 연구참여자는 실천적 삶으로 타인을 통해 자신을 돌보고 있었다. 결론적으로 연구참여자는 사회에서 받는 부당한 대우와 선입견에 순응하거나 좌절하지 않고, 주체적인 모습으로 스스로 맞서 싸워나갔고, 그것은 자신의 삶뿐 아니라 타인의 삶, 나아가 사회를 변모하게 만든 것이다. 그래서 연구참여자의 삶은 이 땅의 많은 이주민에게 주체적 삶의 의미를 다시 한번 돌아보게 한다. 이주민은 연구참여자처럼 소수자이며 을의 입장에서 삶을 시작하지만, 그 끝은 이주민의 삶에 대한 태도에 달려 있다는 것이다.

(5) 이주 후반기

① 초국적 이주의 삶

연구참여자는 월드킴와 단체에서 부회장으로서 여성을 위한 다양한 봉사활동을 하고 있다. 그리고 그녀의 활동 중에 특히 주목되는 점은 한국을 위한 초국적 활동이다. 초국적 이주란 이주민이 정착국 사회와 모국 사회를 연결하는 다양한 사회적 활동을 의미하는데, 연구참여자는 미국과 한국 사회에 징검다리 역할을 하며 양국의 시민으로서 다양한 활동을 하고 있다.

"기지촌 할머니들 돌보는 곳, 그리고 혼혈아동들 위한 동두천 ASA 혼혈학교, 또 다문화 이주여성들 또 대안학교 이런 데에 관심이 많아 미국에서 펀드레이징(fundraising)해서 좀 돈 좀 모아 와서 후원도 해주고 우리들이 직접 찾아가서 보기도 하고 학생들 공부하는 거 보고 또 기지촌 할머니들은 어떻게 사시는지 누룽지라도 속옷이라도 사가지고 가서 같이 밥도 먹고 그러고 오고 했어요."

한국을 위한 초국적 활동에는 기지촌 할머니를 돌보는 일, 동두천에 있는 혼혈학교 지원, 다문화 이주여성과 대안학교 지원 등이 있다. 연구참여자는 미국에서 다양한 형태로 기부를 받아 한국 사회의 소수자를 위해 다양하게 후원하는 활동을 하고 있다. 혈연관계의 가족뿐 아니라 한국인 모두를 자신의 가족으로 돌보는 삶은 전형적인 초국적 이주의 삶이다. 한국을 떠나 이주했지만, 연구참여자는 한국인으로서의 정체성을 잃어버리지 않고 양국에 선한 영향력을 미치는 초국적 삶을 살고 있다.

② 미국을 뛰어넘어 세계로

미국 내에서 연구참여자의 활동은 미국을 넘어 한국, 나아가 세계 여성으로 확대되고 있다. 1990년 미국으로 이주하여 약 30년을 미국에서 거주한 연구참여자는 이주자로서, 특히 국제결혼 이주자로서 미국 사회에 적응하기 위해 다양한 활동을 했고, 이제 이주자보다 정주자로서의 삶을 영위하고 있다. 지금까지 미국이라는 지역사회에서 연구참여자가 보인 행보는 매우 긍정적인 문화적응, 나아가 성공한 삶이라 평가할 수 있는데, 현재도 그녀는 마침표를 찍지 않고 다문화 사회가 된 한국, 나아가 세계로 여성의 인권을 위한 활동으로 자신의 삶을 채워나가고 있다.

> "[앞으로 미국에서 사시면서 어떤 계획이 있으세요?] 지금은 민주당하고 이제 국제결혼여성의 두 가지 봉사활동을 하고 있으니까. 아, 또 하나는 위안부 결의안. 이사로 활동하고 있고 그런 인권 문제 같은데. 여성들 인권, 조금 더 집중해서 봉사활동하고 싶고요."

국제결혼여성, 나아가 인권 문제의 하나인 위안부 결의안 그리고 한국의 다문화가정에 이르기까지 다양한 측면에서 여성의 삶에 깊은 관심을 가지고 활동하는 모습이 현재 연구참여자의 삶이다. 연구참여자는 미국에서 성공적인 문화적응을 한 삶의 경험을 한국, 나아가 세계와 함께 공유하며 문화적 자산으로 발전시키고 있다. 가족 안에서 여유로운 삶을 누리는 평범한 삶 대신 자신이 경험한 문화적 자산을 한국 사회, 나아가 세계 여성들과 함께 나누고자 하는 삶이 연구참여자가 꿈꾸는 노후다. 실제로 연구참여자의 경험 공유, 혹은 함께하는 삶은 단순한 희망이나 바람이 아니라 현재 진행형의 실천적 삶이었다. 2019년 10월 9일 연구팀은 한국에서 진행된 '월드킴와 세계대회'에서 연구참여자를 만났고, 그녀는 고국인 한국에서 다양한 국가에서 온 한인 국제결혼이주여성과 함께 여성의 인권과 한국의 다문화 사회를 후원하는 활동을 하고 있었다. 연구참여자의 삶은 이제 미국과 한국을 뛰어넘어 세계로 뻗어가고 있었다.

2.
연구참여자 2:
희로애락으로 채운 새로운 고향, 새로운 삶

1) 생애담 요약

연구참여자는 20대 초반에 남편을 만나 미국으로 이주한 지 약 47년 차인 여성이다. 미국인 남성과 결혼하여 미국 시애틀로 이주했지만, 여러 문제로 아이오와주, 콜로라도주를 거쳐 최종적으로 워싱턴주의 해군 부대가 주둔한 휘드비섬(Whidbey Island)에 정착하여 현재까지 살고 있다.

휘드비섬은 연구참여자에게는 특별한 의미가 부여된 장소다. 연구참여자가 전남편과 헤어지고 현재 남편을 만난 곳이며, 특히 부모님 같은 노부부와의 인연으로 이주자에서 정주자로서의 삶을 누리게 된 제2의 고향과도 같은 장소다. 연구참여자가 인연을 맺은 노부부는 그녀뿐 아니라 그녀의 남편도 가족처럼 대해주었고, 노부부의 사랑과 지지는 연구참여자 부부에게 많은 힘이 되었다.

그래서 휘드비섬은 연구참여자의 제2의 고향이고, 그곳에서 그녀는 희로애락(喜怒哀樂)을 모두 경험하며 살았다. 남편을 만나고 아들을 낳고 부모님 같은 노부부를 만나 미국에서 가정을 꾸리며 기쁨[喜]을 누리며 살아갔다. 그러나 삶이 녹녹한 것만은 아니었다. 여러 도전 속에서 동업자와 페인팅 비즈니스를 함께했고, 이 과정에서 어려운 상황에 직면하며 좌절 속에서 분노[怒]도 경험했다. 그리고 사랑하는 가족인 아들과 노부부를 잃으면서 슬픔[哀]을 마음에 담아야 했다. 사랑하는 아들과 헤어지고 부모님과도 같은 노부부와 이별한 공간이 휘드비섬이었다.

슬픔 속에 있던 연구참여자에게 특별한 선물이 찾아왔다. 자녀들 곁에서 숨을 거두신 할머니가 연구참여자에게 재산 일부를 유산으로 남긴 것이다. 그리고 할머니가 남긴 유산은 연구참여자가 온전한 정주자로서 베푸는 삶을 살아가게 만드는 종잣돈이 되어 그녀의 삶을 다시 즐거운[樂] 미국에서의 삶으로 변화하게 했다. 연구참여자는 그 유산으로 작은 집을 장만했고, 할머니의 마음을 기리기 위해 가난한 미국인에게 시세보다 싼 월세로 그 집에서 살 수 있도록 했다.

그리고 베풂은 다시 연구참여자에게 새로운 삶의 변화를 가져왔다. 언어와 문화 모든 면에서 이주자의 입장에 있던 연구참여자가 결핍이 있는 미국인 가족을 도우면서 이주자 입장에서 정주자의 삶의 궤적을 밟기 시작한 것이다. 집을 통해 베풂을 실천하며 그녀의 관심사가 개인에서 사회로 확대되고, 이주자로서의 문화적응이 아닌 사회의 소수자에게 도움을 주는 정주민, 즉 미국 사회의 건강한 구성원으로 변화하여 살아가게 된 것이다.

이후로 연구참여자는 남편과 함께 미국 사회의 구성원으로서 사회에 봉사하며 살아가고 있다. 교회의 다양한 봉사활동을 통해 한국뿐 아니라 아프리카 어린이들을 후원하는 일을 하며 초국적으로 삶의 영역을 넓히는 노후를 보내고 있다.

2) 초국적 생애담

(1) 이주 전의 삶: 아메리칸 드림을 꿈꾸던 아가씨

2020년을 기준으로 연구참여자가 남편을 만나 결혼 후 미국으로 이주한 지 47년 차가 되었다. 47년 전인 1970년대 초 한국은 한국전쟁을 극복하고 한창 도시개발과 경제산업 속에서 미국을 동경하고 있었다. '아메리칸 드림'이라는 말이 있을 만큼 많은 한국 사람들이 미국 혹은 서양권의 나라로 이민을 갔고 이러한 사회 문화의 분위기 속에 연구참여자도 미국에 대한 동경심을 키우고 있었다.

"옛날 오류동에 공군부대가 있었어요. 2325정보부대라고, 그 부대에서 실미도 사건도 있었던 부대인데, 옛날에 거기서 기지보급반에서 타이피스트로 일을 하다가 갔어요."

1970년대의 많은 여성은 국제결혼을 통해 경제적 안정을 부여받는 삶을 꿈꾸고 있었고, 당시 20대 초반의 연구참여자도 비슷한 꿈을 꾸고 있었다. 오류동의 공군부대에서 타이피스트로 일하고 있던 연구참여자는 직업상 미군을 자주 접하는 환경에서 일하고 있었으므로 한국 사회의 분위기에 더욱 편승할 수밖에 없었다. 그래서 연구참여자는 친구의 소개로 미국 남자를 만났고 미국으로 가기까지 일사천리로 모든 일을 진행했다. 낯선 환경에 대한 두려움보다 새로운 시작에 대한 기대와 기쁨으로 미국으로의 이주를 결정했다. 그러나 준비되지 않은 채 막연한 꿈으로 감행한 이주는 연구참여자에게 쉽지 않은 삶을 선사했다.

(2) 이주 초반기

① 반복되는 이주 속 부적응

연구참여자는 스물세 살 나이로 약혼녀 신분으로 1973년 미국 시애틀로 이주했다. 처음으로 도착한 시애틀에서 연구참여자는 오래 살지 못했다. 시애틀에서 영주권을 받고 미국인으로서의 삶은 보장받을 수 있었지만, 그곳에서 새로운 삶은 시작되지 않았다. 본격적인 결혼생활은 시애틀에서 멀리 떨어진 아이오와주에서 시작했다. 그러나 아이오와주에서의 삶도 오래가지 못했다. 언어장벽과 남편과의 성격 차이 등 여러 문제로 연구참여자는 적응하지 못하고 한국으로 돌아갔다. 약 1년의 결혼생활은 연구참여자가 생각한 것보다 많은 부분이 힘들었고, 그녀는 결국 홀로 한국행 비행기를 탈 수밖에 없었다.

"우선 그렇게 초청을 해서 약혼녀로 가고 거기서 결혼을 했죠. 그 결혼생활이 좋지는 않아서 금방 헤어졌어. [그러면 처음에 미국 어느 지역으로 가신 거예요?] 시애틀에 도착하고 시애틀에서 또 이렇게 영주권 받고 그 다음에 바로 아이오와주로 갔어요. 아이오와주에서 나는 적응을 못 하고 언어도 통하지 않고 문화도 다르고 등등 그래서 정말 못 살겠어서 이제 1년 정도 있다가 한국으로 다시 나왔어. 그랬다가 결혼한 상태니까, 1년 또 살아보니까 일단 미국 갔던 사람이라고 그래서 다시 갔죠.

다시 이제 1년 후에 또다시 갔어. 아무래도 내가 거기 가서 살아야 되겠구나. 직장도 없고 다시 가서 살았어요."

결혼 전과 달리 홀로 한국에서 살아가는 것도 쉬운 일이 아니었다. 다시 돌아온 한국은 이전과 다른 고국이었기에 연구참여자는 1년 정도의 한국 생활을 다시 정리할 수밖에 없었다. 두 번째 미국행은 호기심과 꿈으로 부풀었던 첫 번째와 다를 수밖에 없었고, 연구참여자도 더 이상 물러날 수 없었다. 미국에서 잘살아보겠다는 굳은 결심을 한 채 남편이 있는 미국으로 돌아갔고, 다시 간 미국은 시애틀도 아이오와주도 아닌 또 다른 낯선 장소 콜로라도주였다. 그러나 이전에 그랬던 것처럼 콜로라도주에서도 정착하지 못하고 다시 새로운 곳으로 이주해야 했다. 연구참여자는 남편의 직장 문제로 다시 이주해야 했고, 그곳이 그녀의 삶을 바꾼 휘드비섬이다.

② 제2의 고향 휘드비섬

워싱턴주에서 2시간 정도 떨어진 휘드비섬은 연구참여자가 미국에서 가장 오랜 세월을 보내고 현재까지 거주 중인 최종 정착지다. 휘드비섬은 해군 부대가 주둔한 지역이며 치안이 안정된 살기 좋은 곳으로, 연구참여자에게 살기 좋은 곳 이상의 특별한 의미가 부여된 장소다.

살기 좋은 곳 휘드비섬은 연구참여자의 미국에서 삶, '고향'을 의미하는 상징적인 장소다. 삶의 전환점, 즉 새로운 삶의 시작점이 되는 장소임과 동시에 미국에서 제2의 고향이 휘드비섬이다. '미국에서의 고향'이라는 의미가 부여되는 이유는 연구참여자의 희로애락이 깃든 장소이기 때문이다.

"다시 가서 살 때는 콜로라도에 가서 몇 년 살고 나중에 워싱턴으로 왔어요. 우트비아일랜드에 내가 몇 년도에 왔나 80년도. 그래서 우트비아일랜드에서 해군 부대에 직장이 됐어요. 그래서 여기 내 직장에서 좋은 잡(job)은 아니지만 거기서 일을 하다가 현재 남편을 만나서. 그때 이혼하고 직장 다닐 때 만났는데, 이제 남편 만나서 82년도에 다시 결혼을 했어요. 그리고 지금까지 그곳에서 36년 넘게 계속 살고 있어요."

연구참여자는 휘드비섬에서 첫 부부의 인연을 맺은 남편과 이혼하고 모든 것을 새롭게 시작했다. 현재의 남편을 만나 결혼생활을 시작하여 새로운 삶을 이룩할 수 있었다. 그 장소가 휘드비섬이고, 긍정적인 문화적응의 시작점이다.

사실, 휘드비섬에 정착하기 전까지 연구참여자는 미국에서 성공적으로 적응하지 못한 채 살아가고 있었다. 부적응한 삶이라고 추측하는 배경에는 한곳에 오래 정착하지 못한 그녀의 이주 경로가 있다. 한국에서 처음으로 이주한 시애틀, 아이오와주, 다시 한국 그리고 콜로라도주를 마지막으로 휘드비섬에 이르기까지 연구참여자는 채 몇 년도 안 되는 짧은 기간 동안 낯선 미국의 여러 곳을 돌아다니며 생활해야 했고, 적응한다는 것은 기적에 가까운 일이었다. 함께 거주하는 남편 외에는 도움을 받을 이웃조차 없었고, 언어의 장벽과 낯선 문화에 대한 두려움은 더해질 수밖에 없었다. 그렇기에 처음이자 마지막으로 정착하여 산 장소인 휘드비섬은 연구참여자의 삶에서 더욱 특별할 수밖에 없다. 휘드비섬은 연구참여자가 진정한 문화적응을 시작하며 새롭게 다시 태어난 제2의 고향이다.

(3) 이주 중반기

① 미국 사회에서 나를 만들어준 직업

휘드비섬에서 새롭게 시작한 결혼생활은 순탄했다. 장교가 아닌 사병이던 남편의 월급은 많지 않지만 결혼생활은 행복했다. 연구참여자도 부대 안의 피엑스에서 화장품, 옷 등을 판매하는 일을 했고 개인 비즈니스까지 하며 점차 경제적으로도 안정적인 생활을 했다. 연구참여자는 어느새 '페인트 비즈니스'라는 제법 큰 사업을 운영하게 되었고, 경제적 안정뿐 아니라 성취감과 자존감을 되찾는 기쁨의 시간을 누릴 수 있었다. 그러나 기쁨만 있는 것은 아니었다. 동업자로 인해 비즈니스가 위기를 맞으며 어려움을 이겨낸 시간도 있었다. 이러한 일련의 과정에서 연구참여자는 아메리카 드림을 꿈꾸던 철없는 아이에서 자신의 삶을 꾸려나가는 주체자로서 다시 태어나고 있었다.

"나는 처음에 에스티메이트(estate mate)하는 사람으로 시작했는데 내가 에스티메이트 하면 커스텀(customer)한데 약속한 계약서가 있잖아, 어떻게 해주고 어떻게 해드리겠습니다 하고. 그런데 그거를 현장에 그 책임자들을 보내도 제대로 안 해주고 오는 거야. 같이 동업하는 사람이. 그래서 안 되겠습니다. 저 혼자 하겠습니다. 내가 이만큼 줄 테니까 나가시던지 아니면 우리가 빚이 이만큼 있으니까 이 빚을 갚고 그만두던지 둘 중에 하나 합시다. 그랬더니 그 아저씨가 자기는 전혀 돈이 없어요. 그래서 그 아저씨가 나갔어요. 내보냈어요. 그리고 나서 혼자 했어요."

연구참여자는 다양한 직업 경험 중에서도 무엇보다 페인트 비즈니스에 관해 매우 상세하게 구술했다. 군부대 피엑스에서 여러 일도 해보고 다양한 경험이 있음에도 연구참여자가 중점적으로 설명한 그녀의 직업은 페인트 비즈니스였다. 표면적으로는 경제적으로 많은 돈을 벌어주었다는 이유로 페인트 비즈니스에 각별한 애정을 가진 것처럼 보이지만, 그 이상의 의미가 내포되어 있다.

> "큰 잡(job)도 많이 했어요. 꽤 큰 아파트, 한 800개씩 있는 그런 큰 아파트도 했고, 그리고 또 큰 아파트를 지으면 그 안에 가게들도 있고 커피샵도 있고 스타벅스도 등등 있잖아요. 그런 거 우리가 다 일을 해야 돼. 페인트 부스만 그런 큰 건설할 때 한 60명 정도가 있어요. 각 부스가 다 각자 일할 사람들이 우리는 이제 페인트만 계약을 하는 거지. 그래서 우리가 페인트 계약하면 모든 페인트 스케줄을 우리가 가서 해야 돼요. 너무 힘들어가지고 2010년에 내가 아 이거 그만하겠다 나는 들어간다 나는 리타이어한다. 그리고 그때가 딱 60살이거든. 그래서 리타이어하고 집에 갔더니 60살에 리타이어하면 62세부터 연금이 나와요, 미국은."

페인트 비즈니스에 대한 애정과 자부심은 연구참여자가 자신에게 주는 긍정적인 평가, 즉 자존감을 표상한다. 서투른 언어와 낯선 문화 속에서 자신의 이름을 걸고 일한 페인트 비즈니스가 연구참여자에게는 '자랑스러운 나의 일'이 된 것이다. 그래서 연구참여자는 은퇴하기 전까지 자신의 이름으로 페인트 비즈니스를 했고, 그 결과 자존감과 안정적인 노후생활을 누릴 수 있었다. 그만큼 페인트 비즈니스는 연구참여자의 삶에서 자신과 미국 사회를 연결해주는 일이었고, 미국에서의 삶에서 중요한 의미를 가지는 일이 되었다. 한국의 시골에서 아메리카 드림을 꿈꾸던 어린 소녀가 버젓하게 미국인을 상대로 한 사업가가 되었고, 꿈이 현실이 된 것이다.

② 한 번의 아픔과 새로운 시작

페인트 비즈니스가 연구참여자를 미국 사회 구성원으로 만들어준 일이라면, 미국을 또 다른 모국으로 만들어준 것은 남편과의 인연 덕택이다. 연구참여자가 이혼이라는 한 번의 아픔을 겪은 후 방황하지 않고 살 수 있었던 것은 또다시 찾아온 사랑이 있었기 때문이다.

> "현재 남편이 프러포즈하는데 처음에는 별로였고. 아, 결혼했냐고 물어보고 집적대길래 당신이 상관할 일이 아니야 이렇게 했다가. 그 동네에 한국분이 계세요. 좀 연세 많은 분들 데려다가 이 사람이 자꾸 나한테 결혼하고 싶어 하고 이러는데 한번 봐주세요. 어떤 사람인가 그랬는데. 승낙을 받았어. 그래서 그 집에서 이제 약혼식도 해주고 그 나중에 결혼을 했죠. 그때만 해도 내가 나이가 어렸어 사실. [그럼요. 나이 계산해보니까 30대 후반이나 그 정도네요.]"

홀로 남은 연구참여자의 삶에 또 다른 인연이 찾아왔다. 당시 해군 부대에서 사병 신분이던 현재 남편이 그 주인공이었다. 전남편과 이혼하고 홀로 휘드비섬에 남은 연구참여자는 군부대에서 일하며 살아가고 있었다. 한국에서 온 이웃들에게 도움을 받으며 홀로 살아가기 위해 다짐하던 중 남편을 만났다. 시간이 얼마 지나지 않아 연구참여자는 남편에게 프러포즈를 받았지만 여러 복잡한 심경으로 거절했다. 그러나 남편은 계속 연구참여자에게 다가왔고, 도움을 주던 한국분의 지지를 받으며 연구참여자는 남편의 프러포즈를 수락하고 결혼했다. 그때 당시 연구참여자의 나이가 30대 후반이었다. 30대의 젊은 나이에 홀로 미국에서 살아간다는 것은 녹녹지 않은 일이었고, 특히 가족이 없다는 것은 두려운 일이었다.

남편과의 결혼은 연구참여자에게 새로운 가족이 생기는 것을 의미하고, 그것은 그녀의 삶에 중요한 영향력을 끼칠 수밖에 없었다. 결혼 후 연구참여자는 전과 달리 더욱 안정적으로 가정과 직장에서 생활할 수 있었다. 남편과의 결혼은 휘드비섬을 제2의 고향으로 만드는 시작이었고, 연구참여자의 삶에서 미국이라는 땅에 정착하여 살아가게 하는 힘이었다.

③ 부모 같았던 미국 노부부

남편과 행복한 결혼생활을 할 수 있었던 데는 우연한 기회에 인연을 맺은 노부부가 있었다. 노부부는 해군 대령으로 은퇴한 후 휘드비섬에서 살아가던 미국인이었다. 초대로 방문한 지인의 집에서 연구참여자는 할머니를 처음으로 만났고, 연구참여자와 노부부의 인연은 그날 이후로 시작되었다.

할머니는 한국과 인연이 깊었다. 한국 고아원의 소녀를 후원해주던 할머니는 연구참여자가 한국 사람이라는 이유로 친근하게 다가왔고, 이날 이후 두 사람의 관계는 모녀 관계처럼 발전했다.

"제가 그 아일랜드에서 살 때 어떤 노인 부부가 있었어요. 남편이 해군 대령으로 리타이어(retire)하셨고, 할머니는 이제 한국에 계셨대요.

한국에 오셔가지고 영어 선생님도 하시고 그랬다고. 그래서 내가 한국 사람이기 때문에 나를 좋아하신 거야. 자기가 그런 경험이 있으니까. 그래서 '나보고 너가 내 딸이면 좋겠다.' 그러셔가지고 그때는 스물 몇 살밖에 안 됐잖아요. 서른 살이니 뭐니 안 됐는데 그랬어요. 그 할머니가 나를 딸처럼 생각하셨고, 생일이면 생일파티를 꼭 해주셨고. 내가 한국에서도 생일파티를 한 번도 받아본 적이 없어요."

할머니는 연구참여자를 위해 한국에서도 경험하지 못한 생일파티를 열어주고, 늘 따뜻하게 위로해주고 격려해줬다. 연구참여자에게 마치 어머니 같은 사랑을 베풀었고, 할머니의 사랑은 연구참여자뿐 아니라 그녀의 남편에게도 전해졌다.

"얼마나 좋으신지 저한테 우리 남편한테도 잘하라고 당부하고 내가 좋아하지 않는 거 있으면 그거 여자가 하는 건 안 좋은 거다 일러주고. 우리 남편도 그 할머니를 어머니처럼 생각해요. 나중에 나보다 더 좋아해. 남편이 열한 살 때 어머니가 돌아가셨대요. 그러고서 새엄마가 들어와서 살다가 새엄마가 오시니까 이제 문제가 좀 있었나 봐."

일찍 어머니를 여읜 남편도 할머니를 마치 어머니처럼 의지했고, 연구참여자 부부는 낯선 땅에서 새롭게 아버지와 어머니를 만났다고 생각하며 생활했다. 연구참여자 부부는 노부부 집에서 함께 저녁 식사를 하고 서로를 의지하며 그렇게 가족이 되어갔다. 그렇게 시간이 흐르고 할아버지가 지병으로 돌아가시기 전까지 연구참여자 부부와 노부부는 부모-자식 관계처럼 서로를 의지하며 하루하루를 보냈다. 그러나 지병으로 할아버지가 세상을 떠난 후 할머니도 자식들이 있는 메릴랜드로 이사 가면서 연구참여자 부부는 노부부와 더 이상 만날 수 없는 이별을 했다.

얼마 후 할머니는 아들들 곁에서 세상을 떠났다. 그렇게 연구참여자 부부와 노부부의 인연은 끝나는 듯했다. 그런데 어느 날 연구참여자에게 생각지도 않은 할머니의 선물이 찾아오면서 인연의 끝이라 생각했던 이별은 또 다른 시작을 만들었다.

"너무 노인이 되다 보니까 이제 떠나서 메릴랜드로 가셨어요. 그래서 메릴랜드에서 돌아가시면서 자기의 재산을 9분의 1을 나를 주라고. 9분의 1. 그러니까 뭐 많이는 아니야. 그 아들들 돈이 나한테 왔어. 그러다가 할머니한테 해드린 것도 별로 없는데 내가 뭐라고 이걸 받냐. 나는 자식도 아닌데."

할머니는 연구참여자에게 자신의 재산에서 9분의 1을 유산으로 상속했다. 유산은 할머니가 연구참여자에게 남긴 마지막 선물이었다. 유산은 돈 이상의 의미로 연구참여자 부부와 노부부 사이의 관계를 상징하는 선물임과 동시에 연구참여자의 삶을 바꾸는 씨앗이 되었다. 연구참여자는 유산을 허투루 쓰지 않고 그 돈으로 작은 집을 한 채 샀다. 그리고 그 집은 다시 할머니의 사랑을 사회에 환원하는 데 쓰였다.

"고맙다고 그러고 그거 가지고 집을 한 채 샀지. 아일랜드에서 손자 손녀를 둘 데리고 사는 가난한 할머니가 있어요. 자기 딸이 마약하고 돌아다니니까 애들 돌보지를 않아. 그래서 나라에서 돈을 조금 받기는 하는데 그래도 가난해. 그래서 그 집을 아주 조금 내가 돈 거의 안 받아도 될 정도로. 그렇지만 할머니가 준 돈 가지고 모기지가 다는 안 되니까 집을 사고 매달 돈을 조금씩 내야 해, 은행에. 그 돈만 그분한테 받아서 내고 오래 살았어요. 10년 넘게. 그래서 할머니가 애들이 고등학교 졸업하니까 이사를 가셨지."

노부부에게서 받은 지지와 사랑은 연구참여자가 미국에서 성공적으로 문화적응을 할 수 있게 만든 힘이었다. 그리고 그 힘은 구체적인 실체가 되어 결실을 보았다.

연구참여자는 할머니의 유산으로 마련한 집을 통해 미국 사회에 봉사하고 베푸는 삶을 살기 시작했다. 가난한 조손가정의 세입자를 시세보다 적은 월세를 내며 그 집에서 살게 했고, 이렇게 시작한 선행은 큰 의미가 되어 연구참여자에게 돌아왔다. 그것은 언어와 문화 모든 면에서 이주자의 입장에 있던 연구참여자가 더 이상 미국 사회의 소수자 혹은 이주자가 아닌 정주자로서 살아간다는 의미였다. 사실, 그전까지 연구참여자는 이주자로서 문화적응을 하며 사는 삶에 충실했다. 그 과정에서 노부부를 만났고, 그들을 통해 진정한 가족이 형성되면서 연구참여자는 자신뿐 아니라 타인과 소통하고 타인을 배려하는 삶을 살기 시작했다. 그리고 집을 통해 베풂을 실천하면서 그녀의 관심사가 개인에서 사회로 확대되고, 이주자로서의 문화적응 단계가 아닌 사회의 소수자에게 도움을 주는 정주민, 즉 미국 사회의 건강한 구성원으로서 살아가기 시작한 것이다.

연구참여자와 노부부의 관계는 한국의 다문화 사회에 시사하는 바 크다. 이주자의 성공적인 문화적응을 위해 사회제도 이상의 영향력을 가진 것이 이주자를 지지하는 이웃 혹은 멘토일 수 있다는 점이다. 연구참여자와 노부부는 수양딸과 부모의 관계로 발전했고, 노부부가 준 관심과 사랑은 그녀를 미국 사회에 편입하려는 이주자가 아닌 정주자로 만들었다. 노부부가 연구참여자에게 준 것은 물질적 유산뿐 아니라 안정감과 평안함 그리고 미국 사회의 구성원으로서의 책임감이었다.

우연한 인연으로 만난 노부부는 연구참여자에게 가족이었고, 연구참여자의 안정적인 결혼생활에 큰 도움을 준 은인이었다. 멘토이자 부모와 같았던 노부부는 그들의 삶에 큰 부분을 차지했다. 부모처럼 우산이 되어 준 노부부는 연구참여자가 휘드비섬을 제2의 고향으로 살아갈 수 있게 한 따뜻한 정주자이자 가족이었다.

(4) 이주 후반기

① 끝없는 영어 공부

미국에서의 문화적응이 힘들었던 이유는 무엇보다 영어 때문이었다. 처음 미국에 도착했을 때부터 느낀 언어의 장벽은 쉽게 해결될 문제가 아니었다.

> "내가 너무 힘들었다. 그건 처음에 갈 때는 우선 언어가 제가 영어를 많이 알고 간 게 아니고 어쩌다가 그렇게 가게 돼서 갔어요. 그런데 언어가 안 통하니까 스트레스가 많이 쌓이죠. 그러다 보니까 디프레스(depress)가 생기고. 처음에 가서 1년 조금 살고 왔잖아요. 다시 가서 영어를 내가 전공한 것도 아니고 영어를 내가 모르니까 그러니까 많이 힘들었고."

영어에 대한 고민은 연구참여자를 만학도로 만들었다. 일반적인 대화와 생활에 제약이 없음에도 영어에 대한 고민을 늘 떨칠 수 없었다. 그래서 가능한 선상에서 끊임없이 영어 공부를 했다. 낮에는 일하고 밤에는 영어를 공부하며 칼리지를 졸업했고, 신학교에서 4년제 학부 과정까지 졸업했다.

"아일랜드에 트리니티 칼리지(Trinity College)라고 있어요. 2년 대학. 거기 가서 영어 공부 클래스를 택했지. 밤에. 그래서 2년 공부하고 졸업하고 그러고 나서는 나중에 시애틀에 나가서 한국 사람을 우연히 만나가지고. 거기 한국 사람이 운영하는 한국 신학교가 있어요. 거기 가서 이제 2년 공부해가지고 그 뭐야 베츨러 디그리(bachelor's degree). 그러니까 4년제 학부. 그리고 자꾸 이제 나보고 학사 배출 받았으니까 석사학위 하라고 자꾸 하라고. 그래서 내가 지금 나이가 70인데 그걸 뭐하러 하냐 했는데, 학교를 도와주는 입장으로 그러면 나는 통신으로 할게. 그래서 책 보내주시고 그러면 저기 보내주세요. 교수님이 보내주시고 컴퓨터로 해서 보내면 책하고."

영어 공부에 대한 끝없는 열정은 70세가 다 되어가는 최근까지 계속되고 있다. 연구참여자는 미국으로 이민을 계획 중인 사람들에게 다음과 같이 조언했다.

"영어가 잘 안 통하고 그러면 차별대우하고 옛날에는 또 검은 사람들 얼마나 차별대우했어요. 마찬가지로. 그렇지만은 지금 세대는 별로 그렇지는 않은 것 같고 제가 생각하기에 그런데 어느 나라 뭐 이걸 떠나서 대화를 제대로 하느냐 못하느냐에 대해서 차별이 있는 건 사실인 거 같아요. 그래서 가능하면 젊은 세대라면 그 미국에서 살 거 같으면 영어를 좀 열심히 공부하고 우리 세대처럼 그냥 무턱대고 주먹구구식으로 그런 게 아니라 그러면 좀 더 오히려 한국 사람들이 더 똑똑해요."

이주를 위해 제일 필요한 것이 영어라 생각하는 연구참여자는 영어 공부를 강조했다. 더 이상 인종차별 같은 차별은 없지만, 미숙한 영어는 미국 사회에서 차별을 받을 수밖에 없다는 것이다. 연구참여자의 이러한 생각은 노년에도 끊임없이 영어 공부를 하는 그녀의 모습에서 확인할 수 있다.

② 세계로 베푸는 삶 속의 노후

연구참여자가 한국을 방문한 2019년은 그녀의 나이 69세로, 미국에서 산 지 46년째 되는 해다. 연구참여자는 월드킴와가 주최하는 세계대회에 참석하기 위해 남편과 함께 한국을 방문했다. 월드킴와는 대표적인 국제한인여성의 연합 모임으로, 연구참여자가 참여하는 다양한 봉사활동 중 하나다.
은퇴 후에 교회 활동을 중심으로 다양한 봉사활동을 하는 연구참여자는 다양한 형태의 후원과 참여를 통해 세계로 베푸는 삶을 살고 있었다. 베푸는 삶의 중심에는 종교라는 공동체가 있었고, 종교를 통해 한국인 그리고 미국인과 즐겁게 생활할 수 있었다.

"처음에 시작은 저하고 여기 사는 한 대여섯 사람이 모여가지고 처음에 ○○교회 ○○○ 목사라고 있어요. 그분 테이프가 있어요. 카세트 이렇게. 그거 구해다가 그거 듣고 모이고 또 밥 같이해서 먹고. 그 재미였었는데. 그러다가 장로님이나 이런 분을 모셔다가 진짜 듣자 말씀을. 그래서 시애틀에서 두 시간 반 와야 되잖아요. 그래도 어느 교회에서 우리를 알고 가서 우리 도와주자 그래서 장로님이 오셨어. 그래서 우리 집에서 처음에 이렇게 다들 의자가 많지 않으니까 카우치에 앉아가지고 전부 다 모여가지고 예배를 보고. 첫 예배가 그렇게 시작됐어요. 그러다가 나중에 우리가 교회를 만들자, 미국 교회지만 방을 하나 빌려서 거기서 예배를 보기 시작했지. 그러다가 지금은 피씨유에스에이(PCUSA)라고 미국에 장로교회 교단에 가입하고. 그 교단에서 이제 후원도 받는지 모르겠는데 나는 거기 안 가니까. 지금 거기가 수십 번 바뀌었어요."

연구참여자는 교회 활동 속에서 사람들을 만나고 관계를 확대해가며 많은 위로를 받았다. 교회 활동은 종교 활동이지만 연구참여자에게는 종교 활동 이상의 공동체 활동으로, 그녀의 신앙심은 봉사활동으로 연결되었다. 현재는 남편 때문에 한인교회가 아닌 부대 안의 미국인 교회를 다니며 다양한 봉사활동을 하고, 한국에 후원하는 봉사와 함께 아프리카 어린이들을 후원하는 일에 적극적으로 참여하고 있다. 연구참여자가 아프리카 어린이들을 후원하는 이유는 국적을 초월하여 더 배고프고 삶이 척박한 어린이들을 돕고자 하기 때문이다. 물론, 한국에 대한 관심과 지지는 항상 있지만, 연구참여자는 한국의 놀라운 성장과 발전을 보며 한국 외에 도움을 더 필요로 하는 사람들을 지원하기로 결심했다.

20대 초반의 젊은 나이에 간 미국은 낯선 나라였고, 적응하기 쉽지 않은 환경이었다. 연구참여자는 미국의 여러 곳을 다니며 매번 새롭게 적응해야 했다. 그러나 휘드비섬이라는 제2의 고향에 정착하면서 연구참여자는 문화적응을 해야 하는 이주자가 아닌 정주자, 나아가 초국적으로 자신의 삶을 나누는 세계의 구성원으로서 노후를 보내고 있다. 초국적 삶을 통해 연구참여자의 '아메리칸 드림'이 완성되어가고 있다.

3.
연구참여자 3:
가족이라는 조력자와 함께한 교육자의 삶

1) 생애담 요약

　　연구참여자는 편모슬하라는 불우한 유년 시절을 보낸 탓에 누구보다 미래에 대해 고민하고 도전하는 삶을 살아온 결혼이주여성이다. 1979년 미국 남성과 결혼하여 약 40년 전 미국으로 이주할 수 있었던 것도 그녀의 호전적인 성격과 남편에 대한 믿음 때문이었다. 컴퓨터 프로그래머였던 연구참여자는 업무의 일환으로 남편을 만났고, 상인과 한 작은 약속도 지키는 남편의 모습을 통해 그와의 결혼을 결심했다.

　　미국으로 이주하여 시작한 결혼생활, 특히 미국에서의 문화적응은 남편과 시어머니의 지지로 인해 매우 순조로웠다. 어릴 적에 독일에서 이주해온 독일계 미국인인 남편은 누구보다 이주자 입장의 연구참여자를 잘 이해하는 조력자였다. 그리고 신실한 기독교 신자였던 시어머니는 항상 긍정적으로 생각하고 주변을 보살피는 성품의 인물로, 항상 연구참여자를 돕고 보살피는 조력자였다. 남편과 시어머니라는 든든한 조력자 덕에 연구참여자는 자신감을 가지고 미국에서 성공적인 문화적응을 할 수 있었다. 시어머니의 영향으로 연구참여자는 신실한 기독교 신자가 되었고, 그 후로 타인을 위한 삶을 살아갔다. 그 시작점은 버지니아 총기 사건인 조승희 사건이었고, 그 사건을 통해 이주민 자녀, 조승희 같은 한국 교포의 아이들을 돌보는 일을 시작했다. 바쁜 부모로 인해 집에서 방치되는 이주민 아이들을 데려와 영어책을 함께 읽는 '책벌레 클럽'을 운영하기 시작한 것이다.

책벌레 클럽은 미국 내의 활동에서 한국 취약계층 아이들을 위한 영어교육으로까지 발전했다. 연구참여자는 '개천에서 용 나기 어렵다'라는 한국의 교육 현실을 걱정하며 2003년 화상영어를 개발했고, 정부의 예산을 받아 60여 개의 벽지학교에 영어교육을 보급했다. 현재는 현실적인 문제에 부딪혀 안타깝게도 진행하지 못하고 있는 상황이다. 그러나 연구참여자는 포기하지 않고 2014년부터 비영리 화상영어교육 과정을 준비하고 있다. 화상영어를 생각한 초심대로 취약계층 아이들을 위한 영어교육을 실천하기 위함이다. 연구참여자는 개천에서 용이 나는 한국을 위해 미국의 이주민 자녀들뿐 아니라 한국의 취약계층 아이들의 교육에 앞장서며 살아가고 있다.

2) 초국적 생애담

(1) 이주 전의 삶

① 극복하고 싶었던 불우한 유년 시절

2020년을 기준으로 연구참여자는 미국으로 이주한 지 41년 차의 결혼이주여성이다. 전라북도 순창에서 태어난 연구참여자는 아버지와 어머니의 이혼으로 불우한 유년 시절을 보냈다. 아버지와 계모 그리고 이복형제가 사는 집에서 함께 생활하기도 했고, 홀로 사는 친모 곁에서 살기도 했다. 부모의 사랑을 받고 성장하는 보통의 아이들처럼 유년 시절을 보내지 못하고, 늘 옮겨 다니며 불안정한 상황 속에서 초·중·고를 힘겹게 다녔다.

"태어난 곳은 전라북도 순창이구요. 제가 첫 번째 기억나는 때는 아마 제가 다섯 살인가 그때부터 기억이 나요. 어렸을 때, 전 친어머니가 없고 아버지하고 집에서 살고. 아버지의 어머니하고 한방을 쓰면서 항상 우리 할머니가 그러니까 아버지의 어머니가 저를 이뻐해주셨어요. 저를 보면서 항상 뭐라 그러지 끌끌끌 혀를 차시면서 '불쌍한 것' 그러시면서 할머니 방에서 저를 데리고 살았고, 아버지는 또 이제 다른 부인이 있고 또 자식들도 있고 그런 중에 제가 살게 된 거예요."

연구참여자는 자신의 유년 시절을 여기저기 옮겨 다니며 살아야 했던 삶으로 기억한다. 할머니, 아버지, 새어머니, 친어머니 사이에서 옮겨 다니며 살아야 했던 연구참여자의 유년 시절은 이주민의 삶과 닮아 있었다. 새로운 환경에 적응해야 하고, 다시 이동해야 하고, 다시 적응해야 하는 척박한 삶이 소수자 입장의 이주민 삶과 같았다. 그래서 연구참여자의 유년 시절이 어쩌면 미국에서의 그녀를 더욱 단단하게 만들었을지 모른다는 추측을 가능케 한다.

"아이들이 하얀 손수건 달고 학교를 갔던 기억이 나고요. 초등학교 그때가 순창이었던 것 같아요. 그런데 얼마 되지 않아서 또 학교를 못 다니게 되었고, 학교를 못 다니게 되니까 또 어머니가 사람을 시켜서 어머니한테로 오게 해서 제가 학교를 다니고 어머니가 또 살기가 힘드니까 이런저런 데로 이사를 다니면서 장사를 하고 그랬는데 그러는 과정에 제가 아마 월반을 두 번을 했던 것 같아요."

연구참여자는 아버지와 어머니 사이를 오가며 학교에 다녔지만 스스로 한글을 깨우치며 월반하기도 했다. 이러한 연구참여자의 학습 능력과 태도가 훗날 그녀를 교육자로의 길로 가게 한 것 같다. 연구참여자는 힘든 유년 시절을 이야기하며 눈시울을 붉히기도 했지만, 현재의 그녀를 만든 중요한 과정으로 회상했다.

② 책을 좋아하던 소녀

연구참여자는 유독 책 읽기를 좋아했다. 책이 귀한 시절이었지만 책을 손에 놓지 않았고, 학교에서 월반도 하는 우수한 학생이었다.

"그런 환경 속에서 제가 읽기를 스스로 터득한 게 왜냐면 월반을 했기 때문에 아직 가나다라 그거를 깨우치지 못한 상태에서 읽기를 깨우친 게 솔직히 만화를 많이 읽으면서 그냥 속독을 했던 것 같아요. 스스로. 그렇게 됐고. 수학은 아주 못 했어요."

어려운 형편임에도 어머니가 연구참여자를 고등학교까지 졸업할 수 있도록 지원해주신 것도 그녀의 학습 능력 때문이었다. 연구참여자는 항상 미래에 대해 늘 고민하는 학생이었고, 고등학교 선생님은 그녀에게 컴퓨터를 배우라는 조언을 했다. 선생님의 조언대로 연구참여자는 졸업 후 컴퓨터 프로그래밍 학원에 다녔고, 선진문물에 밝았던 선생님의 조언은 연구참여자의 삶에 결정적이었다. 선생님의 조언대로 컴퓨터 프로그래밍을 배운 덕에 연구참여자는 프로그래머 공무원이 되었고, 결과적으로 남편을 만날 수 있었다.

(2) 이주 동기

① 새로운 희망의 나라로

편모슬하의 환경은 힘겹고 고단했다. 연구참여자가 남편을 만나 미국으로 이주하기까지의 결정을 내릴 수 있었던 배경에는 힘겨운 유년 시절과 미래를 위해 도전하는 그녀의 호전적인 성격이 있었다. 즉 연구참여자의 힘든 유년 시절이 그녀를 더 나은 삶을 향해 고민하고 새로운 도전을 하게 만들었고, 그 일환으로 그녀는 낯선 미국이라는 땅으로 더 나은 삶을 향해 이주할 수 있었다.

"어머니 아버지 집을 핑퐁처럼 왔다 갔다 하면서 살면서 학교를 초등학교를 2번을 월반을 했던 그런 기억, 그렇게 하고 한국 사회가 정말 저한테는 희망이 없었어요. 나 같은 편모슬하에 자랐던 아이가 이 나라에서 정말 그랬는데 제 앞에서 뜬금없이 나타난 남편을 따라서 미국에서 살고."

연구참여자가 미국에서 파견 나온 남편을 처음 만난 것은 직장 동료 때문이었다. 직장 동료는 독일계 미국 사람이던 남편을 일을 핑계로 연구참여자에게 소개해주었고, 당시에 노총각이던 남편은 한국이 첫 방문이었다. 그래서 한창 영어 공부를 하고 있던 연구참여자는 영어도 배울 겸 주말마다 남편을 만났고, 그 과정에서 두 사람은 서로에게 자연스럽게 호감을 느꼈다.

"저희 남편이 노총각이었는데 저는 전혀 몰랐죠. 그러면서 이제 소개시켜주신 분은 아마 중매했던 것 같아요. 그러는데 저는 모르고 영어도 배울 겸 해서 이렇게 주말이면 그 사람 데리고 구경도 보여주고 그런 와중에 이제 그 사람은 제가 이제 처녀니까 관심이 있었고, 저희 남편이 노총각이었어요."

남편과의 만남 그리고 결혼은 연구참여자에게 새로운 희망이었다. 늘 도전하고 호기심이 많았던 연구참여자의 성격도 미국으로의 이주를 부추겼다. 그러나 남편과 결혼하여 미국으로 이주할 수 있었던 가장 큰 이유는 새로운 삶에 대한 희망 때문이었다.

② 인생을 맡겨도 되는 남자

데이트하며 일상을 보내던 중 남편이 연구참여자에게 프러포즈를 했다. 연구참여자는 남편에게 호감을 느끼긴 했지만, 결혼 같은 결정적 확신이 서지는 않은 상황이었다. 그러던 중 이 사람과 결혼해도 되겠다는 결정적 확신이 생기는 사건이 있었다.

"'선물 사는데 같이 가줄래?' 그래서 같이 갔어요. 그랬는데 이 사람이 원하는 그런 선물감이 없으니까, 이 사람이 '여기 내가 원하는 게 없습니다' 하고 나오려니까, 거기 선물 가게 아주머니가 이 사람을 막 붙잡으면서 당신 원하는 게 뭐냐고 그러니까, 나는 이런 거 원한다고 하니까 그러면 내가 가져다놓을 테니까 다시 와라. 그러고 나왔어요, 겨우. 아주머니가 너무 이 사람을 잡는 거예요. 하나라도 더 팔고 싶어서, 근데 없으니까 왔고, 이 사람이 이제 다시 오겠다 하고 왔는데요. 그 후로 제가 일단 한국 사람은 그러면 그걸로 끝나요. 갈 필요가 없잖아요. 똑같은 게 다른 데도 있으니까, 그랬는데 어느 날 이 사람이 가서 그 선물을 산 거예요. 그래서 제가 그걸 보고, 와 이 사람 정말 내가 내 인생을 맡겨도 될 수 있겠구나 그 믿음이 가더라고요. 믿음이 굉장히 중요하잖아요. 그래서 이제 제가 그 제 인생을 맡겨도 되겠다 하는 남자라고 알게 되었고."

남편의 부탁으로 연구참여자는 함께 선물을 사러 다녔다. 그러나 남편이 원하던 선물은 가게에 없었고 가게 주인은 손님을 잡기 위해 그 물건을 가져다놓겠다며 남편을 붙잡았다. 가게에서 흔히 볼 수 있는 풍경이었고, 연구참여자도 그 상황을 대수롭지 않게 지켜봤다. 그리고 얼마 후, 연구참여자는 선물을 가지고 있는 남편을 보았다. 남편은 가게 주인과 한 약속대로 며칠 후에 홀로 가게에 갔고 약속대로 선물을 산 것이다. 남편의 이러한 행동은 연구참여자에게 신선한 충격이었다. 가게 주인과의 약속을 지킨 남편의 행동은 작은 사건이었지만, 연구참여자는 오히려 일상적인 생활 속에 나타난 남편의 행동을 통해 결혼이라는, 그리고 미국으로의 이주라는 큰 결정을 내릴 수 있었다. 그리고 신뢰할 수 있는 사람이라는 남편에 대한 생각은 결혼생활 속에서 확신으로 변했다. 연구참여자의 남편은 정말 신뢰할 수 있는 좋은 사람이었고, 그녀에게 새로운 삶을 선사했다.

(3) 이주 초반기

① 남편의 지지와 시어머니의 사랑

연구참여자는 남편에 대한 신뢰를 바탕으로 1979년 미국으로 이주했다. 언어와 문화가 다른 미국은 매우 낯선 땅이었지만, 연구참여자에게는 성공적으로 적응할 수 있게 만든 조력자가 있었다. 한 명은 커다란 도전을 감행하게 한 남편이고, 다른 한 명은 남편을 낳아 키운 시어머니였다.

우선, 남편은 연구참여자의 문화적응에 가장 큰 조력자였다. 남편은 누구보다 이주자인 연구참여자의 입장을 잘 헤아리는 사람이었다. 남편 역시 어렸을 때 부모님을 따라 미국으로 이주한 이주자였고, 다른 언어와 문화로 인해 문화갈등을 경험한 사람이었다.

"너무나 놀라운 게 저희 남편이 독일에서 열한 살 때 이민을 왔는데 그러니까 독일에서 3학년인가 마치고 이민을 온 사람인데요. 미국에 오니까 영어가 안 되잖아요. 그러니까 그 새 4학년 올라가는 아이를 영어가 안 된다고 킨더가든 반에 집어넣은 거예요. 유치원 반에. 그런데 우리 남편이 왔을 때는 독일하고 미국하고 적대관계였어요. 그러니 미국 아이들이 얼마나 우리 남편을 미워하고 '저먼 셰퍼드(German Shepherd)'라고 그랬다는 거예요. 우리 시어머니도 말하면 독일 액센트가 강하게 나오면 저먼 셰퍼드 그랬다는 거예요. 그런데 그러니까 우리 이민자의 삶을 우리 남편이 이해한 거죠. (중략) 지금 또 클래스가 한두 개가 돌아가고 있고, 그래서 그 비용은 또 우리 아들이 도네이션(donation) 해주고. 영리 기업으로는 또 우리 남편의 돈을 가지고 이제는 은퇴 연금을 또 이렇게 쓰고 있구요."

독일에서 이주해온 남편은 언어 장벽 때문에 '저먼 셰퍼드'라 놀림 받으며 유년 시절을 보냈다. 독일어가 모국어인 남편 특유의 발음으로 인해 아이들은 남편을 놀렸고, 남편은 어린 나이에 이주자가 경험하는 문화갈등을 겪을 수밖에 없었다. 남편의 유년 시절의 아픈 경험은 그가 연구참여자를 온전하게 이해하고 지지하게 만든 이유였다. 그래서 남편은 연구참여자가 미국 내 한인 2세 아이들을 돕는 것에 대해 심리 및 경제적으로 지원해주는 진정한 지지자였다. 연구참여자가 책벌레 클럽을 운영하는 활동을 시작할 때부터 현재까지 고인이 된 남편은 언제나 그녀 곁에서 조력자였다.

그리고 연구참여자에게는 운 좋게 또 다른 조력자가 있었다. 연구참여자의 문화적응에 커다란 영향력을 미친 또 다른 조력자는 남편을 낳아 키운 시어머니였다. 미국에서의 삶에서 시어머니는 연구참여자에게 우상과도 같은 인물이었다. 연구참여자는 시어머니를 통해 미국에서의 삶을 설계할 수 있었고, 시어머니의 삶을 그림자처럼 따라다녔다.

"제가 미국 시집가서 부족한 게 없었어요. 그 사람이 부자여서가 아니라 그냥 이렇게 모든 게 만족하다고 할까. 그리고 시어머니가 저를 무척 사랑해주셔서, 그분이 아주 신실한 기독교분이셨어요. 그래서 그 시어머니를 보고 제가 기독교인이 된 것 같아요. 저희 시어머니가 예수를 믿어라 한 적이 한 번도 없습니다. 그랬는데 그분의 삶을 보고, 그분의 에브리데이 라이프(everyday life)를 보면서 어쩌면 저렇게 한국에서는 저런 상황이면 언해피(unhappy)하고 새드(sad)할 텐데도 항상 그분은 긍정적이셨어요. 항상 두 유어 베리 베스트(Do your very best). 돈 워리 어바웃 투모로(Don't worry about tomorrow). 그러면서 내일을 걱정하지 말고 오늘 최선을 다해라."

남편을 만나고 무엇보다 시어머니를 만난 것은 연구참여자에게 최고의 행운이었다. 마치 유년 시절의 서러웠던 삶을 보상받기나 하듯 갑자기 그녀에게 찾아온 새로운 가족인 남편과 시어머니는 최고의 선물이었다.

"저는 저희 시어머니의 발꿈치도 못 따라가요. 자녀 교육에 대해서는. 왜냐면 저희 시어머니가 독일에서 왔을 때 내니(nanny)라고, 어느 부잣집에 가서 애기 봐주는 그런 사람이었는데, 미국의 부호 존 록펠러(John D. Rockefeller) 있잖아요. 그 사람의 손녀딸 집에 가서 애기를 봐

줬어요. 그럴 정도로 굉장히."

연구참여자는 시어머니를 신실한 기독교 신자이고 항상 긍정적으로 모두 상황을 이해해나가는 사람으로 기억한다. 또한 시어머니를 훌륭한 교육자였다고 기억하는 연구참여자의 인터뷰에서 시어머니에 대한 무한한 애정과 존경심을 느낄 수 있었다. 그리고 이러한 시어머니에 대한 애정과 존경심은 연구참여자를 신실한 기독교 신자가 될 수 있도록 만들었다.

② 기독교인으로서 삶의 의미

연구참여자의 삶에서 중요한 변곡점은 그녀가 기독교인으로서 살아가기 전후다. 연구참여자가 미국에서의 삶에서 가장 중요했던 순간이 자신이 진정한 기독교인으로 성장했을 때라고 말하는 것을 보면, 기독교인으로서 그녀의 삶은 새로운 시작을 의미한다.

"그냥 나는 못 해. 나는 못 해. 그런 스타일이었는데 예수를 영접하고 성경을 공부하고 보니까 내가 하나님의 자녀이고 하나님이 함께한다면 불가능한 일이 없다. 그거를 믿게 되니까는 이런 일을 할 수 있게 되었어요. 솔직히. (중략) 그러면서 항상 남들을 도와주고 그러는 시어머니가 제가 항상 궁금해서 왜 저렇게 살 수 있을까? 세상적으로는 너무나 언해피하고. 한국말로 하면 남들한테 원망할 수 있는 그런 상황인데도 전혀 그러지 않고 오히려. 저희가 성당을 다녔거든요. 시집가서 그런데 예수를 믿고 싶어도 믿어지지가 않는 거예요. 아니 어떻게 동정녀가 애기를 낳고, 어떻게 죽은 사람이 살아나느냐."

처음부터 신실한 기독교 신자였던 것은 아니다. 연구참여자는 시어머니의 삶을 보며 그녀의 삶의 궤적을 따라가고 싶었지만 쉽지 않았다. 2년 동안 열심히 성경책을 읽는 등 여러 가지 노력을 기울였지만 시어머니처럼 될 수 없었고, 연구참여자의 마음만 힘들 뿐이었다. 그러던 중 남편의 그리스 출장에 동행하여 그리스 신전을 내려다보던 연구참여자는 문득 깨달음을 얻었다.

"제가 거기로 올라간 거예요. 올라가서 내려다보니까 사람들이 거기로 오르락내리락 하는 거예요. 그러는데 제가 그 순간에 내가 내 인생을 잘못 살고 있다. 그때는 제가 막 돈을 많이 벌려는 데 막 열중하고 있었거든요. 그래서 남편이 나이가 많으니까 어느 날 남편이 일찍 죽더라도 나는 아이들을 데리고 내가 살 수 있는 경제력을 내가 벌 수 있겠다. 그런 일에 열중하다 보니까 내가 우리 아이들을 관리할 수 있는 엄마로서 시간이 없는 거예요. 엄마가 밥만 해주고 아이들 학교만 데려다주고 이 아이들이 뭐를 아는지를 모르는 거예요. 집중하다 보니까, 그 순간에 제가 파르테논 신전에서 아, 내가 내 인생을 잘못 살고 있구나."

연구참여자는 현실적인 문제들을 생각하며 미래를 준비하고 있었다. 연구참여자보다 나이가 많은 남편을 고려해보면 불투명한 미래를 대비하는 삶을 살아야 했다. 우선, 남편 없이 홀로 남겨졌을 때 아이들을 잘 키워나갈 수 있도록 재산을 많이 모아놓아야겠다고 생각했다. 그래서 아이들에게 신경 쓸 겨를도 없이 열심히 일에 매진했다. 그러던 중 남편과 함께 간 그리스의 파르테논 신전에서 문득 깨달음을 얻었다. 진정으로 중요한 문제를 놓치고 있다는 생각을 한 것이다.

이때부터 그녀는 제2의 삶을 살기 시작했다. 마치 청출어람을 실천하듯 시어머니를 뛰어넘어 타인에게 도움을 주는 진정한 기독교인으로서 살아가기 시작한 것이다. 그래서 진정한 기독교인으로 거듭나면서부터 연구참여자는 자신의 두 아들뿐 아니라 한인 교포의 2세까지 걱정하고 보살피는 삶을 살아가기 시작했다. 이때부터 연구참여자는 아내, 며느리, 어머니 같은 가정 내의 삶에서 교육자로서의 삶, 즉 공적 영역으로 확대된 삶을 살기 시작한 것이다.

(4) 이주 중반기: 이민자 아이들을 위한 책벌레 클럽

신실한 기독교인으로 거듭나면서 연구참여자의 관심과 애정이 가정에서 지역사회로 확대되기 시작했다. 그 무렵, 버지니아 공대의 조승희 사건이 발생했다. 조승희라는 한인 2세 학생이 총으로 대학생들과 교수 36명을 쏴 죽인 후 본인도 자살한 사건이다. 미국 사회, 특히 한인 교포 사회에서 조승희 사건은 매우 충격적이었다. 연구참여자는 당시에 약 20년 이상의 미국 생활을 하면서 누구보다 한인 교포 생활의 어려움과 문제점을 잘 알고 있었다. 조승희 사건은 개인의 일탈이 아니었고, 이주민 가정의 구조적 문제였다. 제2 혹은 제3의 조승희가 또 나타날 수 있는 것이 현실이었다.

"그 아이 이름이 조승희이고 그 대학은 버지니아 텍이었어요. 근데 개도 그렇게 이민 온 과정에서 부모의 관리를 못 받고 부모들이 너무 일하는 데 많은 시간을 일을 하다 보니까 아이들 관리를 못 하잖아요.

그래서 그렇게 컴퓨터 게임에 매달려서 그렇게 된 거예요. 정신이 이상이 된 거예요. 그거를 보고 제가 제 직장을 그만두고 제 주위에 있는 이민자 아이들을 데려다가 책 읽기를 많이 시켰습니다. 그래서 아이들이 책에 푹 빠지면 TV 보는 것도 재미없어져요. 컴퓨터 게임도 안 해요. 덜 해요. 그래서 그런 아이들을 저희 집에 데려다가 책 읽기 공부를 시켰어요. 우리 아들 막내 아들이 보이스카우트였는데 보이스카우트 아이들을 초등학교 아이들부터 고등학교 아이들까지 데려다가 이민 온 아이들 함께 데리고 두세 명씩 짝을 지어서 그림책을 읽게 했어요. 왜냐면 그림이 없는 책은 너무 어려우니까. 아이들이 이해를 못 하거든요. 그래서 그림책을 한 줄은 봉사자가 읽고 한 줄은 이민 온 아이들이 읽으면서 따라 읽으면서 이런 책벌레 클럽을 하게 되었고, 그러는 와중에 제가 전화를 받았어요."

 이주민 입장의 한인 부모들은 새로운 환경에 적응하기 위해 바쁘게 직장생활을 했고 자연스럽게 자녀들을 방치할 수밖에 없었다. 아이들은 부모 없는 시간에 컴퓨터 게임에 빠지는 등 홀로 지내는 시간이 많았고, 보살핌이 필요한 상황에 놓여 있었다. 그래서 연구참여자는 한인 교포의 아이들을 데려다 집에서 책벌레 클럽을 운영하기 시작했다. 책벌레 클럽은 아이들에게 책을 통해 영어와 인성을 교육하는 프로그램이었다. 미숙한 아이들의 영어 실력 향상을 위해 봉사자가 한 줄 읽고 아이들이 따라 읽는 형식으로 수업이 진행되었다. 점차 책벌레 클럽이 확장되었고, 한인교포의 아이들뿐 아니라 중국 등 다국적의 이주민 아이들이 함께 공부하는 방향으로 발전해갔다.
 약 4년 만에 책벌레 클럽은 지역사회에서 유명해졌고, 연구참여자는 봉사자상을 받았다. 신문에도 기사가 실리면서 독도대책위원회 등 다양한 단체의 직함을 얻기 시작했다. 결국, 자신의 문화적응과 가정에 대한 애정이 타인으로 그리고 사회로 확대되어가면서 연구참여자는 주부에서 공인으로서 이름을 가지게 된 것이다. 엄마로서, 이민자로서 시작한 책벌레 클럽은 연구참여자가 미국이라는 사회의 중요한 구성원으로서 발돋움할 수 있게 한 초석이 되었고, 그로 인해 환갑이 넘은 나이에도 그녀는 미국 사회의 중요한 구성원으로 살아가고 있다.

(5) 이주 후반기: 한국 취약층 아이들의 영어교육을 위한 삶

책벌레 클럽이 지속적으로 발전하고 있을 때, 한국에서 연락이 왔다. 친정어머니가 췌장암 말기로 곧 세상을 떠나게 될 것 같다는 비보였다. 어머니를 간호하기 위해 간 한국에서 연구참여자는 그동안 잊고 있던 한국 사회를 보게 되었고, 특히 취약한 교육환경 속 아이들을 볼 수 있었다. 우연한 기회에 만난 대학생의 말 한마디에서 연구참여자는 한국 교육의 암울한 현실이 보이기 시작했다. 그 말은 "개천에서 용 난다는 말이 없어졌다"였고, 빈부 차이가 아이들의 미래까지 정해놓는다는 것이었다. 농촌 혹은 도서 지역과 같이 도시에서 떨어진 지역의 아이들이 도시의 아이들처럼 수준 높은 교육을 받을 수 없고, 이러한 간극은 소외 지역의 아이들을 성공과 멀어지게 만든다는 것이다. 기회조차 없는 소외 지역 아이들의 모습은 연구참여자의 마음을 아프게 했다. 그래서 연구참여자는 미국에서 진행하고 있던 책벌레 클럽을 한국에서도 실행하고자 다방면으로 노력해보았다. 그러나 현실은 매우 힘들었고, 방도를 찾지 못한 연구참여자는 미국으로 돌아갈 수밖에 없었다. 약 1년이 지난 후, 연구참여자는 평상시처럼 책벌레 클럽 때문에 컴퓨터로 업무를 보고 있었다.

"이제 저는 미국에서 이민자 아이들을 돕는 일을 하다 보니까는 항상 발룬티어(volunteer)들한테 이메일하고 컴퓨터 앞에서 살다 보는데, 어느 날 비디오 컨퍼런싱 얼굴 보고 화상 회의하는 로지텍을 보게 된 거예요. 처음 2003년에 제가 그걸 봤어요. 오, 이걸 하면 내가 미국에 있는 선생님하고 한국에 있는 학생들하고 사이버 화상으로 만나서 영어로 책을 읽게 할 수 있겠구나. 그 아이디어가 뜬 거예요."

일상적인 상황이었지만, 다른 때와 다르게 화상회의가 연구참여자에게 중요한 실마리를 제공했다. 미국과 한국이라는 먼 거리를 극복하고 한국 아이들에게 영어를 가르칠 방법, 특히 농촌과 도서 지역의 아이들까지 영어교육이 가능한 방법으로 화상영어교육을 생각한 것이다. 연구참여자는 2003년 화상영어를 생각하고, 그 생각을 행동으로 옮겼다.

"화상영어라는 그런 프로그램을 개발하게 되었는데, 그전에는 그 화상영어는 한 분의 미국 선생님이 한국에 있는 벽지학교에 들어온 10명, 20명 아이들을 만나서 선생님이 '하이(Hi)' 그러면 서로 오가고 얘기하면서 실시간으로 하는 공부예요. 동영상을 보고 하는 게 아니고. 그거를 저는 화상영어 독서교실이라고 하고 그전에는 제가 한국으로 가서 로지텍을 가지고 우리 전주예수병원의 간호원들하고 미국의 선생님하고 만나서 사이버 독서클럽을 하게 했어요."

연구참여자는 '화상영어'라는 아이디어로 정부의 예산을 받아 60여 개의 벽지학교에 영어교육을 보급했다. 힘겨운 유년 시절을 버티게 해주었던 책 읽기를 생각하며 연구참여자는 사업가가 아닌 교육자로서 영어교육을 한국의 산간벽지에까지 보급한 것이다. 아마도 연구참여자의 불우한 유년 시절이 없었다면 영어교육자로서의 그녀도 존재하지 않았을 것이다.

"그러니까 읽고 쓰고 듣고 말하는 모든 융합적인 교육이 가능하게 되었는데, 그게 한국이 IT 강국이었기 때문에 인터넷이 잘 트이니까 그렇게 됐고요. 궁극적으로 말하면 저희가 60여 개 벽지학교를 가르쳤고 가르친 학생들은 1만여 명이 됐을 거고요. 울릉도 학생들까지 다 가르쳤어요, 한때는. 그런데 지금은 그런 예산이 없어졌고 또 이제 정부 일반 예산이 되니까 경쟁자들이 많아가지고 저희가 계약을 다 뺏겼고요. 다 잃어버렸고. 지금은 직원이 없습니다."

그러나 현재는 현실적인 문제에 부딪혀 안타깝게도 진행하지 못하고 있다. 필리핀 같은 동남아시아계의 원어민 선생님을 동원한 화상영어가 생겨나면서 정부 예산을 받지 못하고 결국 좌초된 배처럼 연구참여자의 화상영어 프로그램이 멈춘 상태다. 그러나 연구참여자는 포기하지 않고 2014년부터 비영리 화상영어교육 과정을 준비하고 있다. 화상영어를 생각한 초심대로 취약계층 아이들을 위한 영어교육을 실천하기 위함이다. 연구참여자는 개천에서 용이 나는 한국을 위해 미국의 이주민 자녀들뿐 아니라 한국의 취약계층 아이들의 교육을 위해 봉사하며 살아가고 있다.

4.
연구참여자 4:
교도소 재소자들을 아들로 품은 마미킴

1) 생애담 요약

연구참여자는 인천에서 태어나 15세에 미국으로 이주하여 48년간 이민 생활을 한 64세 여성이다. 아들을 기다리던 종갓집의 막내로 태어났으며, 아버지가 남자 이름으로 지어주셨다. 운수사업을 하는 아버지는 정치인과 교분이 많아서 정치인들이 집에 찾아왔으며, 미국인과도 자연스럽게 만날 수 있는 환경이었다. 하지만 당시의 국내 정치적 상황 때문에 도피하듯이 미국으로 가족이민을 가야 했고, 외화반출이 어려워서 미국에서 자립해야 했다. 결국 가족들은 한국으로 돌아왔지만, 본인은 미국에 남겠다고 하자 열한 살 위의 큰언니가 함께 남아서 연구참여자를 돌보아주었다.

어려서부터 미국 문화와 영어를 습득했고, 어디서든지 잘 적응하는 성격이어서 미국 생활에 금방 적응했다. 정치가를 꿈꾸며 앨러배마 주립대학교에서 정치학과를 졸업했고, 법대를 가려고 준비하던 중에 독일주재 미국

영사관에서 근무하는 미국인 외교관 친구의 초청으로 독일에 가게 되었다. 본인이 미국 시민권자임에도 국가기밀을 다루는 외교관의 업무로 인해 외교관이 될 수 없었다. 하지만 독일영사관에 방문한 미국 화장품회사 부사장이 즉석에서 스카우트했으며, 독일지부장이자 매니징디렉터로서 독일에서 40여 명 유럽인의 보스가 되었다.

독일에서 7년간의 직장생활을 마치고 미국 조지아주로 돌아왔으며, 법률사무소의 사무장으로서 35년간의 직장생활을 이어갔다. 미국 한인 이민교회에서 남편을 만났으며, 슬하에 두 아들을 두었다. 법률사무소에서 일하다 보니 미국 주류사회에서 활동했고, 한국 지역사회와 자매결연, 올림픽 후원, 상공회의소, 공화당 선거운동, 주지사 선거캠프 등 다양한 사회 봉사활동을 했다.

법률사무소를 찾아온 사람 중 미국인과 국제결혼한 한인여성이 있었는데, 이 중에서 소위 '기지촌 여성'이라 불리는 여성들이 적응하지 못하고 가정이 어려워지고 다시 방탕한 생활로 돌아가는 안타까운 사연들이 있어서 이들을 돕기도 했다.

둘째아들을 낳고 자궁내막증 수술을 앞둔 상황에서 건강을 주시면 하나님의 일을 하겠다고 서원하며 기도한 대로 질병이 깨끗하게 치유된 것을 경험했다. 이러한 계기로 열심히 교회 봉사를 하던 중에 우연한 기회로 주립교도소를 알게 되었다. 처음에 한인 재소자 3명에게 사식을 제공하고 조그만 집회로 시작한 교도소 사역이 1,600여 명을 대상으로 발전하여 16년째 이어지고 있다. 재소자들에게 성경공부, 기독교 집회, 침례, 고등학교 자격시험, 대학교육 등의 다양한 기회를 제공하고 새로운 사람으로 거듭나도록 애쓰고 있다. 본인의 사재를 털어서 남편과 함께 이런 일을 하는 이유는 재소자들이 본인의 영적인 아들들이며, 본인은 그들의 영적인 엄마이기 때문이다. 두 아들도 부모의 영향을 받아서 각각 인권 변호사와 교정국 직원으로 일하고 있다.

2) 초국적 생애담

(1) 이주 전: 정치가를 꿈꾸던 소녀

아버지는 종갓집의 대를 이을 아들을 바라는 마음에서 연구참여자의 이름을 남자 이름으로 짓고 기다리셨다. 연구참여자는 2남 4녀의 막내로 태어났는데, 부족함 없이 자랐다. 어머니는 똑똑한 분이셨지만, 당시의 분위기에서 여성이 교육의 기회를 받고 자라기는 어려웠다. 그래서 어머니는 학교에 다니지 못한 것이 평생의 한이 되셨다. 연구참여자의 집에는 운전기사, 식모가 있을 정도로 부유한 환경이었고, 이로 인해 다양한 교육을 받을 수 있었다.

미국으로 이민 가기 전인 14세까지 인천 영화초등학교 및 중학교를 다녔다. 연구참여자가 배우고 싶은 것은 여성이라는 차별을 받지 않고 무엇이든지 배울 수 있었다. 음악에 대한 관심이 많아서 드럼, 피아노 등을 배우고 싶다고 말하면 부모님은 레슨을 받을 수 있도록 주선해주셨다. 드럼을 배우러 서울에 가기도 하고, 당시에 톱스타였던 하춘화 쇼를 구경하러 대한극장에도 다녀왔다.

아버지는 운수 사업과 방사능 사업을 하셨고, 이로 인해 많은 손님이 집에 수시로 드나들었다. 아버지는 정치인들과 교분이 많으셨고, 이 중에서 윤보선 전 대통령과 김숙현 국회의원도 집에 찾아온 분들이다. 정치가들이 자신을 예뻐하고, 본인도 정치인들이 좋았다. 한국 여성으로서 정치인이 되는 것이 매우 드문 일이었음에도 이러한 어린 시절의 집안 환경으로 인해 정치가를 꿈꾸게 되었다. 이러한 꿈은 미국 이민 생활 중에 대학에서 정치학을 전공하고, 법률사무소에서 직장생활을 하고, 사회에서 정치인들과 교류하고, 더 나아가 교도소에서 교정 봉사로 이어지는 계기가 되었다.

> "[여성이 정치학을 하는 것도 사실 흔치 않잖아요. 어떻게 정치학을 하신 거 같으세요?] 그러니까 제가 좀 어려서부터 아버지가 사업을 하시다 보니까 정치인들 이런 사람들하고 많이 저기하고, 옛날에 제가 기억할 때 윤보선 씨 이런 분들도 저희 집에 오셨고, 그래서 저를 되게 예뻐하셨어요. ○○○ 국회의원도 저희 집에 오셨고, 그래서 옛날에 그런 분들이 많이 집에 오셔가지고 저기하고 저를 되게 예뻐하셨는데, 저는 그분들이 되게 좋았어요. 굉장히. 그래서 아 나는 이제 다음에 크면 나는 이제 정치인이 되겠다 하는 그런 꿈이 어려서부터 있었어요. 그래서 제가 이제 미국에 가서 정치학을 공부를 했고, 그리고 기회도 좀 있었어요."

정치적으로 억압을 받던 시절에는 부유층 사람들이 피치 못할 사정으로 해외로 나가야 하는 상황이 있었다. 연구참여자의 가정도 그러한 상황이 닥쳐왔다. 집에서 일하는 사람 여럿을 둘 정도로 전혀 부족함이 없었지만, 모든 재산을 한국에 두고 미국으로 가야 했다. 그래서 연구참여자를 포함한 모든 가족은 미국으로 이민 갔다. 자발적인 동기나 꿈이 있어서 이민 간 것이 아니었다. 핍박과 억압을 피해 한국에서 도망치듯이 나왔다. 더욱이 당시에는 미화 200달러밖에 미국에 가져갈 수 없었다. 부족함이 없는 환경에서 미국에서 돈을 벌고 자립해야 하는 막막한 상황을 마주쳐야 했다. 연구참여자가 중학교를 졸업하고 15세가 되던 1972년의 일이었다. 어린 나이에 연구참여자는 이러한 상황이 어렵게 다가왔고, 이전과 달리 위축되었다.

(2) 미국으로의 이주

① 언어적 · 문화적으로 준비된 이민자

한국에서 남부러울 것 없었는데, 억압을 피해 도피하듯이 이민 온 미국에서 경제적 자립이라는 문을 통과하면서 가족들은 정신적 · 물질적으로 한계에 부딪혔다. 그래서 한국이 사회적으로 안정되었을 때 가족들은 한국으로 다시 돌아갔다. 하지만 연구참여자는 미국에 남겠다고 고집했다. 어린 연구참여자를 미국에 혼자 놔둘 수 없어서 열한 살 위의 큰언니가 돌보아주었다. 언니의 희생이 없었으면, 연구참여자는 미국에 있을 수 없었을 것이다.

연구참여자는 미국에서 고등학교부터 학교생활을 시작했다. 쉽게 적응하는 성격으로 인해 미국 이민 생활이 어렵지는 않았다.

"[청소년기이고 사춘기이고 예민하실 때인데 어려운 점은 없으셨습니까?] 저는 좀 성격이 금방 이렇게 적응하는 성격이에요, 금방. 그 주변을 제가 딱 그렇게 몸에 배게 그렇게 활동을 해요. 그래서 쉽게 적응하는 사람이에요. 그래서 그렇게 뭐 힘든 걸 모르고, 그리고 여기서 한국에 있을 때에도 제가 미국 아이들하고 놀다 보니까 미국물 들어가지고 미국 음식 햄버거도 사먹고. 저희 집이 그렇게 살다 보니까 그때 당시에 우리가 미국 음식, 오트밀 다 그렇게 먹고 사는 사람들이었기 때문에 미국 가서도 우리가 그렇게 크게 힘들지는 않았어요. 다른 사람들은 아닌데 저는 그랬어요."

연구참여자의 가정이 한국에서부터 영어와 미국 문화에 익숙한 환경이었에 미국 이민 생활에서 첫발을 비교적 잘 내디뎠다. 언어적·문화적으로 잘 준비된 연구참여자는 미국의 주류사회에서 정치인들과 적극적으로 교류하고, 한국과 미국을 위해 자문위원으로 일하는 밑바탕이 되었다.

"제가 외국 사람들하고 일을 하다 보니까 첫째는 언어의 불편이 없어야 된다고 생각을 하는데, 제가 학교 다닐 때 어려서 한국에서부터 영어를 잘했어요. 미국 아이들하고 아버지들이 군인으로 와가지고. 그러니까는 국제결혼한 사람들이 아니라 미국 사람들 아이들이 아버지가 의사 이런 사람들하고 제가 어렸을 때부터 놀아가지고 자연스럽게 미국 문화를 습득을 했고. 그리고 언어도 습득을 해서 제가 미국을 갔을 때 학교 가서 불편 없이 공부를 시작했어요."

② 외교관을 꿈꾸며 독일로 간 정치학도

한국에 있을 때, 아버지와 교분을 나눈 정치인들을 가까이에서 보면서 정치가를 꿈꾸던 연구참여자가 고등학교를 졸업하고 대학에서 정치학을 전공한 것은 자연스러운 선택이었다. 앨러배마 주립대학교에서 정치학을 공부한 연구참여자는 대학 졸업 후에 어번대학교 법대에 진학하려고 준비하던 중이었다. 때마침 같은 대학교 정치학과를 졸업한 미국인 친구가 독일주재 미국영사관에서 외교관으로 활동하고 있었다. 외교관 친구가 연구참여자에게 잠깐 독일에 놀러 오라고 초청한 것을 계기로 독일에 간 것인데, 7년을 독일에서 일했다.

하지만 연구참여자는 독일에서 인생의 첫 쓴잔을 마시게 된다. 미국 시민권자임에도 분단국가 출신의 1.5세 이민자는 외교관으로 임용될 수 없었다. 국가기밀을 다루는 외교관에게 연구참여자의 출신배경은 중요한 요소로 작용했다.

"그 친구가 저보고도 이제 직업을 잡으라고 했는데, 그 잡은 굉장히 센서티브(sensitive)한 잡이에요. 그래서 우리 같은 1.5세는 안 돼요. 시큐어리티(security) 때문에. 거기에 제가 처음 미국에 와서 제가 벽을 맞은 거예요. 제가 아무리 미국 시민권자라고 해도 제가 안 되는 거예요. 왜냐하면 우리가 분단국가죠. 아무리 제가 어려서 미국 들어왔어도 그런 게 제가 그 처음 쓴맛을 맞은 게 제가 다 졸업을 하고 그 외교관의 꿈을 현실적으로 못 옮긴 게 그게 제 첫 그 쓴맛이었어요. 쓴잔을 마신 거예요."

어느 사회에서나 소수자에게는 주류집단에 도달하기 어려운 유리천장이 존재한다. 특별히 소수자 중의 소수자인 이주여성은 말할 수 없는 차별과 불평등을 경험하는 것이 일상이기도 하다. 보이지 않는 유리천장은 해당 이민 사회와 주류집단이 변화시켜야 하지만, 이주여성이 반드시 마주하고 넘어야 하는 부분이기도 하다. 연구참여자는 미국 사회의 유리천장

앞에서 절망하기보다 민간외교관 역할을 수행하고자 노력했다. 연구참여자는 재독한인 중에서 간호사와 광부로 독일에 파견된 한인 이민자와 교분이 있었다. 연구참여자는 미국영사관에서 일하는 대학 동기 덕분에 재독한인이 미국으로 이민 가고자 할 때 중간에서 많은 도움을 줄 수 있었다.

정치가와 외교관을 꿈꾸던 연구참여자는 독일주재 미국대사관에서 미국인 사업가를 만나게 된다. 영사관에는 여러 부류의 사람들이 오는데, 미국에서 ○○○○라는 큰 화장품회사 부사장이 유럽에 있는 화장품회사와 양해각서를 체결하기 위해 영사관에 온 것이다. 때마침 영사관에 있던 연구참여자는 화장품회사에서 일해보자는 제안을 받는다. 연구참여자는 화장품에 대해 아무것도 몰랐음에도 매니징디렉터 및 지부장으로 제안을 받았다. 미국영사관에서 만난 부사장이 연구참여자를 특채로 스카우트한 것이다. 연구참여자는 본사에서 훈련받은 후에 독일, 프랑스, 유고슬라비아 등 유럽인 40여 명을 관리하는 보스가 되었다. 연구참여자는 부하직원들을 잘 관리하고, 3개월마다 200만 달러의 매출을 올려 회사의 연간 목표액을 달성했다. 본인의 바람대로 외교관의 길은 아니었지만, 기업의 중간관리자로서 해외에서 일할 수 있는 다른 문이 우연히 열렸으며, 그녀는 이 기회를 낭비하지 않고 자신의 역량을 충분히 발휘할 수 있었다.

외교관 친구의 초청으로 법대를 진학하기 전에 독일에 잠깐 방문한 정치학도는 어느덧 7년이라는 세월을 독일에서 직장생활을 했다. 미국을 넘어서 유럽을 많이 보고 배우는 시간이었다. 유리천장으로 인해 직업외교관은 될 수 없었지만, 민간외교관으로서 한국 이민자가 독일에서 미국으로 갈 수 있는 가교 역할을 했다.

③ 일생의 동반자 남편과 두 아들, 그리고 인생의 전환점

독일에서 미국으로 돌아온 연구참여자는 미국 한인교회에서 남편을 만나게 되었다. 남편은 1984년 유학생의 신분으로 미국에 왔다. 남편은 영주권을 취득하기 위해 미군에 입대했으며, 한인교회를 다니고 있었다. 노인들이 많고 청년이 없는 교회에서 남편 눈에는 아내가 될 연구참여자가 들어왔다. 남편은 신실한 기독교인이었고, 성가대 지휘자였다. 연구참여자가 성가대 봉사활동을 하면서 남편을 알게 되었는데, 남편 어머니의 성씨와 연구참여자의 성씨가 같아서 남편과 친밀감을 느끼고 서로 의지했다. 남편은 결혼할 나이가 되어 한국에 나가서 여러 여자와 선을 보았는데, 어떤 여자도 남편의 마음에 들지 않았다. 마지막 선을 보고 돌아온 남편은 연구참여자에게 결혼에 대한 계획을 뜬금없이 말했지만, 결국 남편과 결혼하게 되었다. 연구참여자의 이름과 비슷한 남편은 오빠와 동생 사이 같은 부부이지만, 사회에서, 교회에서, 교도소에서 함께 봉사하는 일생의 동반자다. 슬하의 두 아들 역시 부모의 영향을 받아서 법학과 범죄학을 공부하고 부모와 같은 길을 걸어가고 있는 동반자다.

연구참여자는 한국에 살던 어릴 때 인천○○감리교회에 출석하며, 감리교단 산하의 초등학교와 중학교를 다녔다. 하지만 미국 이민 생활 중에 인생의 위기가 닥치자, 기독교 신앙이 유일한 소망이었다. 막내를 출산한 후에 자궁내막증을 발견하고 큰 수술을 앞둔 상황이었다. 연구참여자는 건강을 주시면 하나님을 위해 일하겠다고 서원하며 기도했다.

"제가 1994년도에 막내를 낳고 1995년도에 제가 그 자궁내막증이라고 해서 온 대수술을 앞뒀어요. 그래서 하루는 교회를 가서 새벽에 교회를 가서 하나님한테 서원기도를 했어요. 주님 나 건강 허락하시면 제가 주의 일을 하겠습니다. 제가 이제까지 크게 주의 일을 한다고 했지만, 주님의 마음을 피력하지 않았다고. 그러면 건강을 주시면 주님께서 허락하시는 사역을 제가 하겠다고 했어요."

연구참여자는 하나님께 기도한 대로 기적적으로 모든 증상이 사라지는 체험을 하게 되었다. 연구참여자는 이 일을 계기로 교회와 지역사회에서 열심히 봉사했고 한국인으로서 부끄럽지 않게 살려고 노력했다. 더 나아가 이러한 전환점은 연구참여자에게 교도소라는 어두운 세계로 들어가서 재소자들을 만나고 봉사하는 계기가 되었다. 한인이주여성이 경제생활을 영위하기 위해 직장에 다니고 자녀를 양육하고 가사업무를 하는 것이 한인 남성 혹은 다른 민족의 이주여성과 비교하여 더 바쁘고 고단하지만(민병갑, 1992), 자신과 가정의 범위를 넘어서 타인의 삶에 관심을 가지고 봉사하는 이주여성은 공동체와 지역사회의 연결망을 통해 자기 삶의 범위를 확장해나갈 수 있다.

(3) 사회적 활동과 참여

① 상처받은 국제결혼여성의 어둠속으로 들어간 법률사무소 사무장

연구참여자는 독일에서 7년간 회사생활을 마친 후 미국 조지아주로 돌아왔다. 친구가 일하는 변호사 사무실을 방문했다가 한국어와 영어를 구사할 수 있는 통역관이 필요한 법률사무소에서 일하기 시작하면서 사무장으로 35년 동안 일했다.

　법률사무소에서 오랫동안 일하다 보니 판사 및 검사, 정치인들을 만나면서 자연스럽게 미국 주류사회에 들어가서 활동할 수 있었다. 그리고 남편이 지역 한인회장이었기에 미국과 한국을 오가면서 교류할 수 있었다. 연구참여자는 공화당 선거운동, 조지아주 주지사 선거캠프, 경제개발국 등의 자문위원으로 사회에서 활동했을 뿐만 아니라 한국 지역사회와 자매결연, 한국 올림픽대표팀 후원 등 한국과 미국 사이의 다리 역할을 했다. 무엇보다 연구참여자는 영어와 한국어를 동시통역할 정도로 두 언어에 능통하고, 문화적으로 두 문화를 습득했기에 이러한 역할을 감당할 수 있었다. 이주여성이 개인의 역량으로는 하기 어려운 일을 하는 것은 그녀가 속한 공동체, 지역사회와의 연결망을 통해 가능하다. 특별히 연구참여자는 본인이 소속된 법률 관련 회사와 연결된 정치 및 경제를 이끄는 주류사회의 연결망을 통해 한국의 주류사회와 접촉점을 갖고 활발하게 대외활동을 할 수 있었다.

　"첫째로 동료와의 관계가 언어의 문제가 장애가 있으면 그런 문제가 발생을 해요. 그런데 동료 간의 관계가 원활하게 진행되려고 하면 언어가 제일 중요하다고 생각을 하고 두 번째는 제가 문화를 그쪽에서 그 문화를 습득을 했기 때문에 그쪽에서 도움을 받고 했기 때문에 그 문화적으로도 제가 많은 참여를 했고 뭐 그래서 그 동료들과 함께 관계는 제가 큰 어려움은 없이 제가 생활을 했어요."

　연구참여자는 법률사무소에서 국제결혼한 한인여성의 사연을 많이 접하고 통역을 하면서 법적인 문제를 도와주게 되었다. 소위 '기지촌 여성'

이라고 불리는 여성들에게 참담하고 안타까운 사연이 많았다. 이 여성들은 결혼한 미국인 남편을 따라 미국에 왔지만, 남편에게뿐만 아니라 남편의 가족들과 자식들에게도 무시당했다. 가족들과의 관계가 원만하지 않다 보니 제2의 방탕한 생활로 돌아갔다. 이들은 정신병에 시달리고, 삶을 자포자기하다 보니 술과 약물에 의존하고, 술집에서 일하거나 매춘부로 전락하는 경우가 종종 있었다.

연구참여자는 법정에서 직접 다루었던 한 여성에 대한 특별한 기억을 가지고 있다. 미스 O는 한국에서 전문대학까지 나온 여성이었다. 이 여성은 자기 아들과 부적절한 관계를 맺고 다시 만삭의 몸이 되어 한밤중에 가출했다. 하염없이 길을 걷다가 우연히 한국인 산부인과 의사를 만나 의사의 집에서 해산했다. 하지만 오갈 데가 없어서 다시 남편과 재결합하고 가출과 복귀가 반복되다가 마약에 손을 댔다. 마약을 하기 위해 필요한 돈을 마련하려고 술집에서 일하다가 더 나아가서 뉴욕으로 매춘하러 가게 되었다. 영어를 못하니 자기 자식들에게 무시당하고 남편의 가족들에게서 이방인 취급을 당해 갈 곳이 없는 여성의 말로는 측은하고 슬프기 그지없었다. 연구참여자는 이러한 국제결혼여성이 1960년대부터 1980년대까지 많이 이주했지만, 가족의 일원으로 인정받는 경우가 열에 한두 명 정도 있을 것이라고 기억했다. 그래서인지 국제결혼여성의 특징은 일반적으로 상처를 잘 받고, 그 상처가 아물지 않고 서로를 헐뜯는 부분이 있다. 연구참여자는 기지촌 여성을 포함하여 상처받은 국제결혼이주여성의 어둠속으로 들어가 통역하고 법률적인 부분을 자문하는 역할을 감당했다. 이주여성인 연구참여자가 어려운 처지에 있는 다른 이주여성에게 도움을 줄 수 있었던 이유는 그녀 개인의 역량이 있기도 했지만, 이혼과 자활 등의 문제로 법률적인 자문과 통역을 구할 수밖에 없는 딱한 처지의 이주여성과 영어와 법률적 지식이 뛰어난 이주여성인 연구참여자를 이어주는 사회적 연대의 연결망 속에서 있었기 때문이다.

② 교도소의 어둠속으로 들어간 마미킴

연구참여자는 둘째아들을 출산하고 얻은 병을 하나님께 치유 받는 기적을 체험한 후 하나님의 일을 열심히 하겠다고 약속한 대로 지역사회와 교회에서 봉사하면서 살고 있었다. 교도소를 알게 된 것은 우연 같은 필연이었다. 2002년 큰아들이 다니던 중학교가 폐교되면서 새로운 중학교를 찾고 있었다. 남편이 사립학교를 찾으러 다니던 길에 주립교도소가 있다는 것을 알게 되었다. 교도소 철조망 담장에 어린아이들이 서 있는 것을 보고 의문을 가지게 되었고, 교도소 전화번호를 가져왔다. 남편은 연구참여자에게 마음이 자꾸 교도소를 향한다고 말하면서 교도소 목사에게 전화를 걸어 자원봉사자나 한인 재소자 여부를 물었다. 하지만 3개월을 기다려도 아무런 답이 없었다. 3개월 후 교도소에서 연락을 받고 교도소를 찾아갔다. 교도소에서는 한인 재소자 3명을 만나게 해주었다. 3명의 한인 재소자 중에는 우주공학으로 박사과정을 하던 사람도 있었는데, 이들은 모두 살인죄로 교도소에 오게 되었다. 3명의 재소자는 오랜만에 외부에서 온 한국인을 보고 많이 울었고, 연구참여자와 남편도 그들을 보고 많이 울었다. 이렇게 3명의 한인 재소자를 시작으로 교도소 사역이 시작되었다. 당시 조지아주에 있는 한인 재소자 수는 13명이었다.

처음에는 한인 재소자를 대상으로 사역했으나, 이들이 외국 출신 재소자로서 동료 재소자들에게 질투를 받아 불이익을 당할 수 있어서 한인 재소자의 같은 방 미국인 재소자들까지 사역하는 것으로 점차 확대되기 시작했다. 교도소에서는 외부 음식을 반입할 수 없는 규정이 있었지만, 김치 같은 한국 음식을 한인 재소자에게 먹이고 싶다고 제안하자 교도소장의 특별한 배려로 사식이 반입되었다. 그래서 불고기, 김치, 젓갈 등 한국 음식을 바리바리 싸들고 한인 재소자들에게 먹였다.

"교도소 소장한테 장로님(남편)이 그랬어요. 우리 한국 사람들 얼굴들 좀 봐라. 다 누리끼리해가지고 저 사람들 힘이 없다. 그러니까 왜 그러냐고 그래서 우리나라는 김치라는 게 있다. 그 사람들한테 김치 한 번만 먹이면 그 사람들이 힘이 불끈불끈 날 거 같은데, 우리가 지금 김치를 가지고 들어오면 안 되겠냐. 그랬더니 잘 생각해보니까 상식적으로 사식이 교도소에 들어올 수 없는 거잖아요. 그런데 하나님께서 그분을 쓰신 거 같아요. (중략) 그분이 그러면 가지고 와라 그러더라고요."

이렇게 처음에 사식을 검열받은 후에 두 번째부터는 허락을 받지 않고 음식을 가져갈 수 있었다. 한국 음식을 가지고 가서 조그만 집회를 시작했던 것이 이제는 교도소 재소자 1,600여 명 전원에게 일 년에 두 번 음식을 제공하고 외부 강사를 데려와서 집회를 열게 되었다. 지난 16년 동안 한인 3명을 먹이던 작은 봉사가 1,600여 명을 먹이는 커다란 봉사로 확장되었다. 재소자 1,600명의 식사 대접을 하려면, 수많은 자원봉사자와 엄청난 양의 식재료가 필요하다. 일례로 1.5톤의 닭을 포함하여 3톤의 식재료가 소요된다. 이것을 요리하기 위해 여러 기관에서 요리도구를 빌려 재소자들과 밤을 새워서 음식을 준비한다. 그렇게 2박 3일간 교도소에서 천국잔치를 하고 있다.

이 교도소는 조지아주 애틀랜타에서 차로 4시간 정도 거리에 있는 글

렌빌(Glennville)시에 있는 스미스주립교도소다. 여기 재소자의 3분의 1은 종신징역형 무기수로서 교도소에서 남은 생을 마감해야 하는 사람들이었다. 다른 3분의 1은 형집행 정지로 교도소를 나갈 수 있다고 하지만, 그러한 희망이 없는 사람들이다. 나머지 3분의 1은 3년형에서 20년형까지 받은 사람들이었다. 이들은 세상에서 죄인이라고 낙인찍히고 수감된 어둠의 자식들이었다. 하지만 연구참여자는 이들을 '영적 아들'이라고 부른다. 재소자들 역시 연구참여자와 남편을 '영적인 부모'라고 부른다.

"그래서 제가 아이들이라고 하니까 제가 뭐 청소년 사역을 하는 줄 아는데, 저는 그 재소자라는 그 자체의 단어를 별로 좋아하지는 않고. (중략) 그래서 제가 그 아이들은 제가 스피릿(spirit)으로 출산한 제 영적 아들들이라고 생각해요. 제가 8월에 사역을 할 때는 조지아교정국에서 다 불러요. 그때에 이 아이들이 교화되는 모습 이런 것들을 다 내 눈에 담아가지고 가서 다음에 형집행 정지에 그 서류가 눈앞에 왔을 때는 떠올리죠. 아이들은 저한테 마마킴, 파파킴이라고 부르니까."

연구참여자와 남편은 실제로 재소자들을 자신의 자식들로 부를 뿐만 아니라 자식들에게 하는 대로 사랑을 실천한다. 그녀는 교도소 사역의 세 가지 원칙을 가지고 있는데, '하나님을 섬기듯이, 예수님을 사랑하듯이, 내 자식을 훈육하듯이'라는 원칙이다. 이러한 원칙에 맞게 크리스마스에 1,600여 명의 재소자들에게 주는 비누, 샴푸, 로션, 간식 같은 선물들은 자신의 두 아들이 쓰는 것과 같은 것으로 제공한다.

"제가 저희 남편하고 저하고 그 사역을 시작했을 때에는 저들을 내가 내 자식들을 먹이는 거 그리고 훈육하는 걸 똑같이 하고 내가 예수님을 사랑하듯이 그들을 사랑을 해주고 또 우리 하나님을 제가 섬기고 사랑하듯이 그들을 해야 된다는 그 세 가지 원칙을 가지고 사역을 시작했기 때문에…"

연구참여자가 교도소 사역을 시작한 이후에는 심지어 자신의 친아들들에게는 크리스마스 선물이나 생일선물을 따로 주지 않았으며, 아이들이 동전을 1년 동안 모아서 자신들의 필요를 충당하게 했고, 교도소 사역에 부모와 함께 참여하도록 교육했다. 어떤 면에서는 친아들들보다 영적 아들들을 양육하는 데 혼신의 힘을 다했다. 그녀는 재소자들이 성경공부를 통해 진정한 하나님의 아들들이 되도록 교육하고, 침례식을 1년에 두 차례 거행한다. 장로교회 교인인 연구참여자는 장로교단의 전통에 따르면 간단한 형식의 세례식을 할 수 있었지만, 재소자들에게 죄인으로서는 죽고, 의인으로 살아나는 죄사함의 의미를 깨닫게 하기 위해 침례탕의 물속에 온몸을 적시는 침례식을 진행했다. 또한 그녀는 자기 자식들을 학교에 보내 가르치듯이 자신의 영적 아들들이 교도소에서 학교 교육의 기회를 제공 받도록 하고 있다. 고등학교 검정고시 자격증 과정을 통해 고교과정을 이수하도록 하며 1년에 두 번씩 졸업생을 배출한다. 더 나아가 영적 아들들에게 대학교육 프로그램을 제공하고 있다. 오하이오주에 있는 애쉬랜드 대학과 협약을 맺어서 재소자들이 더 좋은 교육을 받고 더 나은 사람이 될 기회를 제공한다. 2019년 현재 42명의 재소자가 대학교에 진학하여 2020년 8월 졸업할 예정이다.

"[재소자들이 대학 과정을 밟는 거죠?] 네. 아이들이 교도소 중에서 수감

생활 중에 소셜그레이드(social grade)를 받을 수 있고 세상 밖으로 나가서 한 번의 기회가 주어져서 교육을 받을 수 있는 그런 프로그램을 조지아주에서 첫 번째로 지금 선정을 받아서 제가 거기에 정말 제 혼신을 다하고 있습니다. (중략) 그래서 그 목적 제가 느낀 거는 삶 속에서 그 배움이 큰 나의 무기가 될 수 있고 도구가 될 수 있고. 어 진짜 그래서 저는 우리 아이들에게 어떠한 경우에도 배움을 소홀히 하지 말아라. 그리고 제일 이제 중요한 건 생을 그쪽에서 마감한 아이들은 소망이 없잖아요. 소망이 없지만 우리가 우리 믿는 자들은 궁극적인 목적은 우리가 천국 가는 거니까 만약에 너희들이 여기 교도소에 들어오지 않았다고 하면 나는 너네는 길바닥에서 죽어서 지옥불로 떨어졌을 텐데 그래도 하나님께서 너희들을 사랑하셔서 보내주셔서 또 우리들 손에 너희들 붙여주셔서 이렇게 살 수 있는 계기를 그러하게 허락해주셔서 감사하고."

교도소에는 '교도소 안의 교도소'라고 불리는 독방이 있다. 독방에 수감되면 2년 동안 하루에 1시간만 하늘을 볼 수 있도록 하면서 난동을 피우는 재소자들을 철저하게 세상과 격리해놓는다. 연구참여자는 독방에 들어가서 사역을 시작한 지 2년 반이 되었으며, 벌써 다섯 번째 집회를 했다. 감사하게도 독방에 있는 영적 아들 중에서 공부를 시작하여 고교검정고시에서 조지아주에서 1, 2등이 배출되는 기적이 있었다. 이들은 수갑이 채워진 채로 독방에서 공부하면서 얻은 결과였다.

연구참여자는 교도소 사역 같은 특수사역을 하게 된 이유를 하나님의 은총이라고 믿고 있다. 큰아들이 중학교에서 미식축구를 하던 같은 팀 동료 선수들의 부모들이 교도소 고위 간부여서 이들을 통해 연구참여자는 교도소에서 자유롭게 봉사할 수 있었다. 또한 어려서부터 언어의 재능을 타고난 연구참여자는 영어 소통에서 전혀 문제가 되지 않고 어려운 이들을 도울 수 있었다.

"이 교도소의 사역이 참 특수사역인데 제가 감사했던 거는 지난 30년을 저를 바라볼 때 하나님께서 제가 교도소에서 일할 수 있게 하면서 모든 정치인들과 교정국에 있는 그 아이들을 만나게 허락하셔가지고. 우리 큰아들이 중학교 가자마자 미식축구를 했어요. 그래서 1년 동안 미식축구를 하면서 거기 같이 선수생활하던 애들 부모님들이 조지아주 교도소에 굉장히 높은 분들이었어요. 그건 저는 몰랐지요. 그래서 하나님이 그들 마음을 움직여서 제가 사역할 때 자유롭게 사역할 수 있도록 그 길을 열어주시고 제게 언어에 특별히 탈렌트를 허락하신 것도 제가 이런 사역을 할 수 있도록 언어의 장벽이 없게 하나님께서 부족하지만 어려서부터 저를 준비해서 미국 땅에 그냥 놔두시지 않았나 이렇게 생각을 해요."

재소자의 어둠속으로 뛰어든 연구참여자와 함께하면서 성장한 두 아들의 모습도 연구참여자의 인생을 닮아가고 있었다. 중학교 1학년 때부터 시작한 교도소 사역을 통해 큰아들은 법학을 전공하여 인권변호사로 준비하고 있다. 둘째아들은 범죄학과 사회학을 공부하고 조지아주 교정국에서 근무하고 있다. 두 아들은 부모가 해외에 나가면 부모를 대신하여 교도소를 섬겼다. 교정국에서 일하는 둘째아들은 재소자의 입장과 교정국 입장의 양면을 이해하게 되었다. 연구참여자가 16년 동안 사재를 털어서 교도소에서 봉사한 이유는 미국 주류사회에서 많은 것을 받고 살았으며, 사회에 다시 환원하고자 하는 마음 때문이다. 연구참여자와 같이 한 이주여성이 이민 사회에 이주해 살면서 이민 사회에 봉사할 수 있고 자신이 가진 것을 기꺼이 나눌 수 있는 원동력은 다름 아니라 이민 사회로부터 충분히 받은 환대와 사랑, 자립할 기회 때문이다. 이러한 환대와 기회로 받은 이주여성의 감동은 다음 세대까지 이어지고 다시 사회로 환원된다. 이런 점에서 연구참여자의 경험은 결혼이주여성을 대하는 한국 다문화 사회에 시사하는 바가 크다.

연구참여자의 헌신적인 봉사활동에 대해 한국과 미국의 지역 언론에 소개되었으며, 여러 차례 수상했다. 특별히 연구참여자는 2015년 조지아 법무부 산하 교정국 연례수상식에서 주정부 표창을 수상했다(크리스천투데이, 2015. 7. 9; 코리아데일리 2015. 7. 9). 그녀는 자신의 병이 낫는 신앙의 기적을 체험한 것을 계기로 교도소 사역을 시작했다. 그리고 연구참여자는 신앙의 힘으로 쉽지 않은 교도소 사역을 계속했다. 예수가 인류의 모든 죄를 대신 지고 용서하고 끝까지 돌보아준 것처럼 연구참여자는 예수의 은혜에 보답하는 마음으로, 예수를 조금이라도 따라가려는 마음으로 교도소에 있는 영적 아들들을 품는다.

"저한테 다 어머니라고 불러요. 우리 미국 재소자 아이들도 다 어머니라고 '마마킴', '파파킴' 하는데 그런 부모는 자식을 절대 안 버리잖아요. 자식은 부모를 버려도. 그래서 저는 우리 아이들을 제가 엄마라고 생각하니까 어떠한 경우에도 말썽부려서 혼을 내더라도 우리 예수님이 우리 원죄를 생각하지 않고 돌아가신 것처럼 우리들도 흠이 많고 허물이 많아도 우리의 삶을 끝까지 지켜봐주시고 보듬어주시는데 저는 그러한 능력은 없지만 그래도 예수님 발가락이라도 쫓아갈 마음으로 아이들을 섬깁니다."

(4) 초국적 이주 공동체

① 침몰하는 배를 구출하는 한미 간 공동구조에 뛰어든 통역사

연구참여자는 최근 미국 조지아주에서 발생한 선박 침몰 사건 때 생존자 구출작업에서 통역으로 생존자 구출에 힘을 보탰다. 2019년 9월 8일 새벽에 조지아주 브런즈윅(Brunswick)항 인근 해안에서 배가 침몰하는 사건이 있었다. 현대글로비스 소속 자동차 운반선 골든레이호 선체가 80도가량 기울어지면서 전복된 것이다. 선원 24명 가운데 한국인 6명을 포함한 20명은 사고 직후 구조되었으나, 한국인 4명은 실종된 상태였다. 미국해안경비대는 사고가 발생하자마자 즉각 출동했으며, 구조팀과 한국인 생존자와의 원활한 소통을 위해 한인 봉사자를 급히 찾았다. 해양수산부, 해양경찰서, 현대글로비스 대책반이 이 사고를 수습하기 위해 급파되었으며, 한인 교민이 구조작업에 참여했다. 이 가운데 연구참여자와 남편도 함께했다.

연구참여자는 사고 당일 새벽 5시에 애틀랜타 총영사관으로부터 전화를 받았다. 그래서 연구참여자가 거주하는 애틀랜타에서 차로 4시간이 걸리는 사고현장에 와서 구조팀에 합류했다. 연구참여자는 한미 간 구조작업에 통역하면서 구조팀을 지원했다. 다행히도 신속한 구조작업을 통해 사고 발생 40시간 만에 실종자 전원을 구조했다.

연구참여자를 비롯한 한인 봉사자들이 SNS를 통해 현지 구조상황을 실시간으로 전달했으며, 한인 교민은 SNS로 들어오는 소식을 들으며 이들

의 안전을 위해 기도했다. 실제로 구조 기간 동안 골든레이호 사건과 한국인 선원 구조 소식으로 한인 교민의 SNS가 도배되었다. 이때만큼은 모든 미주 한인이 한마음으로 응원하고 실종자들의 무사 생환을 위해 기도했다.

연구참여자는 미국 해양경비대의 체계적인 구조작업뿐만 아니라 한국의 저력을 확인하는 계기가 되었다. 47년 전 미국으로 이민 올 때만 해도 정치적으로나 경제적으로 한국은 미약한 나라였는데, 위험에 빠진 국민을 긴급구조하기 위해 24시간 안에 사고 현장에 도착하여 수습하는 조국에 감사했다.

"스물네 시간 안에 미국 워싱턴디씨에 있는 미국 대사관 해양경찰서 그 팀들, 아틀란타 총영사, 댈러스, 플로리다, 마이애미, 전부 다 다 온 거예요. 스물네 시간 안에 다 도착한 거예요. 긴급구조 대응팀들이 다 와가지고. 옛날에 제가 한국에서 미국에 갔을 때에는 대한민국이 어디 구석에 붙어있는지도 몰랐는데, 이런 큰일에 딱 대응하니까 우리 국력이 힘이에요. 그래서 여기 사는 분들은 대한민국이 이렇게 잘살고 정말 무방한 나라가 된 거에 대해서 정말 감사하면서 살아요. 하루하루를 뜻있게 사는 것이 제 바람이에요 진짜. 제가 우리 대한민국 못살 때 갔었잖아요. (중략) 그런 시기였기 때문에 그래서 감사하고, 그 선원들이 다 구조되서 너무너무 감사했죠."

연구참여자는 최근 한국을 방문하는 길에 마지막으로 구조된 항해사를 개인적으로 만났으며, 현대글로비스 본사에서 초대하여 사장 및 임원을 만나 구조작업에 관한 후일담을 나누고 협조해준 일에 대한 감사의 인사를 전달받았다. 연구참여자는 재미한인 교민뿐만 아니라 전 세계에 있는 한국인이 필요할 때 자신을 불러주기에 이런 일을 할 수 있었다.

"크고 작게 이렇게 무슨 일이 있으면 영사관도 그렇고 우리 미국 정치인들도 그렇고 저를 찾아주셔요. 만약에 제 손 밖에 일이면 제가 찾아서라도 그거를 이렇게 해주니까. 그래서 그냥 부족하지만 그래도 이렇게 불러주시더라고요."

② 세계결혼이주한인여성을 위한 월드킴와 활동

연구참여자는 법률사무소에서 일하면서 지역사회에 있는 기지촌 여성을 포함한 한인이주여성을 상담하고 법률적으로 도움을 주었다. 연구참여자가 지역사회를 넘어서 '월드킴와'라는 세계결혼이주한인여성연합회와 관련된 일을 하게 된 것은 현재 총회장인 ○○○ 목사를 알게 되면서부터다.

연구참여자의 눈에는 ○○○ 목사도 상처받은 결혼이주여성이지만, 자신의 상처를 극복하고 목회자가 되어 상처받은 이주민을 위해 사는 자랑스러운 미주 한인여성이었다. ○○○ 목사가 연구참여자가 섬기는 스미스 주립교도소에 와서 예배를 인도하면서 '월드킴와'라는 단체와의 만남이 시작되었다. 연구참여자는 상처가 많아서 하나가 되기 어려운 국제결혼여성이 월드킴와라는 단체를 통해 전 세계에서 모이고 일한다는 것에 대해 자랑스러워했다. ○○○ 목사에 대한 신뢰 속에서 월드킴와에서 자신의 활동 영역을 넓혀가고 있었다. 2019년 서울에서 개최된 월드킴와 대회에서 ○○○ 목사의 부탁으로 사회를 보게 되었다. 한국어와 영어로 진행된 대회에서 연구참여자는 영어로 사회를 보고 전체 통역을 맡았다.

"국제결혼하신 분들의 특성이 있어요. 그 특성이 상처를 잘 받아요. 아무것도 아닌데 상처를 받아서 그게 상처가 되면 비판하고 그냥 나가고 그냥 막 물어뜯고 하는 이런 게 있는데. (중략) 국제결혼여성들이 모여서 만든 국제결혼여성들끼리 각 지역별로 하던지 지금 이게 저기 같이 모아지는 거 같아요. 그래서 지부를 만들고 그전에는 국제결혼여성들만의 각 지역에서 이렇게 해서 단체를 만들었는데, 요즘에는 월드킴와라는 큰 그림을 그려서 세계의 여성들이 어느 나라를 방문하고 같이 동참할 수 있는 이런 큰 오가니제이션(organization)이 만들어졌다는 게 저도 참 자랑스럽고."

미국 한인이주여성의 마음에 있는 상처가 별이 되기까지, 그리고 이민사회의 보이지 않는 차별과 역경을 넘어서 이민사회의 당당한 일원이 되고 주류사회에 봉사하고 기여하는 데 이르기까지 가장 커다란 원동력은 다름이 아니라 이주여성을 서로 이어주는 사회적 연대인 공동체라고 할 수 있다.

(5) 현재 그리고 미래

① 교도소 사역을 위해 바치는 남은 생애와 활동 계획

연구참여자는 현재 하는 교도소 사역을 계속하여 진행할 생각이다. 연구참여자는 40여 년 전에 이민자로 미국에 첫발을 내디딘 후에 미국에서 받은 혜택이 많다고 생각한다. 특히 어떤 다른 이민자보다 주류사회에서 활동할 기회를 가지면서 많은 것을 받았으며, 받은 것들을 사회에 환원하고자 한다. 사회적으로 환원할 수 있는 통로는 가족들과 16년째 하고 있는 교도소 사역이다.

"큰 부자는 아니지만 저는 선교를 재단법인 없이 저희 남편하고 해서 이제 있는 거 가지고. 미국 주류사회에서 우리 많은 걸 받았잖아요. 가족들이 이제 교육도 받고 선교도 받고 많은 걸 받았으니까 적게나마 제가 사회에 환원을 해야 된다는 그런 생각에 저희 남편하고 저하고는 이제 교도소 사역에 전념하면서 또 주류사회에서 정치인들과 우리가 또 주와 나라를 위해서 어떻게 우리가 기여를 할 수 있나 사람들의 삶의 방향을 그렇게 정하고 있어요."

그래서 연구참여자는 한국을 비롯하여 세계를 방문할 때마다 주요 국가의 교도소에 대해 탐색한다. 교도소의 운영 및 교정프로그램을 배워서 미국에서 더 좋은 사역을 하기 위함이다. 그리고 지난 교도소 사역의 경험을 나누어 서로 간에 상생하는 사역을 하고자 계획하고 있다.

"저도 이번에 청도랑 화엄교도소하고 가기로 되어있었는데 스케줄이 안 맞았어요. 거기가 아무 때나 들어갈 수 있는데도 아니고 그래서 내년에 제가 이제 한국에 나오면 이제 교도소에 외국에 방문할 계획을 하고 있어요. 한국의 교도소는 어떻게 운영이 되고 있는지 교화프로그램은 어떤 프로그램이 있는지, 그래서 내년에는 제가 교도소를 방문할 계획을 하고. (중략) 제가 내년에 한 번 들어오면 교도소 다녀보면서 여기서 배울 점은 배워가지고 가고, 또 제가 사역하는 데에서 제가 알고 있는 지식도 그들과 나눠서 또 우리가 서로를 도울 수 있는 윈윈(win-win)할 수 있는 그러한 프로그램이 개발된다고 하면 그것도 굉장히 좋을 거 같아요. 그래서 제가 내년에 나오면 교도소를 중심으로 사역을 한번 하려고 하고 있어요."

② 조국의 발전에 대한 생각

연구참여자는 미국에서 이민 생활을 한 지 47년이 되면서 조국에서 살아온 세월보다 미국에서 더 많은 세월을 보냈다. 연구참여자는 가족들과 함께 거의 매년 한국에 방문하면서 조국의 변화되는 모습을 보았다.

하지만 연구참여자의 눈에는 한국의 발전이 양면적이다. 경제적으로는 많이 발전했지만, 정치적으로는 아직도 발전이 더딘 편이다. 미국에서 정치학을 전공하고 법조계에서 활동한 연구참여자의 눈에는 한국의 민주주의가 미국의 민주주의보다 성숙하지 못했다. 민주주의의 밑바탕이 되는 국민의 인식은 아직 성장하지 않았으며, 민주주의를 이끌어가는 정치인들은 국민에 대한 봉사라는 소명의식과 헌신이 부족하지 않은가 하는 것이 연구참여자의 생각이다.

"미국 정치인들은 그 회기 때만 그 자금이 지원이 되지 없어요. 다 봉사직이에요. 봉사직이기 때문에 정말 그 시민들을 위해서 나라 국민들을 위해서 이 일을 하는 것이잖아요. 그런데 우리나라는 정치인들을 보면 세금 가지고 그 자기의 맡은 감당할 수도 있지만 거기에 백 퍼센트 다 눈치 보고 이러면서 하지 못하는 부분이 되게 안타까워요. 그래서 국민들도 조금 이렇게 눈을 조금 떠서 정치 성향이 중요한 게 아니라 민주주의의 본질을 조금 봤으면 좋겠어요. 민주주의의 본질을!"

연구참여자는 보릿고개라는 말이 있을 정도로 가난했고, 이민을 떠나던 1972년만 해도 북한보다 못한 나라였던 조국이 세계 경제강국으로 우뚝 선 현재 상황에서 한국인이 해야 할 일들이 있다고 생각한다.

"그 부분에 대해서 조금 아쉬운 게 있지만 경제적으로 부강한 나라. 72년도만 해도 북한보다도 못한 나라였는데 오늘날 세계 10위 안에 드는 경제국가로서의 책임도 있고 의무도 있고 권리도 있고 그 부분에 대해서는 우리가 각 개개인의 역할을 내가 있는 그 자리에서 최선을 다하는 것이 우리 경제 강국으로서 해야 할 국민들의 자세가 아닌가 이렇게 생각을 합니다."

③ 한국의 다문화 사회에 대한 생각

연구참여자는 한국의 다문화 사회로의 변화와 한국에 이주한 결혼이주여성에 대한 소회가 남달랐다. 그것은 연구참여자 역시 미국으로 이주한 이주여성이라는 같은 입장에서 조국과 이민자를 바라보기 때문이다. 연구참여자는 한국의 지방 곳곳에까지 이민자가 살아가는 모습을 보았다.

미국은 처음부터 이민자인 연구참여자를 두 팔 벌려서 환영하지 않았다. 그래서 연구참여자의 눈에는 한국 사회가 먼저 한국에 온 이민자에 대해 따뜻한 환영과 환대로 맞이할 자세가 필요하다고 느낀다.

"미국에 우리 처음에 갔을 때 다들 양팔을 벌리고 우리를 환영하지 않았듯이 (중략) 저희도 처음에 미국 갔을 때 그런 보장이 되어있지 않았지만, 우리가 개척해나갔어요. 그리고 거기에 먼저 가신 분들이나 사회에 미국 현지인들이 저희들을 도와서 저희들이 거기서 교육받을 수 있고 사회일원으로 생활할 수 있도록 도와준 것처럼 여기 대한민국 준 세대들이 지금 들어오시는 이민자들한테 좀 마음을 좀 열어주시고 따뜻한 길로 손길로 받아서 모자란 부분들은 좀 같이 나누면서 모르는 건 가르쳐주시면서 그렇게 살게 되면 더 나라가 윤택해지지 않을까."

연구참여자는 이민자가 언어적으로나 문화적으로 새로운 나라에 적응하고 태어난 2세가 정착하는 데까지 많은 어려움과 갈등이 있는데, 이들에 대한 연구와 어느 정도의 사회보장이 필요하다고 생각한다.

"지금 연구하시는 분들이 거기에 대한 기반과 틀을 만들어서 그 방법론을 찾아서 이들을 교육시키고 정말 이 사회 일원으로서 발판을 지어서 살 수 있는 그러한 계기를 만들어줬으면 좋겠다는 바람이 있어요. 저도 이민자로서의 그 큰 뜻을 이뤄주시라고 저는 믿습니다. 그래서 제가 다음에 한국에 왔을 때에는 조금 더 나아진 다문화가정의 생활이 보장되고 그들의 삶이 좀 윤택해졌으면 하는 그런 바람입니다."

연구참여자는 이민자가 한국의 커다란 자산이 될 것이라고 생각한다. 이민자의 조국과 경제적 협력관계뿐만 아니라 문화적인 교류를 할 수 있는 글로벌시대에 이민자는 앞장서서 양국의 네트워크를 만들어줄 수 있는 자산이 된다. 그들을 자산으로 활용하기 위해서는 우리가 먼저 그들의 언어와 문화를 습득해야 하고, 그들이 우리의 언어와 문화를 습득할 수 있도록 잘 가르쳐야 한다. 그러므로 기성세대는 자신들의 2세에 대한 교육을 넘어서 이민자의 2세까지 좋은 교육을 시켜서 글로벌시대에 활약하도록 도와야 한다.

"문화적으로 언어적으로 우리 지금 글로벌시대가 되었는데, 그분들이 오신 그 나라에서 우리가 또 경제적으로 협력관계를 맺을 수도 있고 문화교류도 할 수 있고 이런 건 그들이 더 앞장서서 해줄 수 있는 큰 자산이라고 생각이 되어요. (중략) 그 2세들을 잘 교육을 시켜서 미래에 글로벌 세대에 그들이 일원으로서 활약을 할 수 있도록 그들을 우리 전체 한국 아이들만 우선이라고 생각하지 말고 동등하게 교육을 잘 시켜서 그들이 우리나라에 정말 대한민국의 앞으로의 미래에 큰 버팀목이 될 수 있도록 기성세대들이 좀 도와줬으면 하는 바람입니다."

연구참여자 자신이 외국에서 온 이민자였지만 미국 사회의 혜택을 받고 자리를 잡을 수 있었고, 다시 미국 사회에 받았던 혜택을 환원하고 봉사하는 삶을 실천했다. 마찬가지로 연구참여자는 자신의 경험에 비추어서 한국의 이민자와 그 자녀들이 그러한 혜택을 받고 양국에 기여할 수 있는 소중한 자산으로 성장하기를 희망한다.

"그들한테 맞는 적절한 교육이 이루어져야 돼요. 왜냐하면 우리 그 백 퍼센트 한국 가정에서 하는 거니까. 다문화에 대한 그들은 어떠한 면에서는 굉장히 소외된 걸 느끼고 어디서부터도 우리랑 다르다는 걸 느끼면서 살았기 때문에 그 부족한 부분을 채워주는 것도 사회에서 할 책임이에요. 가정에서만 책임이 있는 게 아니라 이러한 다문화 제도가 한국에 도입이 되었을 때에는 우리 한국에서도 책임을 져주셔야 해요. 내 일이 아니라고 생각하면 안 돼요. 그들은 내 이웃이고 또 내 친척이고 이렇게 되기 때문에 나한테 내 일 아니야 이렇게 생각하면 발전이 안 될 거 같아요."

특별히 1.5세대 이민자로서 청소년기부터 이민 생활을 시작한 연구참여자에게 한국의 이민자 1.5세와 2세에 대한 관심이 컸다. 연구참여자는 다음 세대에 대한 핵심은 교육에 있다. 하지만 다음 세대에 대한 교육의 책임은 가정에 국한된 것이 아니라 공동체와 정부에도 있다.

"자부심, 셀프컨피던스(self-confidence)가 있어야 해요. 셀프이스팀(self-esteem)이 있어야 되고, 내가 외국인으로서 1.5세로서 살아야 되고, 내가 그 삶으로 들어가지 않으면 나는 영원한 이방인이 되는 거예요. (중략) 우리가 정말 이렇게 생활 속에 도전하면서 개척해나가면서 살 수 있는 건 우리가 어려서부터 이 뿌리의 근성이 있다고 저는 생각을 하거든요. 우리의 대한민국 뿌리 근성이 있어서 저는 그 1.5세들을 교육을 시킬 때 그들에게 너희는 어느 나라에서 왔던지 상관없이 너희 나라에 뿌리에 대한 자부심을 갖고 그리고 그 뿌리를 어떻게 이 나라에 접목을 시켜서 내가 사회의 일원으로서 내가 여기서 정정당당하게 삶을 개척해나갈 수 있는지 그거에 대한 것을 아이들한테 교육을 시켜주시는 것이 제일 필수적이라고 저는 생각을 해요."

연구참여자가 청소년기의 이민자로서 경험했듯이 한국에 온 이민자 1.5세와 2세에게 중요한 것은 그들이 자신의 뿌리에 대한 자부심을 가지는 것이며, 그 뿌리를 한국 사회에 내려서 정착하고 자신의 삶을 정정당당하게 개척하는 것이다. 그녀가 미국 주류사회의 일원으로 정착한 것처럼, 그녀는 한국으로 건너온 많은 이주자가 한국에서 뿌리를 내리고 열매 맺기를 희망하고 있다.

5.
연구참여자 5:
필리핀의 가난한 자들을 섬기는 선교사

1) 생애담 요약

연구참여자는 올해 67세이며 미국에서 이민자로 산 지 39년이 되었다. 미국인 남편을 만나 국제결혼을 했으며, 슬하에 2남 1녀를 두었다.

인천이 고향인 연구참여자는 봉사하는 삶이 좋아서 인천 ○○여고를 졸업한 후에 간호학교에 가서 간호사가 되었다. 이후에 보훈병원 간호사로, 중학교 양호교사로 20대를 보냈다. 하지만 가난한 조국을 벗어나 선진국으로 가서 외국인과 국제결혼하는 꿈을 꾸었다. 그래서 27세에 용감하게 미국 몬태나주에 첫발을 내디뎠다. 하지만 한국에서처럼 간호사가 되기 어렵다고 느껴서 청소하는 일부터 시작했다. 학교 기숙사와 체육관을 청소하다가 남편 될 사람을 만났으며, 연구참여자가 먼저 청혼했다. 청소부로 미국에서 사는 것이 꿈이 아니었기에 한국 이민자가 많은 시애틀로 이주했다.

한인교회를 중심으로 목사를 도와서 열심히 봉사의 삶을 살기 시작했다. 전문적으로 봉사하기 위해 신학 공부도 했다. 미군과 결혼한 한인여성의 삶의 필요를 채워주고, 고단한 이민 생활을 하는 한인 이민자의 삶의 현장에 가서 같이 일하고 먹었다. 이런 와중에 간병서비스회사의 회장을 만나 페드로 지부를 개척하고 10년간 사업을 일으켰다. 또한 그 회장이 월드킴와 초대 회장이기도 해서 15년째 월드킴와 대회에 참가하고 사무총장을 역임했다.

필리핀 단기선교에 다녀오면서 장기 선교에 대한 구체적인 비전을 갖게 되었으며, 봉사 영역을 미국에서 필리핀으로 확장했다. 이를 위해 직장을 포기했지만, 그녀의 남편은 든든한 후원자가 되어주었다. 필리핀의 민드로섬에서 교회, 유치원, 도서관, 빵공장을 설립하여 배고프고 가난하고 배우지 못한 사람들을 돕고 성장시키는 봉사를 18년째 이어왔다.

연구참여자는 현재 주중에는 홈스테이 양로원에서 봉사하며, 교회 새벽예배에서 반주 및 노인 픽업으로, 토요일마다 한인 노인실버대학에서 봉사한다. 은퇴해도 미국과 필리핀을 오가며 봉사의 삶을 이어갈 계획이다. 연구참여자가 평생을 꿈꾸었던 봉사의 삶이 한국에서도, 미국에서도, 그리고 필리핀까지 확장되고 열매를 맺고 있다.

2) 초국적 생애담

(1) 이주 전

① 간호사와 양호교사로서 봉사한 20대

연구참여자는 한국전쟁이 끝난 해인 1953년 인천에서 태어났다. 인천 토박이인 연구참여자는 인천 박문여고를 졸업했으며, 간호사가 되기 위해 간호학교에 입학했다. 평소에 누군가를 섬기고 봉사하는 활동을 좋아하는 연구참여자에게 간호사는 아주 적합한 직업이었다. 간호학교를 졸업한 연구참여자는 인천보훈병원에 취직했다. 연구참여자 본인도 만족했고, 환자들도 좋아했다.

> "제가 항상 이렇게 누굴 섬기거나, 봉사하는 활동을 참 좋아했어요. 대학은 못 가고 가정이 어려워서 간호학교에 나와가지고, 인천보훈병원에 간호원으로 근무를 했어요. 환자를 돌보는 일을 제가 정말 좋았고, 환자들도 많이 좋아하셨고, 인기가 좋았어요. 인천 보훈병원."

한국전쟁을 마치고 보릿고개를 넘어가던 시절에 대다수의 한국인 가정이 그러했듯이 연구참여자의 가정도 경제적으로 가난했다. 따라서 대학교에 진학할 꿈은 꾸지도 못했다. 보훈병원에서 간호사로 일하던 중에 인천남중학교 양호교사로 제안을 받고 학교로 자리를 옮겼다. 중학교 양호교사라는 직업도 나름대로 재미가 있었다. 남자 중학생들과 학교 청소도 하고, 몸이 아픈 교사들에게 주사를 놓으면서 몇 년의 시간을 보냈다.

"인천남중학교에서 양호교사가 필요한데, 남자애들을 다루는 일이니까, 아줌마 간호사들이 제대로 애네들을 터치를 못하는 거예요. 그러다 저에게 섭외가 왔어요. 양호사로 일할 수 있겠느냐고. 저는 애들도 좋아하고 그러니까. 특히 남자애들은 여자애들보다 덜 예민하니까, 제가 거기 가서 몇 년을 근무했죠. 그래서 애들 손잡고 학교 청소도 하고, 선생님들이 힘드신 분들은 또 영양주사 요런 것도 놔주고."

② 이주 동기: 가난한 삶에서 벗어나기 위해 꿈꾼 이민과 국제결혼

연구참여자는 가난한 조국을 넘어서 선진국인 외국에 대한 동경이 있었다. 더 나아가 연구참여자는 항상 국제결혼에 대한 소원을 품고 있었다. 애초에 연구참여자에게는 한국 남자와 만나서 결혼하겠다는 생각이 없었다. 연구참여자의 외국에 대한 동경과 국제결혼에 대한 소원은 외국인 남편을 만나서 국제결혼을 한 동창생으로 만나고부터 더욱 간절해졌다.

"저에게는 항상 꿈이 있었어요. 우리 한국 남자들하고 결혼하고 싶은 마음이 전혀 없었고. 항상 외국인과 결혼하고 싶다는 생각을 했어요. 그래서 미국을 가야 하지 않을까 생각하던 시기에 저희 친구가 동창생 중에서 ○○○라는 언니가 외국인하고 결혼을 해가지고 학교를 온 거예요. 너무 멋있는 거야, 미국 남편이. 나도 저런 사람하고 결혼하면 얼마나 좋을까. 그때 70년도에는 우리나라가 경제적으로 어려운 상황이었잖아요. 그래서 우리 가정도 많이 어렵고 그러니까. 일단 내

가 미국으로 가면, 저 부자의 나라. 그때 지상의 천국이라고 했기 때문에. 미국으로 가면 우리 가정도 돕고, 나도 마음껏 꿈을 펼칠 수 있지 않을까. 그 꿈을 가졌어요. 근데 그 꿈이 진짜 이루어지더라고요. 항상 내 남편 될 사람은 코 크고 눈 파랗고 털 많고 키 큰 사람 이렇게 했는데."

연구참여자는 자신의 꿈을 이루기 위해 한국을 떠나 동경의 대상이던 미국으로 이주하게 되었다. 이때가 그녀의 나이로 만 27세였던 1980년이었다. 20대 후반의 나이에 안정된 양호교사의 자리를 과감히 박차고 나올 수 있었던 것은 선진국과 국제결혼에 대한 간절한 꿈 때문이었다.

(2) 미국 이주의 삶

① 청소부로 시작한 이민 생활

연구참여자가 미국에서 첫발을 내디딘 곳은 몬태나주였다. 연구참여자는 처음에 한국에서 일하던 경력과 적성을 살려서 간호사로서 할 수 있는 일을 찾고자 했다. 하지만 아직 영어가 부족한 본인에게 간호사로서 공부를 다시 시작해야 한다는 부담감이 있었다. 간호사를 하게 되면서 자주 봐야만 하는 환자들의 혈액이 이전과 달리 싫어진 것이다. 그래서 간호사로서 직업을 포기하고 다른 일을 찾아보았다.

"그래서 미국 생활이 이루어졌는데, 내가 간호원을 했던 것을 생각하고 미국에서 다시 공부를 해야 되는데 굉장히 힘들거든요. 공부를 많이 해야 하고 내가 그렇게 공부를 많이 잘하는 스타일은 아닌데. (중략) 그리고 갑자기 피가 싫어지는 거예요. (중략) 내가 주사도 근육주사, 궁뎅이에다가 맞는 주사 내가 맡거든요. 근데, 피가 싫어지면서 병원에서는 공부를 못하겠다. 그래서 완전히 그 꿈을 포기한 거죠."

연구참여자는 비교적 일이 쉬워 보이는 양로원 일을 찾아보았다. 하지만 연구참여자는 양로원에 얼마 있다가 나오게 되었다. 한 번도 맡지 못했던 외국 노인들의 냄새, 외로움 때문에 처음 보는 한국인 여자에게 안아달라고 요청하는 노인들에 대한 당황스러움 등으로 인해 연구참여자는 양로원 생활을 견디기 쉽지 않았다. 그래서 자신이 한국에서 해오던 일과 다른 일을 찾아야 했다.

"일단 내가 양로원에 가봤어요. 양로원에 가서 할머니들을 돌보는 것을. 근데 하나님이 그 마음을 바꿔주신 것 같아. 양로원에서 들어오는 그 냄새. 아, 내가 여태까지 병원에서도 못 맡았던 그 냄새에 할머니들이 이렇게 걸어와서 '깁미허그(Give me hug)', '깁미허그'. 너무 외로우니까 이분들이 처음 보는 동양 여자한테 '깁미허그' 그러는데 제가 도망을 갔어요. 그것을 적응을 못하구. 지금 같으면 어림도 없죠. 다 허그도 해주고 노래해달라면 노래도 해주고 그러는데, 제가 지금 양로원에서 공연도 하거든요. 피아노, 색소폰 하는 사람 다 데려다가 공연도 해주고 찬송가도 불러주는데 그 당시에는 내가 포용할 수 있는 믿음도 없었고, 그런 마음이 없어서 거기서 도망을 갔어요."

그래서 연구참여자는 이스트 몬태나 칼리지에서 영어를 배우면서 학교 기숙사와 체육관을 청소하는 일을 시작했다. 처음 하는 일이라서 새롭게 일을 배워야 했지만, 청소일이 나름대로 재미가 있었고, 몬태나주 정부에서 인건비를 주는 직업이었기에 혜택이 좋았다.

"그러고 나니깐 할 줄 아는 게 아무것도 없는 거예요. 그래서 나는 이스트 몬태나 칼리지 거기서 공부했을 때 청소도 나는 할 줄 몰랐어. 재봉질도 할 줄 모르고 그러는데. 거기에서 아는 사람이 한국 사람들이 그 학교 청소를 하면 어떻겠냐. 돈을 벌어야 하고 또 피지컬리(physically) 움직이는 일이니까. 기숙사. 기숙사 청소를 했어요. 너무너무 쉬운 거야. 처음에는 뭐 이거 바닥 왁스 깔고 벗겨내는 거 미싱 같은 거 다 배워서, 배워야 되고 샴푸해야 되고 이런 걸 하나도 모르니까 안 해 봤으니까. 다 배웠는데 재밌더라고요. 그래가지고, 그거를 스테이트잡(state job)이에요. 스테이트잡이라 베네피트(benefit)도 좋고."

② 국제결혼 그리고 새로운 삶의 터전 시애틀

마침 연구참여자가 일하는 학교 체육관에서 남편도 같은 일을 하고 있었다. 남편이 연구참여자의 청소 일까지 대신해주면서 점점 호감을 품게 되었다. 미국인 남편의 배려심, 자상함, 성실함에 이끌려서 연구참여자가 먼저 청혼했다. 수줍음이 많던 남편은 한국인 여성의 청혼을 받아주었다. 그래서 눈이 파란 외국인과 결혼하는 연구참여자의 꿈이 이루어진 것은 그녀의 나이 만 31세인 1984년이었다.

"정말 하나님께서 그런 남편을 허락해주셨어요. 이스트 몬태나 칼리지에서 제가 영어 공부를 조금 했을 때, 제 남편을 거기서 만났어요. 저희 남편은 역사를 공부하고, 근데 같이 토요일에 아르바이트를 하게 되었어요. 체육관 청소. 그때 우리 남편은 남자 락커룸, 나는 여자 락커룸을 맡아서 했는데, 날 일을 안 시키려 하고, 그냥 스테이지에 앉아 있으라 그러고. 여자룸은 자기가 못 들어가지만, 체육관 청소나 이런 건 다 해줬어요. 그 성실함에 아, 저 사람이면 내가 밥은 안 굶겠구나. 그래서 빨리 결혼했죠. 제가 서둘렀죠. 우리 남편은 수줍은 성격이라 제가 먼저 어프로치(approach)하고. 내가 너 좋다 막 이렇게 했어요."

연구참여자는 그렇게 동경하던 미국에 이주하여 미국인과 결혼하는 인생의 꿈을 이루었다. 하지만 연구참여자는 이민과 국제결혼 자체로 만족할 수 없었다. 연구참여자는 한국에서 간호사로 남을 섬기고 봉사하는 일을 했던 것처럼 미국에서도 의미 있는 삶을 살아가고 싶었다. 청소부로서 남은 인생을 살아가기에는 그녀는 젊었고 아직 해야 할 일이 많이 남아 있었다. 연구참여자를 평소에 눈여겨보고 아껴주던 미국인 직장 상사는 공부를 멈추지 말고 더 좋은 일을 찾아볼 것을 조언해주었다.

"공부를 안 하고 청소를 하는데, 여기에는 꿈이 없는 거야. 내가 원하는 게 미국에 와서 청소나 하려고 이렇게 하고 있었나? 그래서 항상 이렇게 꿈을 가지고 있는데, 디렉터 헤드맨이라고 제일 높은 사람이 저한테 와가지고 너는 내가 보기에 이런 일을 할 사람이 아니니까 공부를 해서 딴 일을 찾아봐라 이러시는 거예요. 그래서 미국 사람한테도 이렇게 보이는데 내가 뭐하고 있는 건가. 그래가지고 우리 남편하

고 같이 이왕이면 한국 사람 많은 곳으로 가자. 그래서 제가 이 시애틀
로 왔어요."

그래서 연구참여자는 남편과 함께 한국인 동포가 많이 거주하는 미국
서부 워싱턴주의 시애틀로 삶의 터전을 옮겼다. 신앙심이 깊은 연구참여자
는 처음에 시애틀에 있는 한인교회에 다니면서 교회 봉사를 시작했다. 특
히 시애틀 인근의 군부대에는 한국인 이민자가 많이 있었다. 이들은 미군
남편과 국제결혼한 한국인 여성 이민자로, 미군 남편과 함께 거주할 집을
알아보고 새로운 거주지에서 준비할 것들이 많이 있었다. 연구참여자는 한
국 결혼이주여성의 삶의 필요를 채워주고 전도하는 봉사를 많이 했다. 연
구참여자 같은 국제결혼한 한인이주여성은 일반적으로 한인 이민교회 같
은 종교공동체를 통해 지역사회의 한인 이주민과 사회적 연대를 시작한다.
그리고 미군 부인 같은 다른 집단의 국제결혼 한인이주여성과도 연대를 확
대한다. 연구참여자는 지역사회의 도움이 필요한 미군 부인 한인여성부터
직장 현장에서의 연로한 노인들, 자영업체를 운영하는 한인 이민자, 후일
에 선교 현장인 필리핀의 가난한 사람들에 이르기까지 사회적 연대의 범위
를 확대해나갔다.

"몬태나요. 거기엔 한국 사람이 많이 없었거든요. 그랬는데 시애틀
에 오니까 한국 사람도 많고 한국 교회도 많고 제가 처음에는 미국 교
회를 다녔어요. 근데 영어도 못 알아듣고 그냥 가면 쏘 보링(so boring).
그렇지만 교회는 가야 하니까. 근데 시애틀에 와보니까 할 일이 많은
거예요. 첫째 한국 사람이 많고 전도할 수 있고. 전도가 어디서 했냐면
'포로리스'라는 군부대가 있는데 거기에 게스트하우스가 있어요. 군인

들이 외국에서 나가다 근무하다가 미국으로 들어오는 군인들이 잠깐 게스트하우스에서 머물면서 자기네들이 그 집 하우징도 기다려야 하고 아파트도 기다려야 하고 여러 가지 할 일이 있잖아요. 잠깐 머무는 호텔이에요. 거기에 한국 군인들이 있잖아요. 한국 부인들!! 그래서 거기서 전도를 했죠. 나는 들어갈 수가 없으니까 교회 밴 타고. 교회 밴은 무조건 그냥 패스. 그래가지고 교회 밴 끌고, 그러면은 안 조사해요. 교회 타이틀이 있으니까. 그래서 거기서 전도하고, 그러는 가운데 아까 말씀하신 것처럼. 나는 평신도인데, 자꾸 사모님이냐고 물어보고, 전도사냐고 물어보고. 아니라고 그냥 그때 그 여선교 그냥 회장이고."

③ 교회 봉사를 위해 시작한 신학 공부와 전도사 생활

연구참여자가 열심히 교회 봉사를 하고 남을 돕고 살면서 주변 사람들로부터 목사가 아니냐는 이야기를 많이 듣게 되었다. 연구참여자는 목사라는 직업은 자기 일이 아니라고 생각했다. 하지만 연구참여자는 교회 담임목사를 도울 수 있도록 신학을 공부하고자 결심했다. 연구참여자가 자신의 적성에 맞고, 다른 사람들을 돕는 일을 하고자 공부를 시작할 때, 신학교로부터 장학금도 받고 우등졸업을 했다. 그래서 연구참여자는 교회의 일꾼으로서 새로운 삶을 준비하게 되었다.

"나는 여선교회 회장 누구입니다. 이렇게 소개를 했는데 자꾸 이렇게 목사같다는 이야기를 많이 듣고, 공부를 했으면 어떻겠냐 이야기를 많이 들었어요. 그래서 저는 목사가 된다는 생각은 지금도 안 해요. 지금도 목사 하라는 분이 학비 대줄 테니까 공부하고 교회까지 지어준다고 하지만, 나는 목회에 대한 그런 건 하나님이 주시지 않았거든요. 확신해요. 그래가지고 내가 신학을 공부해서 하나님에 대해 더 좀 자세히 알고, 그리고 좋으신 목사님 열심히 도와야 하겠다. 그렇게 해서 태평양신학대학이라고 그게 페드로에 있어요. 거기에 등록을 하고, 공부를 잘하진 않는데 하나님의 도움으로 장학금을 받고 공부를 했어요. 이제 우등상 받고 제일 1등으로 졸업을 했는데…"

우수한 성적으로 신학교를 마친 연구참여자는 침례교 계열 교회에 스카우트되어 전도사로서 생활을 시작했다. 포크송이 유행하던 1970년대 한국에서 기타를 배웠던 연구참여자는 교회에서 기타로 찬양을 인도하는 일을 맡게 되었다.

"공부하는 동안에 ○○ 침례계 목사님이 자기가 교회를 하는데 자기 사역을 도와주는 게 어떻냐. 근데 제가 고등학교 때 배운 기타가 있었거든요. 기타? 70년대 우리나라 포크송이 굉장히 유명했잖아요. 기타 치면서 노래하고 여자들도 뭐. 그 친구들보다 내가 먼저 기타를 쳤거든. (중략) 근데 미국 생활에서 신앙생활을 하면서 목사님이 저보고 찬양 인도를 하라 그러니까. 찬양 인도 어떻게 해요? 몇 장 해라. 그거 끝나면 어떡해요? 하니까 몇 장 해라. 그러다 보니까 내가 기타를 칠 줄 아니까 기타를 치면서 해야겠다. 찬양은 목소리가 좋아서 하는 게 아니라 믿음으로 하는 거잖아요. 큰소리로. 이렇게 해가지고 찬양 인도자가 되었어요. 그러다가 신학교에 가가지고 신학교에서 목사님이 자기 교회로 저를 스카우트해가지고 그래서 저도 이 생활을 시작한 거죠."

④ 한인 이주민의 고단한 삶의 현장으로 들어가다

연구참여자는 목사의 설교를 영어로 통역하는 것을 꿈꾸었지만, 주로 한인 이민자 공동체와 한인교회를 중심으로 봉사하다 보니, 아쉽게도 영어를 쓸 일이 별로 없었다. 미국인 남편과 결혼했지만, 미국 사회에 별다른 적응을 할 필요가 없었다. 하지만 한인 이민자 대상으로 봉사할 일이 많았다. 이광규(1991)에 따르면, 미국 이민은 표면적으로는 엘리트이민이지만, 미국의 노동시장에 자신의 기대치를 낮추고 자신의 교육 수준에 맞지 않는 하강 이민으로서 개인의 심리적 어려움과 가족의 내부 문제가 발생한다. 연구참여자의 눈에 보이는 한인 이민자는 미국에서 외롭고 고단했다. 세탁소, 주유소, 식당 등의 일을 하면서 육체적으로 힘들고 끼니도 거르기 일쑤였다. 연구참여자는 식사를 거르는 한인 이민자를 찾아가서 음식을 대접하고, 일을 봐주었다. 심지어는 교역자인 연구참여자가 쉬는 월요일에도 이민자를 찾아가서 도움을 주었다. 이는 단순히 자신과 같은 교회의 성도여서 한 일이 아니었다. 외국에서 고단한 삶을 사는 한인 동포를 삶의 현장에서 위로하고 봉사하고 싶은 연구참여자의 마음 때문이었다.

"우리 이민자도 얼마나 외롭고 그래요. 이민자들이 와서 주로 하는 게 세탁소, 주유소, 식당, 청소 이런 피지컬리한 일들을 하거든요. 그러면 저는 우리 교인들이 여름에 더운데 세탁소에서 일하는 걸 보고 너무 맘이 아파가지고 여름에는 차가운 국물에다 냉면 삶아가지고 딜리버리 다니는 거야. (중략) ○○ 집사, □□ 집사가 세탁소 운영하는데 거기로 심방을 갔더니. ○○○ 집사가 키가 쪼그맣거든요? 그 프레셔를 누르고 있는데 제가 가슴이 너무너무 아팠던 거야. 그래가지고 월요일은 교역자가 쉬니까. 월요일만큼은 점심을 내가 해다주겠다. 그래가지고 점심을 해서. 그 집은 월요일마다 딜리버리했어요. 월요일은 ○○ 집사, □□ 집사가 마음 자유롭게 세탁소를 여는 거야. 그럼 제가 밥 해가지고 반찬, 찌개 해가지고 갖다주고. 잠깐 기도하고 격려해주고 신고 그런 걸 한 1년을 하고 또 데리야끼 운영하는 우리 ＊＊ 집사님네는 데리야끼가 사람을 하나 한 사람 하이어(hire)하기에는 돈이 부족하고 안 하자니 런치타임에 너무 바쁘고 미국에는 사역자들에게 그런 일도 하더라고. 그럼 내가 도와줄게. 점심시간에 가서 내가 설거지하고, 밥하고, 데리야끼 굽고."

⑤ 전문간병인으로서 봉사의 삶

연구참여자가 한인 이민자의 삶의 현장에 가서 봉사했지만, 교회 담임목사는 교회사역에 시간을 빼앗긴다고 생각하여 연구참여자를 좋게 생각하지 않았다. 그래서 연구참여자는 간병인으로서 직장생활을 시작했다. 월드킴와 초대 회장이자 현재 상임고문이 간병서비스회사를 운영하고 있었고 페드로 지부를 설립하고자 했다. 연구참여자는 신임을 받고 페드로 지부를 개척하여 사업을 크게 성장시켰다.

"거기 가서 6개월을 도와줬는데, 목사님이 안 좋아하시더라고. 성도들 집 가서 맨날 일만 하고 있으니까. 다른 사역도 해야 하는데 시간을 많이 뺏기니까. 그렇게 하면서 주로. 제가 그 하나 그 뭐라 그럴까. 직장생활이라 그럴까? 우리 여기 월드킴와 상임고문인 분이 한국에서 간병서비스회사를 운영하셨어요. 그런데 제가 이제 페드로에 사니까는 페드로에 지부를 제가 하겠다고 했죠. 인터뷰를 했어요. 사람을 뽑는다고. 회장님이 나는 일을 없어서 묻잖아요. 일이 없으니까. 그러니까 나를 보고 너무 잘할 것 같다고. 페드로의 지부를 나한테 줬어요. 거기를 크게 부흥시켰죠. 그래가지고 우리 회장님이 아직도 그걸 너무 나한테 잘해주시는데, 그러면서 그 암스트롱인 홈케어 서비스가 브렌치가 9개까지 늘어났어요. 처음에 한 2개 정도 있던 게, 각 도시마다 이게 막 생긴 거야. 난 이제 페드로의 대표로 월급도 많이 주시고,"

연구참여자는 주로 전문간병인으로 10년 동안 일하면서 교회 전도사 사역을 병행했다. 하지만 연구참여자가 교회사역에만 몰두했을 때보다 더 많은 사람을 만날 수 있었다. 연구참여자는 자신의 직장 현장을 중심으로 봉사할 때 전도의 열매가 더 많았다.

"딱 10년을 일하면서 전도사 사역도 하고, 왜냐하면 전도사가 아침부터 나가서 심방하고 그런 일은 없으니까. 이 직장을 통해서 전도를 많이 했어요. (중략) 할머니들 교회로 가게 인도하게 하고 간병인들. 직장 구하는 사람들 만나가지고 또 교회 다니냐 예수 믿냐 이러면 딴 데서 이사 온 사람 우리 교회 한번 와봐라. 내가 보스니까 내 말 듣잖아요. 금요일에 그럼 내가 찬양 인도를 아주 뜨겁게 하거든. 순복음교회에서 내가 그래서 사무실에서 본 나하고, 교회에서 나하고 너무 다른 거야. 내가 교회 가면 뜨겁게 감동 받고 교회 생활을 하니까 전도도 늘고. 월급도 많이 받으니까 헌금도 많이 하고 그러니까 목사님이 굉장히 좋아하셨는데."

연구참여자는 봉사하기 위해 삶의 현장에 들어갔을 때 많은 것을 경험했다. 처음에는 전도사로서 한인 이민자의 삶의 현장에 들어갔고, 간병인으로서 간병이 필요한 노인들의 삶의 현장에 들어갔다. 그리고 연구참여자는 해외 단기선교사로서 필리핀에 방문했을 때, 선교의 비전을 가지게 되었다. 그냥 잠깐 방문하여 봉사하는 단기선교사가 아니라 현지 외국인의 삶의 현장에서 오랫동안 같이 먹고 같이 사는 장기선교사로서 봉사의 삶이었다.

"제가 한번 필리핀 단기선교로 갔는데, 그런 마음을 이렇게 허락하신 거야. 단기선교가 아니고 이거는 그냥 내 생각에 웨이스트 머니(waste money), 웨이스트 타임(waste time), 돈 낭비고 시간 낭비다. 교회가 선교 대장이 대놓고 한 바퀴 그냥 삥 돌고 돈 주고 모시고 이러고 돌아오는 건데. 아, 이게 실질적으로 선교를 하려면. 내가 거기 가서 살아야 하는구나. 같이 먹고 살면서 그들의 필요를 제공해주는."

하지만 장기선교사로서의 꿈을 실현하기 위해 연구참여자는 두 가지를 포기해야 했다. 하나는 직장이고, 다른 하나는 가정이었다. 다시 말해, 연구참여자는 직장 상사를 설득해야 했고, 남편을 설득해야 했다. 기독교 신앙을 가진 직장 상사는 오히려 선교비를 후원하는 후원자가 되었다. 남편은 처음에는 연구참여자의 생각을 이해하지 못했지만, 결국에는 연구참여자의 비전을 지지했다.

"10년 동안 이렇게 크게 발전하고 내가 나중에 팀장이 됐는데, 우리 회장님이랑 제일 먼저 상의했죠. 회장님 나 이렇게 선교에 대한 비전이 있는데 회사를 그만두고 아무래도 선교로 가야 되겠습니다. 그러니까 우리 회장님이 '하나님 일을 하는 사람을 내가 막을 수가 없습니다. 아무리 내가 필요해도 잡을 수가 없습니다' 하고 '가십시오' 하고 천 불을 주시더라고요. 선교비로 오천 불. 우리 남편하고 이제 싸워야 하는데, 우리 남편은 내가 우리 남편보다 월급을 더 많이 받아왔으니까 많이 의지를 했잖아요. 근데 내가 첫째로 선교를 가면 생활비가 없으니까 막 반대를 하더라고요. 어떻게 먹고사냐고. 그래서 하나님이 먹이시고, 입히시고 다 살리시니까 내가 하나님의 일을 하면 당신은 하나님께서 케어하실 거다. 그래서 꼭 거기를 가야 되느냐 그러는 거예요. 그애들이 나를 필요로 한다. 그랬더니 '아이 니드 유 투(I need you, too)'. '여보 나도 당신이 필요해' 그러는데, '하나님이 나를 부르시는데, 내가 어떻게 하느냐. 나는 거기에 가야 한다. 그랬어요' 그랬더니 남편이 '렛츠 고(Let's go)'. '하나님이 당신을 부르시면 내가 어떻게 당신을 막을 수가 있느냐'고 그러더라고. 그래서 장기선교가 시작이 된 거죠. 회사 그만두고."

⑥ 필리핀의 가난한 사람들과 함께 살다

연구참여자는 필리핀 민도르섬으로 들어갔다. 선교사들이 기독교 신앙을 전파하기 위해 교회를 짓고, 문맹을 퇴치하기 위해 학교를 짓는 것처럼 연구참여자도 처음에는 교회를 세웠다. 하지만 이전에 다니던 교회와 문제가 있어서 필리핀에 자비로 설립한 교회를 내려놓게 되었다. 그래서 연구참여자는 유치원을 세웠다. 유치원에서 매년 30명 정도의 아이가 졸업하고, 유치원이 시작된 지 8년이 되었다. 연구참여자는 자신의 봉사를 통해 아이들이 좋은 교육을 받고 성장하여 필리핀을 변화시킬 것을 꿈꾸고 있다.

"필리핀 민도르섬. 거기 가서 처음에 한 게 교회에 다른 선교사들도 그렇지만, 거기 주민들이 예배를. 제 목적은 문맹 퇴치 복음 전하는 거. 그리고 애네들이 맨날 밴들밴들 놀고 있기 때문에 기술을 가르쳐야겠다. 드럼을 배운다든지 재봉틀을 배운다든지. 그래서 한 300명이 들어가는 큰 교회를 지었는데, 그게 옛날 다니던 교회하고 문제가 생겨가지고 제가 거기에 억울하게 나오게 됐는데, 아 하나님께서 저에게 음성을 들려주시기를 그게 니 것이 아니다. 내가 거기서 내 돈으로 지었지만 그게 네 것이 아니다. 그런 음성을 들려주신 거예요. 그래서 내가 거기 목사를 만나가지고 내가 이거 하나님 앞에 들어놓은 거니까 앞으로 운영 잘해라 하고 난 나와서 필리핀 목사가 땅을 줘가지고 제일 먼저 한 게 거기에 학교를 지었어요. 교회에서 유치원을 했었는데, 우리 유치원생들이 갈 학교가 없는 거야. 그래서 필리핀 목사님이 자기 교회를 학교로 쓰면서 빨리 학교를 지으라고 땅을 주셔가지고. 제가 거기 3개월 있으면서 학교를 지었지요. 놀이터 이런 거 다. 유치원 이런 거 해서 선생님들 월급 주고 애들 서플라이 이런 거 다 대주고. 애네들이 어려서부터 공부를 해야 그리고 꿈을 가져야지 성장을 해도 이 가난한 나라를 변화시킬 수 있지 않을까. 그래서 학교를 시작하면서 매해 약 30명 애들 보내서 애네 이제 초등학교 가거든요. 거기 학교가 올해 이제 8회 졸업을 시켰어요."

연구참여자는 유치원생들과 가깝게 지내고자 인근에 숙소를 지었고, 더 좋은 교육환경을 위해 도서관을 설립하고 있는 중이다. 연구참여자의 꿈은 바로 필리핀의 미래인 아이들이었다. 이 아이들과 함께 살고 먹고 이들이 꿈나무로 성장하는 데 자신의 어떠한 것도 아깝지 않았다.

"그 옆에다가 제 숙소도 지어가지고 제가 거기 가면 제 숙소에 있지요. 그러면서 이게 다가 아니구나. 도서관을 지어야겠다. 애들이 책을 읽으면서 꿈을 가져야 하지 않겠는가. 공부를 하니까 글도 읽을 줄 알면서 그림을 읽고 글을 읽으면 꿈을 가지지 않겠느냐. 제가 졸업식에는 애들한테 굉장히 꿈을 심어주고, 경찰도 불러오고, 동네 캡틴도 불러와가지고 이 아이들한테 꿈을 갖는 메시지를 전해라 그러죠. 너네들은 훗날에 우리의 꿈이다. 너희들은 우리의 꿈나무다. '자라서 뭐하고 싶냐?' 이러면 '의사, 간호원, 경찰…' 그래서 지금도 학교가 잘 운영되고 있구요. 제 앰비션(ambition)이 이제 도서관을 완공하면, 책을 비치해서 애들이 책을 읽고 꿈을 갖게 하는 거예요."

연구참여자는 산에 사는 원주민을 위한 봉사 사역도 하고 있다. 문명화가 안 된 원주민은 배가 고파서 산에서 내려왔다. 그뿐만 아니라 500여 명의 학교 아이들도 배가 고팠다. 그래서 연구참여자는 한국에서 배고픈 시절에 미국에서 후원을 받아서 배급을 받던 강냉이빵을 기억하면서 필리핀 현지에 빵공장을 지었다. 5천 달러의 후원금을 받아서 설립한 공장이었다.

"또 한 가지 일을 벌인 건 우리가 원체 가난하고 배고픈 사람들이 많고 산에서 내려오는 원주민들이 있어요. 아직도 벌거벗고 사는데, 애네들이 여기도 문화가 자꾸 되니까 교역이 필요하다는 걸 아는 거예요. 산에서 내려와요. 한 시간 두 시간씩 걸어서 학교에. 근데 배가 고픈 거지. 그래가지고 그 사십 명을 제가 매일 한 끼 밥 먹는 값을 학교에다가 댔어요. 한 끼라도 그게 이제 양이 차겠냐만은, 그렇게 해가지고 교장 선생님이 그것보다도 540명의 어린아이들이 애네한테 이걸 어떻게 할 거냐. 그래서 우리 어렸을 때 학교에서 강냉이빵을 먹던 게 생각나더라고요. 미국에서 옥수수 그거 보내줘가지고 우리 학교 식당에서 빵 찧어가지고. 오케이, 빵공장을 짓자 그랬더니 어떤 분이 오천 불을 도네이션한 거야. 그분이 따라왔어. 내가 사역하는 게 진짜인지 아닌지. 근데 와서 보니까 엄청 고생하고 있잖아요. 제가 물도 없어서 돈 주고 저기 멀리서 물도 길어와야 하고 그거가지고 샤워하고 밥 해 먹고 빨래는 애들 시켜서 돈 주고 하고 그러는데, 진짜 열악한 환경에 사역을 하는구나. 오천 불을 주셨는데, 빵공장 짓는 게 한 4천 불? 그래서 남는 거 돌려드렸어요. 남는 거니까. 이제 빵공장을 짓는 게 문제가 아니라 오븐, 믹서기, 그리고 빵 굽는 베이커리 그런 게 돈이 또 엄청 들더라고. 현재는 제가 그 빵공장 시내에 나가서. 쪼그만 빵 540개를 사요. 그리고 학교에 가져와서 배급을 하는 거야. 전 학생들 다."

연구참여자가 필리핀의 가난한 사람들에게 들어가 살며 봉사한 지 벌써 18년째다. 연구참여자는 돈이 없어서 봉사의 사역을 하지 못한 적이 없으며, 하는 모든 일에 감사하고 흥미진진하다고 말한다. 연구참여자는 조국에서 간호사로서 봉사했고, 미국에서 고단한 한인 동포를 섬기는 전도사로서, 외로운 노인들을 돌보는 간병인으로서 봉사했으며, 이제는 그 봉사의 범위를 전 세계로 넓혀서 필리핀에서 가난한 사람들의 친구로서 신나게 봉사하고 있다.

"지금 제가 18년. 10년 동안은 교회에서 함께 있지만 제가 단독으로 한 건 8년이에요. 그런데 전부 하나님께서 한 번도 돈이 없어서 못 해 본 적이 없어요. 갈 때마다 다 허락해주셔가지고. 그러니까 아임 쏘 익사이팅(I am so exciting). 아, 그니까 일을 하는 거예요. 하나님의 일을 하는 거야. 너무 감사하게도."

(3) 현재 그리고 미래

① 여성을 존중하는 문화

연구참여자가 봉사의 삶을 살 수 있었던 것은 자신이 이런 일을 할 수 있도록 지지해주고 적극적으로 도와준 미국인 남편 때문이었다. 연구참여자는 국제결혼가정이었지만, 한인 이민자가 밀집한 대도시에 살아서 문화적응이라든지 언어적응이라든지 특별한 고생을 하지 않았다. 오히려 여성을 존중해주고 기회를 주는 미국의 문화가 가정에서부터 시작되어 연구참여자는 여성으로서 자신의 꿈을 실현할 수 있었다. 예를 들어 부엌에서도, 식사 예절에서도 여성을 존중하는 미국문화를 한국문화와 비교하면서 연구참여자는 그러한 문화차이를 인상적으로 생각했다.

"제가 그 미국문화에 대해서 한 가지 그 우리 제가 그 임신해가지고 있을 때 땡스기빙날(Thanksgiving Day)에 시아버지하고 우리 남편이 음식을 해가지고 부엌에서 자꾸 왔다 갔다 하니까 며느리가 얼마나 불편해요. 제가 부엌을 들어갔다가 어떻게 하고 계시나 뭘 도와주어야 하나 그러니까 저희 남편 이야기가 저희 아버지 하는 말이 내가 우리 시아 버지가 부엌을 쓰는 걸 싫어하시나 보다. 그러니까 자꾸 들어오는 건가 보다. 이게 문화차이야. 나는 미안하고 어려워서 우리 시아버님이 감히 부엌에서 저렇게 일을 하고 계시니까 미안해서 했는데, 우리 시아버지는 우리 며느리가 자기 부엌을 쓰는 거를 싫어하는구나 이렇게 알고 계시는 거. 문화의 차이! 또 한 가지는 우리는 엄마가 매일 꼴찌로 밥 먹잖아요. 애들 먹이고 남편 먹이고. 근데 미국은 안 그래요. 아주 보통 때 그냥 먹고 그런 건 괜찮은데 제일 맛있는 걸 먹게 하는 건 엄마. 애들 다 기다려야 해. 그 문화가 우리 한국하고 좀 다른데. 내가 다 먼저 하라, 그러는데도 '유 퍼스트(You first).' 내가 먼저 해야지되는. 그리고 애들이 먹고 남편이 꼴찌를 먹는 거. 음식을 담는 거. 이게 미국에서 적응하는 게 이런 문화가 이렇게 있구나."

연구참여자는 미국에서 결혼이주여성으로서 자신의 경험처럼 한국에 있는 결혼이주여성도 존중받고 살기를 바란다. 여성을 존중하는 미국문화와 달리 남성우위의 유교적인 문화가 잔존하고 있는 한국에서 결혼한 남성들은 결혼하기 위해 이민 온 여성의 문화를 이해하고 그들의 언어와 문화를 적극적으로 배울 필요가 있다. 연구참여자는 남성뿐만 아니라 시댁 전체가 문화적으로 결혼이주여성을 받아들이기 위한 준비가 필요하다고 보았다. 무더운 기후로 인해 낮잠 자는 습관을 가진 외국 여성을 아내로, 며느리로 맞은 남편과 시댁은 그들의 문화를 존중하지 않으면 안 된다. 다시 말해 연구참여자는 한국 다문화 사회의 문제점을 이민자에 대한 포용력이 없다고 보고, 대안으로서 그들이 한국문화에 동화되도록 강요할 것이 아니라 한국인이 먼저 그들의 문화를 이해하고 포용하는 데서 찾고 있다.

"미국에서는 여성을 리스펙(respect)하고 그러는데, 제가 한국의 다문화가정 여성들을 만나고 그들의 고통을 들었을 때 느낀 거는 결혼 전 남편과 시부모들이 교육이 필요하다고 생각해요. 그냥 결혼만 해서 다 되는 게 아니라 말하자면 월남이나 필리핀은 낮에 낮잠을 자요. 너무 더운 나라에서 왔기 때문에 그러니까 한국에 오면 잠이 온다고. 그러면 게으르다고 욕하고 때리고. 때리면 안 되죠. 그 문화를 이해를 해야 하거든. 잠자는 시간을 30분이고 주면은 그걸 달콤하게 잔 시간이 더 에너지를 발산할 수 있고 일을 할 수 있는데, 그래서 참 그 남편들하고 남편뿐만이 아니라 시부모 마찬가지예요, 시부모들도. 그래서 교육이 필요해. 어떻게 가정을 이끌어갈 것이며, 외국에서 온 아내, 며느리 어떻게 우리 가족이니까. 애도 낳고 그러는데, 아내, 며느리에 대한 이해를 해주고 그 문화를 이해해주고 이게 교육이 없이 어떻게 되겠어요. 내 식으로 욕하고 윽박지르고 어떤 사람은 시어머니가 너무 욕을 많이 한다고 하더라고요. 년 자 붙여가면서 욕하고 그러니까. 욕을 너무 많이 하고. 애네도 자기 나라에서 교육받고 온 사람도 있고 잘살아 보려고 한국 남자랑 결혼해서 왔는데. 우리나라가 경제 이제 크게 도약하고 잘사는 나라로 되어 있잖아요? 이 남편들의 인격이라든지 지식이라든지 교육 같은 게 있어서 포용을 해야지. 이 문화를 이해를 하고 낮잠 자는 나라였구나, 더운 지방에서 왔으니까 낮잠 자는 걸 이해해주고. 잘하는 사람도 있지만 대부분 보면 막 부려먹고 농사하는 데는 일꾼이 없으니까 며느리가 종일 나가서 일해야 하고. (중략) 안타깝고. 우리나라가 이제 계속 다문화가정 아이들이 늘고 다문화 그 외국에서 며느리가 계속 들어올 거 아니에요? 그런 결혼 중개업소든지 이런 시스템을 누가 만들어야 하고. 물론 며느리도 교육을 받아야 하지만 시댁, 남편들 교육시켜야 해. 이분들의 교육이 필요한 거야. 그러면 행복한 가정을 이루지 않을까? 물론 거기서 이혼도 할 수 있고 100% 완벽한 일은 없으니까. 그렇지만 많이 문제가 해결될 거 같은 제 생각이죠."

② 엄마의 나라를 자랑스러워하는 자녀

연구참여자는 슬하에 2남 1녀를 두었다. 연구참여자는 주로 교회와 간병인회사, 선교사업 등으로 사회생활을 하다 보니 자녀들이 스스로 일어서는 법을 배웠다. 연구참여자는 한국의 엄마들처럼 아이들을 학교와 학원을 보내면서 공부시키지 않았지만, 자녀들이 어려서부터 스스로 필요한 용돈을 벌기 위해 아르바이트를 하고, 학자금을 융자받아서 대학등록금을 감당했다.

"미국에서 내가 선생님들을 만나보면 숙제가 없어요. 초등학교 때. 그래서 애들이 집 가서 맨날 놀기만 하니까 숙제 좀 내라 했더니 학교에서 8시간 있는 게 애들한테 충분하다는 거죠. 근데 우리 한국 엄마들은 안 그러잖아요. 학원 데리고 다니면서 애들 공부시키고, 근데 저는 애 데리고 그런 데 바빠서 데리고 다닐 곳도 없고. 애들 다 훌륭하게 키운 것도 없고 하나님의 뜻에 따라 아이들이 잘 자라줬고요. 근데 나는 한국 부모들 조금 이해 못 하는 게 돈 없어서 공부 못 해, 학교 못 가 이거 거짓말이에요. 저는 우리 애들 운동화 한 켤레도 안 사줬어. 하나님한테는 막 갖다 바치면서. 그래서 애들이 신문 돌리고 그랬어요. 신문 돌리고 신발 사 신고. 우리 딸은 대학교 학비를 안 도와줬는데, 스테이트에 론(loan)해가지고. 론하면 용돈까지 나와요. 책값도 그런 거 다 나온다고. 그래가지고서는 잡이 되면 갚거든요. 몇 프로씩 갚아. 우리 딸도 그 스테이트에서 론해가지고 자기가 또 알바하고 개스 스테이션(gas station)에서 커피 팔고 그렇게 해가지고 용돈 쓰고 그래서 학교를 잘 졸업하고."

연구참여자는 자녀들에게 한국어를 열심히 가르쳐주지 못한 것을 안타깝게 생각한다. 당시에 한글학교가 부족하기도 했지만, 영어를 더 잘해야 한다는 욕심에 한국어를 많이 못 가르쳤다. 다른 한국인 이민자 가정의 경우에는 부모와 대화가 단절되는 자녀들도 있었다.

"[자녀분들이 한국말 할 줄 아세요?] 잘 못해요. 우리 딸만 읽고 말 좀 하고 그러는데 두 놈은. 제가 그게 큰 실수죠. 우리 애들이 영어를 잘해야 하는데, 그 욕심에 한국어만 많이 안 해요. 애들 한국어를 안 가르쳐가지고. 지금은 교회 교회마다 한글학교가 있고, 또 큰 한글학교가 있어요. 그래서 선생님도 월급도 많이 주고 그래서 애들, 어 한글 공부를 많이 시켜요. 영어는 학교에서 배우고. 그래가지고 뭐 세미나도 하고 글짓기대회도 있고 말하기대회도 있고 해서. 한국말을 더 잘할 수 있도록 그러는데. 한국 부부도 보면 애들이 한국말 못하더라고 다 영어로만 하지. (중략) 한글 말을 그렇게 잘했던 애들이 우리처럼 여보세요라고 받던 애들이 학교 가더니 한국말을 하나도. 학교 가니까 한국말을 안 하잖아요. 그래서 엄마랑은 대화가 단절이 되는 거예요. 우리는 영어를 좀 하니까 대화가 좀 되는데. ○○○ 같은 경우에는 애들이랑 대화가 안 되는 거예요. 애들은 다 잊어버리고 그런 게 있고. 내가 엄마가 한국 사람이지만. 아이들에게 더 한국말을 가르쳤으면 한국에 와서 우리 친정 부모들하고. 뭐 할아버지 할머니 살아계셨을 때 대화가 좀 됐을 텐데 이제 다 커서 장성해서 결혼도 하고 우리 딸만 저 한국 사람하고 결혼을 안 한대. 좀 그런 과정이 있어요."

연구참여자는 영어를 할 수 있어서 자녀들과 의사소통하는 데 문제는 없었지만, 한국어 소통에 대해 아쉬움을 가지고 있었다. 다행히도 자녀들이 엄마의 나라를 좋아하여 연구참여자의 두 아들은 한국인 여성을 아내로 맞이했다. 한국인 아내를 맞이한 두 아들은 오히려 한국 음식을 더 자주 먹게 되었다.

③ 다문화가정의 다음 세대를 위한 준비

연구참여자는 출산율이 심각하게 낮아지고, 다문화가정의 자녀가 증가하고 있는 한국의 상황에서 미래 한국의 지도자들이 다문화가정에서 나타날 것이므로 이들을 위한 준비를 해야 한다고 생각한다. 흑인 출신 대통령이 탄생한 미국의 경우처럼 인종과 상관없이 실력으로 인정받는 사회, 기본적으로 모든 인종과 출신 국가를 공평하게 채용하는 기업문화 등 한국의 곳곳에서 바뀔 문화가 많이 있다. 연구참여자는 한국 사회는 미국의 구체적인 경험을 배우고 수용할 필요가 있다고 생각한다.

"한국은 젊은 세대들이 결혼도 물론 안 하지만 애기도 안 낳잖아요. 낳아도 한 명만 낳고. 그러다 보니까 다문화 자녀는 보통 둘, 셋, 넷씩 낳는다고 나는 그게 하나가 걱정이. 저렇게 되다 보면 지금 유치원, 초등학교 학생 수가 자꾸 작아져가지고 학교도 문을 닫는다는데, 다문화가정에는 자녀들이 많이 있고 현재는 학교에서 왕따를 당하고 색깔이 다르니까. 그렇지만 이제 계속 다문화가정 자녀들이 태어나고 결혼하고 이렇게 되면 우리나라 다문화가정이 엄청 발전하고 부흥될 텐데. 많아지잖아요. 그러면 애네들이 훗날에 야구선수, 축구선수, 대학교 교수, 의사, 변호사… 100% 한국 애들이 어떻게 할 거냐고요. 그러니까 모두 우리나라 국민이다 이런 거를 인식해가지고 함께 공유해나가야지. (중략) 미국은 그게 차이가 없어요. 미국은 누구든지 실력 있으면 인정받고, 그리고 이렇게 큰 회사에 동양인, 흑인 몇 프로 이렇게 채용하게 되어있어서 그런 게 전혀 없는데, 우리나라는 또 그런 게 심하잖아요. 이게 2세, 3세 애들은 많아지고 한국 사람들은 애도 안 낳고 젊은 애들은 결혼을 안 하고 그러면 우리나라는 다문화 아이들이 많아질 텐데. 여기서 대통령 안 나오겠어요?"

④ 남은 인생의 소망과 비전

연구참여자는 한국에서 그랬던 것처럼, 미국에 이민을 와서도 그랬던 것처럼, 현재도 미국과 필리핀을 오가면서 남을 섬기고 돌보는 봉사의 삶을 이어가고 있다. 미국에서는 교회 전도사로서 양로원과 한인교회의 노인들을 돌본다. 필리핀에서는 가난한 원주민의 자립과 교육, 신앙을 위해 후원하고 방문하여 격려한다.

"남들 다 고생하고, 남편한테 매도 맞았다는 이야기도 있고 그러는데, 나는 그런 거를 체험하지 못하고. 남편이 사역하고 있으면 주일학교 와서 봉사하고. 사실 하나님의 은혜예요. 제가 미국에 와가지고 특별하게 뭐 어려움을 겪거나 고생했거나 이런 게 없었어요. 좋은 사람들 항상 만나게 해주시고. 그래서 여기까지 왔는데. 제가 83세 드신 노인네를 한번 선교를 모시고 갔거든요. 나는 한 70살 2~3년만 더하면 끝나겠다 그랬는데, 그 노인네를 모시고 갔는데 이 양반이 중턱 산까지 올라가고. 이제 죽어도 한이 없다 너무너무 보람을 느끼고. 제가 한 80살까지 하나님의 일을 해야겠다 생각을 하고 있어요."

더 나아가 연구참여자는 자신과 같이 전 세계에 흩어진 한인 결혼이주여성의 권익을 증진하고 대변하는 일을 하고 있다. 간병케어서비스회사의 보스가 초대 회장으로 있었던 월드킴와에 몸 담은 지 벌써 15년째다. 연구참여자는 이 단체가 창립된 모든 대회를 한 번도 빠지지 않고 왔으며, 보스의 권유로 사무총장까지 역임했다.

"10월에 여기 행사는 제가. 이 행사에 한 번도 안 빠졌어요. 처음으로 세우신 분들이 제 보스잖아요. 그분이 하니깐 제가 존경하는 분이 세운 건데, 저는 여기 목적도 모르고 그분이 가자 하니까 왔어요. 오니까 사무총장을 시키는데, 그게 뭐하는 건가. 사회생활을 안 해봐가지고. 그래서 하라는 대로 해서 했는데 한 번도 안 빠진 거지. 여기 왔다가 선교 가니까. 1회부터! 1회 전에는 뭐였냐면 그냥 한미여성연합회. 그때에 모인 사람들이 이 한미 여성이 이게 세계 각국에서 모이는 여성들인데, 그 타이틀이 좀 안 좋다. 그래가지고 월드킴와로 바꿨어요. 바꾸면서 회장님이 초대 회장을 하신 거야. 회장님이 참석하시니까 나도 열심히. 이제는 하면서 조금 목적의식 같은 것도. 나는 회장할 자격도 없고 돈도 있어야 하고 인맥도 있어야 하고. 선교하는 사람이 인맥이 없잖아요. 이렇게 와서 도와달라고 하면 엠씨 보라 하면 엠씨 보고."

2019년 10월 월드킴와의 15차 대회에서 연구참여자는 우렁찬 목소리로 사회를 보았다. 늘 자신은 아무것도 아니라며, 할 얘기가 없다며 겸손한 연구참여자는 이 대회에도 열심히 기도하고 사회를 보았다고 했다.

"지금 그래도 사역하는 교회에서 하면서. 어떻게 될지는 모르지만은 거기 가서 완전히 머물고 사역을 해야 되는가는 모르겠어요. 그런 사람도 기도를 해봐야지 여기서 바쁘게 사역을 하고 있으니까 거기 가서 한 번씩 하는 것도 그들에게 많은 도움이 되니까. 그리고 마닐라에서 하루를 들어가야 하니까 멀어요. 차 타고 배 타고 차 타고. 여기서 두 시간 가면은 부탄가스. 저기 폴트 드사케어 한국 거기서 기다렸다가 차를 타고 수포카트라하고 쾌속 중이 없으면 페어리를 타면 네 시간을 가서 섬을 도착해요. 네 시간을 가서 수도 깔라판인데, 거기 가면은 밴들이 쫙 있어. 그럼 우리 동네 가는 밴 우리 동네까지는 안 들어가요, 너무 멀어가지고. 시내로 가려면 5시간. 5시간 배 타고 가면 거기 쪼그만 모텔에서 하룻밤 자고 새벽에 먹을 거 물, 커피, 간장, 양념 이런 거. 여기서 김치는 가져가니까 반찬 같은 거는 그거 싸가지고 트라이씨클을 타고 내 숙소로 가는 데 한 40분, 50분 이렇게 걸리죠. 청소할 사람들은 청소하고 하는데. 많이 아쉬운 건 물이라도 좀 많이 썼으면 좋겠는데 물이 맨날 돈 주고 물길어 와야 되니까. 펌프 물 떠와야 하고. 선풍기 들고 와서. 굉장히 더워요. 감사해요 감사해. 그렇게 해서 살고 있습니다. 얼마나 도움이 될지 모르겠네요."

연구참여자는 은퇴하더라도 자신의 힘이 다할 때까지 필리핀에 비행기 타고 배 타고 험한 길을 걸어가서 도움이 필요한 누군가를 돕고 있을 것이다. 연구참여자는 누가 알아주지 않아도 봉사의 삶을 사는 것이 기쁨이고 감사이며, "하나님의 은혜"라고 했다.

6.
연구참여자 6:
오뚝이처럼 다시 일어나는 여장부

1) 생애담 요약

연구참여자는 유교적 가풍을 가진 종가의 4녀 4남 가운데 넷째딸로 태어났다. 전주의 명문 여고를 졸업한 후 서울에 있는 대학교에 진학하려 했으나 낙방했다. 그리하여 미국으로 유학 갈 결심으로 영어 회화를 배우던 중 미군을 만나 유학시켜준다는 말에 결혼을 결심했다. 그리고 한국으로 곧 돌아오리라는 생각으로 결혼하고 이주했다. 그때가 20대 초반이었다. 그녀는 낯선 외국 땅에서 가족의 돌봄 없이 육아와 이주 생활의 모든 것을 혼자 감당하는 것이 힘에 겨웠다. 그런 와중에도 유학에 대한 집념을 떨치지 못해 틈틈이 학교에 다녔고, 그러면서 차츰 생활이 안정되어갔다. 이에 반해 그녀의 남편은 정신질환이 생활 표면에 나타나기 시작했고, 급기야 다른 여성을 사귀게 되었다. 그리고 아이들을 납치하여 새로 사귄 여성의 집에 데려다놓고 이혼을 요구했다. 이러한 일들로 인해 그녀는 삶의 의지를 잃어 자살을 시도했다. 심신이 모두 어려움을 겪던 그 시기에 그녀가 믿는 종교와의 진정한 만남 덕에 삶의 전환점을 가졌다.

연구참여자는 국제결혼여성에게 가해지는 편견과 배제를 경험했으며, 이들을 돕는 일이 자신에게 온 소명이라고 생각했다. 또한, 한인 국제결혼여성뿐 아니라 한인 입양인과도 연계하여 그들의 정체성을 공고히 하도록 돕고자 했다. 연구참여자는 이러한 모든 삶이 신앙의 힘이라 믿었다. 그녀는 미국에서 아무리 오래 살아도 모국에 대한 그리움이 있으며, 살아오면서 정체성은 모국과 거주국 중에서 어느 한쪽만 선택할 필요가 없음을 인지했다. 그리하여 마치 달걀에 노른자가 2개 있듯이 자신과 같은 재외한인은 "한국 사람이면서도 미국 사람이라는 다중 정체성이 있다"라고 말한다. 한국에 바라는 것은 한국 사람이 이주문화나 다문화에 대해 조금 더 열린 마음과 포용하는 마음을 갖는 것이다. 그리고 한국과 국제결혼여성, 그리고 해외 입양인을 지원하여 한민족 정체성을 확립하는 것이 그녀의 목표다.

2) 초국적 생애담

(1) 이주 전의 삶

① 책을 좋아하는 아이

연구참여자는 위로 언니가 3명 있다. 아들이 없었고 위로 딸만 셋이 있던 상태에서 또 딸이 태어나 부모님이 동생은 남동생이 태어나기를 바라는 마음에서 남자 이름으로 지어주셨다. 이후 아래로 4명의 남동생이 태어나자 연구참여자는 부모와 친척들의 사랑을 많이 받았다. 그녀는 체구가 작고 약했으나 총명했고, 책을 좋아하여 늘 책을 읽었으며, 부모님뿐 아니라 선생님들로부터도 사랑을 한 몸에 받으며 자랐다. 선생님들은 체구가 작은 그녀를 인형같다고 하며 귀엽게 여겼다.

"걸어서 십오 리를 다녀가지고 3년 정근상을 탔어요. 한 번 지각했어요. 남자아이들은 자전거를 타고 다니니까 금방 가고 금방 오는데, 나는 새벽 4시에 일어나야 했고 어머니가 밥을 하셔서 도시락 3개와 가방을 챙겨주셨어요. 십오 리는 6키로니까 편도로 한 시간 반을 걸어 다녔지요."

연구참여자는 도심에서 중학교에 다닐 수 있었지만, 아버지가 병환 중이어서 아버지를 따라 시골에 내려와서 살았으며, 중학교는 남녀공학을 다녔다. 편도 6km가 넘는 거리를 매일 걸어 다녔고, 3년 동안 한 번 지각하여 정근상을 탈 만큼 성실한 학생이었다.

② 학업에 대한 열망

연구참여자의 아버지는 지병으로 고생하는 중에도 영특한 막내딸을 아꼈으며, 남자아이로 태어나지 않은 것을 몹시 아쉬워했다. 그녀는 초등학교, 중학교 내내 우등생으로 학교생활을 했고 체육을 제외하고 학업, 음악, 미술을 잘했다. 아버지는 노래 부르는 것을 딴따라라고 여겼으므로 막내딸이 노래 부르는 것을 엄하게 반대했다. 만약에 그러한 것을 하면 "다리를 분지르겠다"라고 했다. 이처럼 엄한 환경이었으나 연구참여자는 아버지를 존경하고 잘 따랐으며, 아버지의 병환을 낫게 하겠다는 결심으로 서울대 의대에 지원했다. 그러나 낙방했기에 이후 영어를 공부하여 해외로 나가려는 꿈을 키웠다.

"그래도 이제 공부를 잘해서 ○○여고를 갔고, 아버지가 편찮으시니까 내가 의사가 돼서 고칠 수 있다는 그런 집념이 있었죠. 공부해서 내가 이과니까 서울대 의대를 가려고. 그런데 떨어졌어. 재수를 하더라도 서울대를 가려고 했는데, 언니가 시집을 가버렸어. 그러니까 이제 우리 어머니는 너무 힘들고 그러니까 나도 자꾸 재수하지 말고 직장을 잡아서 엄마를 도와달라고 그랬는데, 그때는 내가 여상을 나온 것도 아니고 그래서 영어 공부를 해 외국으로 뜰 생각을 했지요."

연구참여자는 공부를 더 하고 싶었다. 재수해서라도 서울대학교 의과대학에 다시 도전하고 싶었으나 언니가 시집을 갔기에 언니가 하던 집안에서의 책무가 연구참여자에게 요구됐다. 그리하여 어머니는 연구참여자에게 학업을 그만두고 직장에 다닐 것을 자주 종용했다. 그러나 연구참여자는 직장을 다녀 가정경제에 보탬을 주라는 어머니의 말씀보다 공부를 더 하고 싶은 욕심에 해외로 떠나서라도 공부할 생각을 했다. 그리하여 서울에 있는 친인척집에 머물면서 어느 회사의 해외개발 분야에서 근무하던 사람으로부터 영어를 배우기 시작했다.

(2) 이주 동기

연구참여자는 사설 영어 교사를 통해 미국 공군이던 한 군인을 알게 되었다. 그녀의 영어 교사는 자신의 친구들인 미군과 친구들에게 연구참여자가 고궁을 안내해주도록 부탁했다. 연구참여자는 영어 회화를 배울 욕심에 열심히 안내해주었다. 이런 과정에서 영어를 배우기도 하며 미국 공군 장교였던 그 청년과 가까워졌고, 그 청년이 청혼했으나 거절했다. 그러나 그 미군은 결혼을 안 해주면 죽어버리겠다는 벼랑 끝 구애를 했고, 미국에 가면 공부할 수 있다고, 공부를 시켜주겠다고 연구참여자를 설득했다. 그리고 영어 선생님은 친정엄마를 설득했다. 연구참여자는 당시 세상 물정에 어두웠고, 다만 이 미군 남성과 결혼하면 공부할 수 있다는 것에 이끌려 적극적으로 이주를 결심했다. 그러나 국제결혼으로 그녀는 아버지에 의해 호적에서 이름이 삭제될 만큼 가정 내 갈등이 깊었다. 나중에 아버지가 돌아가신 후 어머니와 남동생에 의해 호적상 신원이 회복되었으나 당시 국제결혼이 한국 사회에서 어떻게 인식되었는지 알 수 있는 부분이다. 우여곡절 끝에 결혼한 후 곧 임신이 되었고, 그것이 임신 중독으로 이어져 미국으로의 출국은 1년 뒤로 미루어졌다.

"77년도 1월에 결혼하고 10월 25일에 애기 놓고. 미국에 들어왔지. 78년도에. 아, 그때는 잊을 수가 없어. 내가 다시는 여기를 못 오리라고는 생각을 못한 거예요. 한국을 떠날 때 금방 갔다 올게. 그런 생각으로 간 거였죠. 너무 순진했던 거예요. 그냥 그 영어 교사가 미국 가면 아메리칸 드림도 되고 남편이 학교를 보내준다고 해서 그 마음에 갔는데 현실은 그게 아니었지요. 그때부터 오도 가도 못하는, 문화적 상황도 다르고, 땅덩어리를 바꾸면서 내가 다시는, 내가 다시는 내 친정 식구를 못 본다는 생각이 그때부터(울먹임).”

연구참여자는 미국에 가면 공부도 할 수 있고 금방 갔다 온다는 생각으로 비행기에 올랐다. 그때는 몰랐지만, 비행기에 탔을 때 이미 둘째가 임신이 되었다. 미국에 도착해서는 돌보는 이 없이 남편이 군에 가서 일하는 동안 혼자서 아이를 돌보며 외로움을 이겨내야 했다. 그때 연구참여자는 마치 자신을 미국이라는 큰 땅덩어리에 귀양 온 사람처럼 느꼈다.

(3) 이주 초반기

① 남편의 의처증과 탈영

연구참여자가 이주했을 때는 스물한 살이었다. 어린 나이에 남편을 따라 미국으로 건너와 혼자 적응한 것은 마치 온실에서 자라던 식물이 갑자기 따가운 해가 있는 온실 밖으로 나온 듯한 큰 충격이었다.

“충격! 너무나 온상 속에서 자랐다가 그리고 학교만 다니고 학문적으로만 했으니 세상을 몰랐잖아. 그러다 갑자기 온상에서 자랐던 식물을 바깥 뜨거운 햇볕에 놓으면 오그라들잖아요. 그런 충격이 나한테 오는 것 같았어요.”

낯선 환경에서의 삶이 준비되지 않았던 당시에 미국에서의 적응과 육아 등 모든 것을 혼자 감당해야 했던 것이 연구참여자는 너무나 버거웠다. 그녀가 친정에 전화하면 친정에서는 "너의 집안이 뼈대 있는 양반 가문이니 너의 행실을 바르게 해야 한다"라고 했다. 그러한 말이 처음에는 서운하게 들렸고 '양반이 뭐가 중요한가'라는 생각에 반발감도 들었다. 그러나 반복된 그런 가르침들이 '내가 이렇게 살면 안 되겠다. 이렇게 쓰러지면 안 되지'라는 각오로 이끌었다. 그리고 연구참여자의 어머니와 셋째 언니*가 기도로 응원했으므로 미국에서 교회에 나가 신앙생활을 하면서 어려움을 극복해나갔다. 그녀는 아이들이 자신 때문에 불행하게 되도록 내버려둘 수 없었고, 아이들을 위해서라도 팽이처럼 열심히 살아야겠다는 정신력을 발휘했다. 팽이는 계속 채찍을 맞아야 쌩쌩 돌아간다. 그녀는 이러한 의미로 팽이를 예로 들었다. 그리고 중학교에 다닐 때 들었던 선생님들의 교육이 생각났다. 그리고 계속해서 고등학교 때 가르침 받았던 신사임당 같은 리더가 되라는 교육 등을 떠올리며 '아, 내가 이러면 안 된다'라는 생각을 했다. 그러면서 미국에서 학교에 다니기 시작했다. 연구참여자는 배우는 것을 좋아하고 잘 습득했기에 미국 사회에 빠르게 적응하기 시작했다. 그리고 미국 사회에 빨리 적응해가는 아내를 지켜보던 남편은 혹시 아내가 자신을 떠나는 것은 아닐까 불안해했다. 남편의 이러한 정신이상은 의처증으로 나타나 60마일(약 100km 정도) 떨어진 곳, 사람이 아무도 없는 벌판 한가운데에 이동식 가옥을 두어 그녀를 가두어두기도 했다.

"그런데 학교 다니는 거에 우리 남편이 의처증이 생겼어요. 내가 똑똑하고 똘똘하고 하니까, 잘 배우고 대학을 나오면 자기를 꼭 떠날 것

---

* 셋째 언니는 자취할 때 같이 있었던 언니로, 어머니 대신 동생들의 훈육을 담당했다. 이 언니는 연구참여자를 동생이라기보다는 딸처럼 생각하며 보살피고 가르쳤다.

같은 그런 공포가 있었대요. 그래서 이제 어떻게 보면 그 사람이 불쌍해요. 나에 대한 애착이 많았기 때문에 밖으로 도는 것도 원치 않았고, 자기만 소유하려고 했었는데, 내가 자꾸 어메리칸화가 되니까 겁이 났던 거예요. 그러다 보니까 자꾸 이제 그, 의심하게 되고 못 믿고, 더구나 학교에 가니까 더하더라고요. 그리고 내가 한 부대 안에서 다른 한국 여자들하고 얘기하는 것도 싫어하고. 그러니까 나중에는 60마일 떨어진 밀밭에다가 모바일 하우스(mobile house) 있잖아요. 그걸 사가지고 딱 저기다 놓고는 어디 나가지도 못 하게 하고 그랬어요."

남편은 연구참여자에게 집착하기 시작했고, 외출을 하지 못하도록 막았다. 또한 부대 내에서 다른 한국인 여성과 교류하는 것도 못마땅하게 여겼다. 이러한 상황에 직면했을 때 친정에서는 검은 머리 파뿌리 될 때까지 견디면서 살아야 한다고 가르쳤기에 그녀는 견디면서 살고자 애썼다. 그러나 남편의 정신적 이상증세는 점점 심해졌고, 연구참여자를 외딴 곳에 가두어두었을 뿐 아니라 급기야는 직장이던 군대를 탈영했다. 탈영한 남편은 감옥에 가야 했으나 그녀는 상관을 만나 선처를 호소했다. 남편의 탈영은 좌천으로 일단락되었으나 문제는 그다음이었다.

"나중에 그 사람이 직장을 나왔어요. 군대를 나왔지요. 자기 마음대로. 그래서 감옥에 갈 것을 내가 하나님의 은혜로 우리 남편 상관을 만나서 얘기를 잘해가지고 감옥 가는 것을 면하고 좌천을 당했지. 좌천하고 갔는데 문제는 다시 복직을 해서 갔잖아요. 그런데 아직도 정신적인 그런 게 있으니까 이 사람이 이사 온 지 일주일 만에 옆집에 우리가 부대 집으로 들어가기로 했는데, 모든 준비가 안 됐다고 리모델링

이 안 끝났다고 밖에서 잠깐 있으면서 부대 바깥에 그 멀티플렉스 아파트로 들어갔죠."

연구참여자는 남편이 비록 좌천되었지만, 복직되었으니 남편과의 갈등은 어느 정도 마무리되었다고 생각했다. 그리고 부대 안의 집이 수리되지 않았기에 부대 밖의 다른 아파트에 잠시 머무르게 되었다.

② 경찰이 가져온 이혼청구서

부대 안에 들어가기 전 잠시 머무르던 아파트에서 남편은 그 아파트에 사는 다른 여자와 2주 만에 바람이 났고, 연구참여자는 이혼청구서를 받았다. 이혼 청구를 받던 날, 보통 남편은 잠긴 문을 열고 들어오는데 그날은 문을 계속 두드리는 소리에 나가보니 이혼청구서를 전달하려 경찰이 서 있었다.

"이제 이혼 서류는 두 달 만에 들어가고 그 여자한테 완전히 가버렸어요. 그랬을 때 내가 죽고 싶었어요. 자살하려고 했어요. 그때가 34년 전이에요. 그리고 그날 애기도 유치원에서 납치해가지고 그 여자 방에다 놨지. 그래가지고 내가 그렇다고 한국에 돌아갈 수도 없고, 국제결혼 때문에 친정 망신도 시켰는데 내가 살아서 뭐 해."

연구참여자의 남편은 군인이었기에 한 번 훈련을 나가면 며칠씩 집을 비우곤 했다. 문을 두드리는 소리가 들렸을 때, 그녀는 싸우고 난 후 며칠 집에 들어오지 않은 남편이 두드리는 소리인 줄 알았다. 그러나 나가보니 남편이 보낸 이혼청구서였다. 그녀는 마른하늘에 날벼락처럼 느꼈다. 며칠 지나면 잠잠해질 것으로 여기며 기다리고 있었는데, 갑자기 이혼청구서가 온 것이다. 그것도 생면부지의 경찰관이 이혼 서류 한 장만 전달하고 갔다. 친정으로 돌아갈 수도 없었다. 종가의 막내딸이 국제결혼한다고 집안 망신으로 여긴 아버지와 갈등이 있었던 상태에서 미국에 온 터였기 때문이다.

③ 자살 시도

연구참여자의 친정아버지는 국제결혼한 딸의 호적을 지워버렸다. 실질적으로 친정에서 쫓겨난 것이다. 친정에서 쫓겨나면서까지 남편만 바라보고 이주한 미국에서 남편에게 버림을 받았고, 자녀들은 남편이 납치하여 데려간 상태였다. 이러한 상황에서 그녀가 생각했던 것은 생의 끈을 내려놓는 것이었다.

"내가 그 소리를 들었거든. 우리는 양반집이니까 어떤 걸 하기 전에 자결을 하는 걸로. 그렇게 하잖아요. 그래서 내가 깨끗하게 그냥 죽어버리자. 그랬는데 뭐 비수도 없잖아요. 그래서 내가 깨끗하게 하려면 혀 밑에를 동맥을 깨물면 죽잖아. 혀를 깨물려고 시도했어요."

연구참여자는 당시 모든 것이 끝나면 좋겠다고 생각했다. 아이들은 아빠가 있으니 키워주겠지라는 생각이었다. 그리고 절망하여 신에게 '저를, 저의 생명을, 제 삶을 가져가세요. 차라리 죽여주세요'라며 절규했다. 주위에서는 자살을 시도하고 심리적으로 불안정한 그녀가 쉴 수 있도록 모텔을 빌려주었다. 그 모텔에서 그녀는 숨을 쉴 수 없는 답답함에 소파 한쪽에서

울다가 잠들곤 했다. 그런 그녀에게 새벽녘에 특별한 일이 일어났다.

"새벽녘인데 갑작스럽게 온 방이 눈이 부신 거예요. 진짜 막 표현하지도 못하는 막 내가 꿈을 꾸는 줄 알았어요. 그 막 우렁찬 목소리로 근데 빛이 비추니까 얼굴은 안 보였어요. 그 빛이 너무 강렬하니까 이게, 하지 때 밖에 있다가 갑자기 가면은 그렇잖아요. 그렇게 너무나 또렷한 음성과 그곳에서 그랬어요. 내가 꿈을 꾸는가 꼬집어봤더니 아프더라고. 그때 그리고 주님의 음성이 이때가 꿈을 꾸는 줄 알고 전등을 보니까 있어요. 가실 때 보니까 이 불빛이 켜져 있었고 내가 내 팔을 꼬집어봤더니 아프더라니까. 그게 지금도 저는 완전히 제가 주님을 만난 거예요. 주님이 오셔서. 제가 그래서 이렇게 오뚝이처럼 딱 중심이 있는 거예요. 저는 그걸 완전히 경험했기 때문에. 그래 주님이 나한테 그 추수밭이 희어졌다는 그것을 찾기 위해서 제가 오랫동안 공부를 더 하고."

연구참여자가 겪은 극한의 고통 가운데 찾아온 '주님'은 그녀의 표현에 의하면 그녀가 가지고 있었던 연약함을 가져갔고 새로운 꿈과 희망을 주었다. 그리고 주님은 연구참여자에게 성경에 있는 예레미야서 29장 11절*의 내용을 주었다. 그녀는 두려운 마음에 하나를 더 (말씀해)달라고 요청했고, 다시 주어진 것이 예레미야서 33장 3절**이었다. 이 경험을 했기 때문에

---

* 성경 구약전서 예레미야 29장 11절: 여호와의 말씀이니라. 너희를 향한 나의 생각을 내가 아나니 평안이요 재앙이 아니니라. 너희에게 미래와 희망을 주는 것이니라.
** 성경 구약전서 예레미야 33장 3절: 너는 내게 부르짖으라. 내가 네게 응답하겠고 네가 알지 못하는 크고 은밀한 일을 네게 보이리라.

그녀는 인생의 험난한 고통 가운데에서 다시 일어날 수 있었다고 말한다. 또한 그때의 특별한 방문을 통해 들었던 추수밭이 희어졌다는 것의 의미를 이해하기 위해 오래도록 찾고 공부했다.

"추수할 곳이 희어졌는데 마땅한 일꾼이 없어 저를 부르신다는 거였어요. 그래서 지금 같았으면 '그것 좀 알려주세요' 그랬을 텐데. 너무 당황했잖아요. 근데 저를 향한 계획과 그 플랜이 세상이 나를 버리고 나의 남편도 버리고 세상이 없어질지라도 하나님은 약속을 버리지 않는 그 약속을 하시고 갔어요."

연구참여자는 자신이 일할 곳이 국제결혼여성을 돕는 것이라고 여긴다. 그것을 찾기 위해 오래 공부한 가운데 알게 되었다. 한인 국제결혼여성이 여러 가지 어려움을 겪고 있으므로 그들을 돕고 그들의 정체성을 깨닫게 하여 스스로를 존중하고 사랑하는 존재로 나아가도록 돕는 것이 자신이 할 일이라고 믿고 있다.

④ 나는 누구인가

연구참여자는 국제결혼을 통해 이주했고, 미국에서 자녀 출산과 남편의 외도, 이혼, 그리고 '신'의 방문이 있었던 때도 자신의 정체성에 관한 생각을 계속했다.

"내가 누구인가, 내가 누구였기에 하나님이 나를 부르셨나. 예를 들자면 그전에는 내가 미국에 사니까 한국 사람인데도 미국에서 편견을 받고 사니까, 도대체 내가 누군가를 모르겠는 거예요. 어렸을 때 내가 고추만 달고 나왔으면 얼마나 좋으냐 소리를 들었으니까. 왜 내가 딸인데 남자가 돼야 하나. 그래서 아빠를 기쁘게 하기 위해서 공부도 했고, 열심히 했지. 그리고 내가 미국에 와서 애기를 낳고 미국 땅에서 와서 보니까 내가 누군가를 모르겠는 거예요. 그전까지는 엄마 아빠 딸로 살았어요. 미국에 와가지고 어떤 사람의 아내로 살았고, 애기를 낳아서 엄마로 산 거 같은데 내가 누군가를 모르겠는…"

연구참여자는 이주하기 전에는 자신이 한국인이라는 정체성을 가지고 있었으나, 이주한 후에 미국에서 편견과 차별의 현실에 있다 보니 자기 자신을 잃어버렸다. 그리하여 자신이 누구인지도 모르겠고, 앞으로 어떻게 살아가야 할지도 몰랐다. 그러한 자신에게 어째서 신이 오셔서 성직자의 길을 가도록 했는지, 그리고 무엇을 어떻게 해야 하는지를 이해하고자 했다. 그리고 미국에서 살지만, 한국인인 자신의 정체성은 무엇인지를 생각하게 되었다.

"주님께 '나를 찾아주시면 내가 평생 갚겠습니다'라고 했어요. 그래서 내가 지금 목회자가 된 것도 나를 찾는 과정이었고, 찾았기 때문에 제가 이렇게 당당한 거예요. 그때는 내가 반쪽짜리 아이덴티티(identity). 내가 한국 사람도 아니야, 그렇다고 해서 미국 사람도 아니야. 완전히 반쪽짜리 50퍼센트 반쪽짜리 삶을 살았으니까. 항상 내가 누군지를 모르는 거예요. 그래서 내가 누군가를 알고 싶었어요. 그래서 지금은 내가 찾았으니까 지금은 300퍼센트 정체성을 가지고 당당하게 살아요. 한국 사람 100%, 미국 사람 100%, 내가 주님의 시민 100%.

300% 정도는 확실하니까. 이제는 제가 저를 찾았으니까. 그리고 주님이 저를 어떻게 인도하시는가를 확실히 아니까. 내가 모진 수난을 당해도 당당한 거예요. 그리고 내가 다른 사람처럼 네고시에이션(negotiation)을 안 해도 어려운 길을 주님이 주신 것을 알지만 나 혼자가 아니고 주님이 함께하시니까 그 어려움을 당당하게 인내하면서 헤쳐나가는 거예요."

연구참여자는 신앙으로 새로운 자아를 정립함으로써 이주자로서 미국에서 살아갈 때 어려움을 헤쳐나갈 힘을 얻게 되었다. 이전까지는 자신이 미국에서 한국인도 아니고 미국인도 아닌 정체성을 가졌다면 신앙을 가진 후에는 모든 것이 달라졌다. 즉 자신이 누구인지, 그리고 자신이 무엇을 해야 하는지를 깨닫게 되었기에 살아가면서 수난이 있다 해도 신이 함께하신다는 신앙으로 인내하며 헤쳐나갈 힘을 갖게 되었다. 그리하여 새로운 정체성, 즉 자신은 한국인이기도 하며 미국인이기도 하고 하나님의 시민이기도 하다는 정체성을 정립하게 되었다.

⑤ 이혼과 재혼

연구참여자가 이혼 청구를 받았을 때 남편의 상관을 찾아가 억울함을 호소했다. 상관은 "도와주고 싶지만 이제 남편과 이혼하면 당신은 민간인이기에 도울 수 없다. 민간 변호사를 구하라"라는 조언을 듣고 미국인 친구에게 돈을 빌려서 변호사를 구하여 이혼 후 자녀 양육권을 가져왔다. 연구참여자는 수학을 잘했기에 국세청에서 근무했으므로 자녀를 양육할 능력이 인정된 것이다. 그리고 남편과 옆집에 살았으므로 연구참여자가 출근하면 전남편과 그의 새로운 아내가 아이들을 돌보았다. 그리고 퇴근 후에는 다시 아이들을 데려와 돌보는 형식으로 살았다. 그러던 중에 성경 공부 모임에 나갔는데, 그곳에서 현재 남편의 동서를 만났다. 동서는 자신의 시동생에게 연구참여자를 소개했다. 당시 그 남성에게는 아들이 한 명(9세) 있었고, 연구참여자에게는 7세, 6세 두 명의 자녀가 있는 상태에서 재혼했다.

"우리 큰아들이 사실은 우리 남편이 전에 결혼해서 낳았던 애고. 우리 지금 둘째아들하고 딸은 내가 첫 번째 남편한테 낳은 거고. 그런데 같이 이제 결혼을 했을 때 사람들이 애를 하나 낳으라고 했거든요. 그랬는데 내가 그때 볼 때 우리 아이들이 멍이 졌잖아요. 그래서 내가 이 남편하고 금슬이 좋아서 애를 낳으면 내가 편애할까 봐 이 아이들이 상처를 받을까 봐 안 낳았어요."

자녀들이 연구참여자는 이혼하여 자신이 직장에 다녀오는 시간 동안 계모와 함께 있어야 하는 과정부터 새로운 가정을 만들고 난 후에도 부모들의 이혼으로 마음에 상처가 되었을 아이들의 마음을 보듬는 데 온 힘을 기울였다.

"우리 큰애한테 내가 그랬지. 내가 너를 내 배 속으로 아파서 낳진 않았지만 너는 내 자식이다. 우리 애들한테는 너는 큰형이고 오빠야. 내가 부족해도 너를 내 친자식같이 전혀 구별하지 않고 할 테니까 네가 잘못하면 내가 꾸짖을 거고, 네가 잘하면 내가 더 사랑하고 꾸짖는 것도 사랑하기 때문에 하는 거니까 엄마 마음을 알아줘라. 우리 큰아들 얼마나 잘하는 줄 알아요?"

연구참여자는 이혼 과정에서 상처받고 두려움에 처해 있었을 아이들을 위해 재혼 후에는 자녀를 낳지 않았다. 그리고 재혼하면서 '이 결혼은 결코, 깨지지 않게 하겠다'라는 굳은 결심을 했다. 그녀는 두 가정의 아이들이 하나의 가족이라는 울타리에 있도록 큰 노력을 기울였다. 한편, 연구참여자는 현재의 남편과 재혼하기 전부터 공부했으며 재혼 후에도 공부를 계속했다.

"나는 공부를 하고 싶다. 공부 때문에 왔고, 공부 때문에 이혼을 당하고, 공부 때문에 가정 파탄이 난 것 같다. 그렇지만 나는 의대를 가고 싶다. 그랬더니 자기가 대겠대. 아니다. 내가 당신한테 신세를 지면 내가 큰소리를 못 치니까 기다려주든지 그렇게 하라. 그리고 나는 당신한테 무거운 짐을 지우고 싶지 않다. 그리고 그때는 내가 이미 장학금 신청을 했기 때문에 장학금이 다 나왔어요."

연구참여자는 남편의 도움을 받지 않고 스스로 공부하기 위해 장학금을 신청하여 받을 수 있었다. 남편의 도움을 받게 되면 그것으로 인해 자신이 남편에게 당당하지 못할 것이고, 나아가서는 자녀들 또한 영향을 받을 수 있기 때문이었다. 한편 대학에서는 그녀가 토플 점수를 달성했지만, 수업을 듣기 위해 먼저 3과목을 들어볼 것을 권유했다. 그리하여 3과목을 먼저 들었고, 그 이후에 대학 과정을 시작하게 되었다. 한편 현재의 남편과 재혼하고자 할 때 8개월 된 아기를 두고 집을 나갔던 남편의 전 아내가 돌아와 재혼을 방해했다. 그러나 이러한 어려움을 모두 극복하여 전남편과 이혼 1년 후에 현재의 남편과 재혼했다.

⑥ 시어머니로부터 받은 새 이름

연구참여자의 재혼 결정이 이루어지는 과정에는 시어머니가 있었다. 시어머니는 당시 간암이 재발한 상태였기에 연구참여자를 만나 자신의 막내아들과의 결혼을 어떻게 생각하는지 물어왔다. 이와 같은 시어머니의 간곡한 부탁과 남편의 적극적 구애, 그리고 동서의 친절에 힘입어 재혼을 결심했다. 결혼 후 시어머니는 연구참여자에게 이름이 무엇이냐고 물었다. 한국에서 불리던 이름이 'ㅇㅇ'라고 말해주었을 때 시어머니는 그 이름에 한 글자만 추가해서 'ㅇㅇㅇ'로 불러도 되는지를 조심스럽게 물었다. 그리고 이어서 시어머니는 그 이름의 뜻은 '기쁨'이라고 말했다. 연구참여자는 반대할 이유도 없었고, 이름에 들어있는 의미도 좋았다. 그리하여 법원에 가서 자신의 이름을 고쳤다.

"내가 결혼을 했을 때 어머니가 저를 뭐라고 부르네요. 우리 (친정) 어머니가 ㅇㅇ야 그런다고. 시어머니가 굉장히 조심스럽게 나한테 혹시 거기다 ㅇ자 하나를 붙여서 ㅇㅇㅇ라고 부르면 어떻겠냐고 그래요. 그래서 노 프라블럼(No problem). 그렇지만 제가, 왜요? 그랬더니 우리 시어머니가 결혼했을 때 딸 하나를 낳게 해달라고 기도를 했는데 그 기도를 안 들어주고 아들만 셋을 줬대요. 그러면서 딸을 하나 낳으면 ㅇㅇㅇ라고 지으려고 했대요. 그 ㅇㅇㅇ가 뜻이 기쁨이래요. 우리 시어머니가 하나님의 은혜가 너무 기뻐서 딸을 낳으면 그 기쁨을 하나님께 보답하려 그랬대. 그래서 제가 우리 시어머니 말을 듣고 당장 법원에 가서 고쳤대니까. ㅇㅇㅇ로. 시어머니가 저한테 얼마나 잘하는지 나를 중신한 우리 동서가 질투가 날 정도로 이쁨을 받았지요. 시어머니 시아버지 다 돌아가셨는데, 그 동서는 지금도 저를 이뻐해요."

연구참여자는 시어머니와 동서의 사랑으로 어려운 재혼의 길을 잘 지나올 수 있었다. 그녀는 결혼생활에서 어려움이 있을 때마다 시어머니가 자신의 말을 진지하게 들어주고 좋은 말로 위로하여 사랑을 느끼도록 해주었다고 했다.

"우리 남편은 늦둥이잖아요. 그러니까 가끔 가다가 철딱서니 없이 우리가 싸움을 하잖아요? 그러면 이제 우리 시어머니가 오라고 그래요. 아니면 당신이 오시던지 하고 나만 놓고 신랑이 대체 뭔 저길 했는지 물어봐요. 그럼 또 내가 다 얘기하면은 우리 시어머니가 가만히 듣고 있다가 내 손을 딱 잡고는 내가 너 신랑을 키울 때에는 마리아가 예수님을 키운 것처럼 그렇게 할라 그랬는데 내가 부족해서 우리 ○○가 너 마음을 상처를 줬으니까 나를 용서를 해주라. 내가 엄마 노릇을 잘못 해서 네 남편이 너를 헐트(hurt)했으니까 남편을 뭐라고 하지 말고 나를, 나를, 나를 보고 용서를 해다오 그래. 우리 시어머니가 그렇게 현명했어요."

연구참여자는 시어머니와 동서의 신앙과 모범을 통해 하나님의 딸이라는 정체성을 갖게 되었다. 또한, 동서는 그녀가 공부할 때 그녀의 자녀들을 데려다가 먹이고 숙제를 봐주고 재우는 등의 도움을 주었고, 연구참여자를 늘 가족의 일원으로 대하며 사랑을 주었다.

"그래서 저는 주님의 은혜로 정말 철딱서니 없고 부족한 저를 우리 주님이 저를 좋은 시집 식구들을 통해서 저를 배우게 하시고 또 따라 하게 하시고 그래서 정말 무늬만 있는 그 기독교인이 아니고, 일요일만 그냥 교회 가서 거룩 거룩 하는 게 아니고, 언행과 하루의 그 저기를 통해서 내가 주님의 제자라는 것을 우리 시집 식구한테 저는 배웠어요."

연구참여자는 시집 가족을 통해 신앙을 키우고 신앙에 있어서 언행의 일치를 추구하는 길로 나아갔다.

(4) 이주 중반기

연구참여자는 이주 중반기, 미주 한인 사회에서 국제결혼 한인여성에 대한 편견과 차별 경험을 잊지 못한다.

① 한인회 활동

연구참여자는 ○○○ 주립대학에서 예비과정을 공부하며 화학상을 받았다. 이것은 미국에서 태어나지 않은 사람으로서는 연구참여자가 처음 받는 것뿐 아니라 화학상을 준 이래로 역대 가장 높은 점수로 수상하는 것이었다. 그녀는 의대에 가고 싶었지만, 화학과 학장이 남편을 설득하여 의대가 아닌 약대로 지원하도록 권유했다. 약학대학은 의과대학보다 학업 기간이 짧을 것 같았으므로 남편이 적극적으로 아내를 설득하여 연구참여자는 의대가 아닌 약대에 지원했다.

"내가 수학, 화학, 물리를 잘하더라고요. 영어는 조금 딸리는데, 그거를 잘해. 그랬는데, 미국에 태어나지 않은 사람으로 제가 처음이었고 그 화학상을 준 이래로 제가 점수가 가장 높았던 것. 그래가지고 이제 상을 탔는데, 그 케미스트리(chemistry) 학장이 우리 남편을 구워삶은 거야. 의대를 가지 말고, 케미스트리 메이저로 돌리라고."

약학대에 지원한 후 한인회의 요청으로 연구참여자는 한인 커뮤니티에서 학생들을 위해 영어로 예배를 시작했다. 그리고 법정에서의 통역과 함께 이외의 모든 통역이 필요할 때 연구참여자가 도맡았다. 그 이유로 한인회에서는 연구참여자를 한인회 부회장으로 임명했다. 얼마 후 송년회를 할 때 남자 부회장이 마이크를 잡고 말하기를 "○○○에 한국 남자가 없어서 국제결혼을 한 여성을 부회장으로 만들어놨느냐?"라고 따졌다. 이 소리를 들은 연구참여자는 피가 거꾸로 솟았다고 했다. 남자 부회장이 국제결혼여성에 대해 노골적으로 무시하는 발언을 했기 때문이다.

"내가 이랬어요. '듣자 듣자 하니 진짜 너무합니다. 내가 국제결혼을 했는데, 내가 국제결혼을 해서 당신이 손해 본 게 뭐 있소? 그리고 나처럼 주류 사람들한테 말을 정확하게 하고 나처럼 할 자신이 있으면 그 사람 다 나와보세요.' 아무도 안 나왔더라고. 그래서 내가 그랬어요. 이날 이후로 국제결혼여성을 깔보면 내가 참지 않겠습니다."

이 일은 당시 미국 한인사회에서 국제결혼여성에 대한 편견과 차별이 있었음을 나타낸다. 그리고 이때 연구참여자가 그러한 편견과 차별의 부당함에 관한 목소리를 표출한 것이다. 이러한 일이 있고 난 후, 그 남자 부회장은 한인회 회장에게 연구참여자를 계속 부회장으로 둔다면 임원들을 데리고 한인회를 나가겠다고 엄포를 놓았다. 이에 한인회 회장은 고민에 싸였고, 그녀는 회장을 안심시켜야 했다.

"걱정하지 마십시오. 제가 명함만 받는 회장 안 만들어줄 테니까 타이틀만 가지고 계시라고. 내가 2년 임기 채워주겠습니다. 그랬더니 우리 장로님, 권사님이 너무 고맙다고 그러시더라고요. 나는 장로님 우는 것 처음 봤어. 그래서 내가 울지 마십시오. 돈 있는 사람들 다 빠져나가도 괜찮습니다. 그냥 하십시오. 내가 장로님 충분히 임기 동안에 훌륭한 일 하고 끝날 수 있도록 제가 해드리겠습니다. 제가 그 약속하고 지켰어요."

연구참여자는 한인회 부회장으로서 한인회 회장이 명예롭게 퇴임하도록 도왔다. 그리고 이어서 한인회 회장으로 선출되었다. 한인회 회장이 된 그녀는 자신이 사는 지역의 주와 한국의 지자체가 협력하도록 하여 그 지역에 한국전쟁 참전용사 기념광장을 만들었다. 이 일은 한국전쟁에서 목숨을 잃었거나 부상한 군인들을 기억하고 감사를 전하는 것이 목적이었다. 미국인에게 한국인은 감사할 줄 아는 사람들이라는 인식을 주었으며, 동시에 사람들이 그녀를 여장부로 인정하는 계기가 되었다. 이 일은 또한 국제결혼여성을 무시하던 사람들에게 자신과 같은 국제결혼여성이 어떤 사람들인지 알리는 역할을 했다. 그리고 계속해서 이 일은 2020년 연구참여자가 대통령 표창을 받는 결과로 이어졌다. 대통령 표창장과 메달 등은 코로나19로 인해 지역 영사를 통해 전달받았다.

연구참여자는 국제결혼을 했기에 호적에서 파냄을 당했지만, 친정이 어려울 때 도움을 주었다. 그녀의 어머니는 연구참여자의 남동생들에게 그들이 사용한 푼돈이 누나에게는 큰 목돈이었음을 상기시켜주었다. 어머니는 이주한 딸이 친정에 보내는 경제적 도움을 당연시하지 않았다. 그러면서 남매지간에 서로 도울 것을 가르쳤다. 어머니는 동생들이 사업차 컴퓨터에 관한 통역이 필요할 때 한국인 통역사 대신 누나를 채용하도록 말했다.

"우리 어머니가 '막내누나가 정말 수고했다. 너 누나한테 잘해야 한다. 근데 누나가 미국에서 오래 있어서 한국 실정을 잘 모르니까 한국에서 통역을 사지 말고, 누나를 좀 가르쳐서 누나를 통역을 시켜라.' 그런데 내가 컴맹이잖아. 그래서 우리 동생들이 와가지고 '누나, 컴퓨터를 해. 지금 컴퓨터 하지 않으면 안 돼.' 그러면서 제가 컴퓨터를 배우게 했어요."

동생들은 연구참여자에게 앞으로 컴퓨터가 크게 유용해질 것이므로 배워두라고 말해주었고, 그에 따라 그녀는 컴퓨터학원에 등록하여 2년을 배웠다. 그리고 동생들과 독일 의료기구 박람회, 실리콘밸리 등을 다니면서 통역했고 그것은 연구참여자의 경제력 증진과 사고 확장에 큰 도움이 되었다. 그녀는 어머니의 현명함이 지금의 자신을 만들었다고 말한다. 그리고 그녀는 그러한 사회활동을 하면서 자신만의 공간이 생겼다. 사회생활을 하기 전에는 아이들만 돌보고 살았기에 사회적 시야가 좁았으나 사회활동을 하면서 국가적·사회적 현상을 바라보는 시야가 넓어지고 다차원으로 생각할 수 있게 되었다는 것이다.

② 승화된 사랑의 실천

연구참여자의 재혼은 여러 가지 면에서 어려운 문제점들을 가지고 있었다. 우선 전남편은 재혼했음에도 연구참여자에 대한 집착을 버리지 못했고, 재혼한 여성과도 순탄하지 않았다. 그러므로 자녀들을 이용하여 연구참여자의 가정을 흔들려는 시도들이 있었다. 그래서 양쪽 가정의 이혼으로 상처받은 아이들을 보듬어 안고 사랑을 전하는 일이 연구참여자에게 맡겨진 가장 중요한 임무였다. 그녀는 전남편이 자녀들을 이용하여 현재의 남편과의 관계를 흔들었으므로 현재의 남편이 아이들을 입양할 것이며 앞으로 양육비를 받지 않을 것이라고 했다. 현재의 남편이 전남편의 자녀들을 입양하게 되면 전남편은 더는 양육비를 지불하지 않아도 되었다. 그녀는 전남편으로부터 자녀의 양육비를 받지 않으면 간섭을 받지 않아도 될 것이기에 이와 같은 결정을 한 것이다.

"우리 애들이 지금 남편하고 이 사람이 자꾸 말썽을 부리길래 양육비를 안 받겠다. 대신에 우리가 양자를 하겠다. 우리가 우리 남편이 어댑션(adoption)하면 양육비를 안 내도 돼. 완전히 우리 남편의 애가 되니까. 그랬더니 먼저 남편이 빌더라고요. 제발 자기가 못났어도 어댑션 하지 말라고. 그래서 제가 그랬어요. '그러면 그 쥐꼬리만 한 거로 더 이상 말썽부리지 말라.' 그랬더니 애를 좀 봤으면 좋겠다고 그래서 가만히 생각을 하니까, 그래도 애들한테는 아버지잖아요. 그래서 '그러면 2주에 한 번씩 보내겠다. 그 대신에 우리 애들이 가면 그 여자한테 편애하게 하지 마라. 당신이 낳지 않았다고 니네 애들만 뭘 주고 편애하는 건 하지 마라. 이미 애는 그런 마음의 멍이 있으니까. 그래서 혹시라도 필요하면 내가 음식을 싸서 보내겠다.' 애들 넷. 둘이 아니고 넷을 보냈어요."

연구참여자의 아이들은 현재의 남편인 새아버지와 한 가족으로 어우러질 때 어려움이 있었다. 그리고 그 이유에는 전남편인 친아버지가 존재했다. 연구참여자와 현재의 남편은 이러한 문제에 직면했을 때 부부 사이에 서로를 존중하고 믿는 길로 나아갔다. 그리하여 아이들을 입양하여 현실적 아버지일 뿐 아니라 법적인 아버지로 나아가 자녀 양육의 여건을 공고히 했다. 그리고 전남편이 아이들에게 영향력을 행사할 길을 차단하고자 했다. 전남편과 재혼한 여성은 연구참여자에게 "자신의 남편이 아직도 당신을 사랑한다"라고 말했다. 이에 대해 그녀는 "걱정하지 말아라. 당신이 당신 남편의 마음을 얻기 위해 애쓰라"라는 조언을 해주었다. 그리고 자신의 자녀들을 친아버지에게 2주에 한 번씩 보냈다. 보낼 때 그녀는 항상 아이들이 먹을 음식을 싸서 보냈다. 전남편과 아이들의 새엄마가 재혼할 때 그 여성은 이전의 결혼에서 낳은 아이 둘을 데리고 재혼했다. 그러므로 연구참여자의 아이들이 친아버지의 집에 가면 새엄마의 아이들이 2명이 있었으므로 4명의 아이가 되는 것이다. 그랬기 때문에 그녀는 아이들을 친아버지의 집에 보낼 때 항상 4명의 아이가 먹을 양의 음식을 싸서 보냈다. 그리고 영화 티켓을 보낼 때도 항상 4장을 보냈고, 전남편 부부의 생일에도 각각 항상 카드와 선물을 들려서 보냈다.

"애들을 미워하지 말고, 나한테도 어글리하게 하지 마라. 나는 내가 분명히 얘기를 하건대 당신 남편에게 난 더 이상 미련도 없다. 당신들이 금슬이 좋으면 나를 잊어버릴 거 아니냐. 나는 당신들 그 결혼에 아무엇도 안 할 거니까 신경 쓰지 말고 당신네만 금슬이 좋아라. 그것을 우리 남편하고 들었지. 우리 남편은 알아요. 그렇게 해서 우리 애들한테 지아빠 생일 때 꼭, 어리니까 뭘 알아. 카드 사줘가지고 아빠한테 보내라. 스텝마더 생일 있으면 카드 보내고 선물 줘라. 그렇게 했어요. 그게 저희 어머니가 저한테 가르친 거예요. 영화 같은 거 가는 것도 우리 애들 것만 말고 애들 거 다 해서 보내고. 그리고 나는 우리 애들한테는 그랬어요. 니네 아빠하고 나하고는 우리들만의 문제지 니네들이 문제가 아니다."

그리고 연구참여자는 전남편의 새 아내에게 "우리는 친구보다 더한 사이(more than friend)다. 그러니 우리 애들에게 먹을 것을 안 주고, 차별하는 행위로 이미 상처를 많이 받은 아이들에게 더는 상처를 주지 말아달라"라고 말했다. 결국 그 부부는 이혼했지만, 전남편과 재혼했던 그 여성은 연구참여자를 친구로 여긴다. 그리고 연구참여자는 아이들에게 "너희들의 아빠와 나의 이혼은 어른들의 문제이지 너희들의 문제가 아니다"라고 다독였다. 한편, 아이들이 자라서 딸이 결혼할 때 집 꾸미는 것을 도와달라고 연구참여자를 불렀다. 가보니 전남편이 기다리고 있었다. 그리고 전남편은 연구참여자를 보고 무릎을 꿇으며 딸의 결혼식에 참석할 수 있게 해달라고 빌었다. 연구참여자는 딸의 결혼식에 참석은 할 수 있으나 딸의 손을 잡고 행진할 생각은 꿈도 꾸지 말라고 했다. 그리고 딸에게 말하기를 "현재의 아버지(새아버지)가 네 아버지다"라고 말해주었다.

"내가 그렇게 들어가니까 내 앞에서 무릎을 딱 꿇더라고요. 자기가 너무 잘못했으니까 딸 결혼식에 참여할 수 있냐고. 그래서 제가 얘기를 했어요. 애를 생각해서 내가 당신하고 당신 아내하고 애들은 오라고 한다. 그러나 우리 딸을 데리고 딸의 신랑한테 갈 생각은 꿈도 꾸지 마라. 그리고 내가 우리 딸한테, 너의 아빠를 결혼식에 오라고는 했다. 너 때문에. 그러나 너 아빠는 ○○아빠다. ○○아빠가 너를 키워주고 양육해주고 그렇게 해줬으니까. 우리 딸도 알아."

연구참여자는 이혼한 두 가정이 결합하면서 자녀들이 받은 상처를 봉합하기 위해 무수히 노력했으며, 재혼한 남편과 함께 끊임없이 문제를 발생시키는 전남편의 영향에서 자신의 가정을 튼튼하게 보호하는 데 집중했다. 그녀는 "주님이 제 눈물을 모아났다면…"이라고 말했다. 연구참여자의 삶이 그 눈물에 고스란히 담겨 있을 것이다. 새아빠에게 적응해야 하는 자신의 아이들, 그리고 새엄마인 자신에게 적응해야 하는 현재 남편의 아들까지, 이혼으로 인해 상처받은 아이들의 마음과 어른들의 갈등이 연구참여자의 가정에서 얽히고설키며 세월이 흘러갔다. 그리고 점차 연구참여자의 눈물을 매개 삼아 진정한 가족이 되어갔다.

③ 하나님의 손길: 자아를 찾도록 도우심

연구참여자는 자신의 삶이 하루아침에 된 것이 아니며 수십만 개가 되는 퍼즐 조각을 맞추어나가도록 신께서 도왔다고 믿는다. 그녀는 삶의 끈을 내려놓으려는 극한 상황에서 특별한 영적인 체험을 했고, 그때 받은 소명에 따라 자신이 일할 밭을 찾고자 했다. 그리고 약학대학을 졸업하면서 소명을 실행하는 방법, 즉 선교하는 방법에서는 자신의 의지대로 하고자 했다. 예를 들어 그녀는 약학대를 가서도 선교를 할 수 있다고 생각했고 그

길로 나아갔다.

"약대를 가고 나서 약사로 만족하고 싶었는데, 하나님은 저를 부르셨으니까. 하나님은 제가 신학교에 다니기를 원하셨는데, 제가 약사를 하면서 선교를 할 수가 있지 않느냐고 그렇게 해왔는데, 하나님은 그거를 원치 않으셨어요."

신은 연구참여자가 신학대학에 가기를 바랐으나 연구참여자는 그 길을 피해 가려 했다. 그 결과 그녀는 유방암과 자궁암에 걸렸고, 하혈을 많이 하여 생명이 위태롭게 되었다. 그러한 과정에서 연구참여자는 더는 용서하지 않으시겠다는 신의 메시지를 분명하게 받았다. 그리하여 그녀는 자신이 믿는 신의 뜻에 따르겠다는 결심을 굳혔다. 그러한 결심을 하자 그제야 마음의 평안을 찾을 수 있었다.

"그때 확실히 주님은 이제 더는 용서를 안 한다고 했거든요. 그래서 제가 항복했죠. 예, 제가 신학대 가겠습니다. 그랬더니 제 마음에 정말 평안이. 신학대학 등록해가지고 처음 오리엔테이션을 하는데 그렇게 제 마음이 평안하고. 그래서 저는 정말 보통 사람이 체험하지 못하는 걸 했어요. 저는 날마다 주님이 저를 인도하고 계시는 경험하잖아요. 언제 못 하냐, 제가 교만했을 때."

연구참여자는 자신의 뜻대로 살아가는 삶이 아니라 신이 이끌어주는 길로 가는 겸손을 배우게 되었다. 그리고 자신이 신앙의 길로 나아가지 못하는 때는 교만에 빠져 있을 때라는 것도 배웠다. 이러한 신앙적 토대는 자신이 하나님의 귀한 딸이라는 것을 아는 정체성의 확립으로 이끌었다. 확고한 정체성 확립은 이주자로 살아가는 동안 그녀의 삶을 건강하게 만드는 역할을 했다.

"미국에서 아무리 오래 살아도 내 속에는 어렸을 때 자란 내 식구들이 주었던 그 모국에 대한 그게 있고요. 그래서 이제 이주 문화에 빛이 나는 거 같아요. 내가 한국 사람으로만 살 것이 아니고, 또 그렇다고 해서 또 미국 사람으로만 살 것이 아니라 내가 둘 다 다 교량 역할을 할 수 있다는 자신감. 그래서 계란 안에 노른자가 두 개 있듯이, 내가 한쪽으로 이렇게 하지 않아도 당당하게 나 한국 사람이고 또 미국 사람이야."

자기 자신이 누구인지 안다는 것은 부족 개념의 현실을 긍정 개념으로 바꾸어 바라볼 힘을 갖게 한다. 연구참여자는 자신이 하나님의 귀한 딸이라는 정체성을 분명히 인지함으로써 이주자라는 자신의 정체성을 달걀 안에 노른자가 두 개 있는 긍정으로 바꾸었다. 또한, 자신이 양반 가문의 여식이라는 사실을 깨달으면서 절망적 현실을 깨칠 힘을 발휘했다.

(5) 이주 후반기

연구참여자는 이주 후반기, 미국연합감리교단의 안수목회자로서 존 웨슬리(John Wesley)의 '사회정의' 구현의 한 방편으로 국제결혼여성을 위한 '실천 신앙'을 위해 노력하고 있다.

① 추수할 곳: 한인 국제결혼여성

연구참여자는 자신이 일할 추수할 곳이 어디인지를 알기 위해 오랜 시간 동안 찾았다. 그녀가 미국 한인 커뮤니티에서 만난 한인 국제결혼여성은 매우 열악한 환경에 있었다. 이들은 성인이 된 후 이주했기에 언어 사용에서 주류 미국인에 현저히 못 미쳤으며, 그러한 언어와 문화의 다름은 가정 내 갈등의 원인이 되어 이혼으로 이어지기도 했다. 또한 믿고 의지했던 한국인 목사들에게도 이용당하는 등 삶에서 다양한 한(恨)을 겪는 국제결혼여성에게 무엇이라도 해야겠다고 생각했다. 그리하여 이들의 한 많은 삶이 신나는 삶이 되도록 하는 데 신의 도구가 되겠다는 결심을 했다. 그리하여 자신이 일해야 하는 곳이 바로 국제결혼여성이 있는 곳임을 깨달으면서 자신의 소명을 찾았다고 여긴다.

"국제결혼여성들 배움의 기회가 제대로 없어서 더 나아가지 못하는 분들한테 제가 뭔가를 해드리고 싶은 거. 그게 결국은 그 추수할 곳이 희어졌다는 곳이 이곳이었더라고요. 여성들의 그 한 많은 삶을 신나는 삶으로 푸는 도구로 하나님이 부르셨더라고요."

연구참여자는 자신의 사명이 사람들이 자신을 이해하지 못하더라도 그들을 포용하며 돕는 것이라고 생각하고 있다. 자신의 마음이 그렇게 강해지도록 이광규 전 재외동포 이사장과 송전기 여사 등이 자신에게 용기를 준 것도 하나님의 뜻이고 은혜라고 생각한다. 세계 여러 곳으로 이주한 한국 여성들은 국제결혼 후 거주국에서 친목을 도모하며 국제결혼여성만의 모임을 만들었다. 그리고 2005년 5개국 36명의 여성이 모여 국제결혼여성의 모임을 세계적 규모로 만들 것을 협의하여 월드킴와를 창단했다. 월드킴와는 한인 국제결혼여성만의 모임이며, 세계 16개국에 36개 지회를 가지고 있다. 월드킴와는 창단 15년을 지나오면서 매년 한국에서 국제결혼여성만의 모임을 개최하고 있으며, 연구참여자는 이 단체에서 적극적으로 활동하고 있다.

② 월드킴와: 인디언 추장은 많은데 인디언은 없음

연구참여자는 월드킴와의 임원으로서 2019년 서울에서 개최된 월드킴와 대회 및 리더십 콘퍼런스를 준비했다. 세계 여러 나라에서 활발하게 활동하는 국제결혼여성의 모임이기에 이를 위한 준비에는 월드킴와 회원의 많은 협력이 우선되어야 했다. 나라마다 삶의 모습이 다른 한인 국제결혼여성의 모임에는 각각의 목소리가 존재하며, 이를 하나로 모아 모임을 이루기까지 큰 역량이 필요한 것은 자명하다. 더구나 세계적 규모로 확대된 한인 국제결혼여성의 조직 내에서는 다양한 목소리가 존재하고 일을 해결해나가는 방법 또한 합일이 쉽지 않다.

"지금 우리 월드킴와에는 다들 인디언 추장만 되려고 그러지 인디언이 없어요. 한국말로 너무나 사공이 많아서 국제 우리 월드킴와 배가 산으로 올라갈 정도예요. (중략) 이 단체가 사람들 눈에는 지들끼리만 먹고 재밌고 그런 거로 보여요. 그러니까 관심이 없어요. 그러니까 발전이 없는 단체라고 규정을 짓고 다 빠져나갔더라고요. 그러니 '아, 그러면 안 되겠다. 이제는 우리가 도움만 받는 그런 게 아니고 이제 우리가 15살이 됐으니까 성인이 되자.' 그래서 이분들한테 고마움을 전해서 감사를 드렸더니 다 좋아하시고, 이렇게 해서 다시 다들 도와주겠대. 저는 이런 큰 그림을 미래에 기대하고 있어요."

월드킴와 대회는 매년 한국에서 치러지지만, 이 대회에 한국의 메인 방송사들은 오지 않는다. 연구참여자는 한국 사회가 해마다 치르는 국제결혼여성 대회를 그들만의 잔치라 생각하기 때문이라고 진단한다. 그래서 그녀는 월드킴와 2019년 대회에서 한국 사회의 여러 단체와 정부기관에 더욱 감사함을 전하고자 했다. 그리고 월드킴와가 자신들만의 모임이 아니라 한국 사회와 소통하는 단체로 나아가고자 하는 큰 그림을 대내외에 제시했다.

국제결혼여성의 외적 모습은 화려하고 당찬 목소리를 가진 존재로 표현되지만, 실상 이들은 해외에서 외롭게 살아오면서 많은 상처를 받았다. 이들은 한국 사회에서조차 자신들에 관한 편견과 배제가 늘 상존한다고 느낀다. 이러한 편견과 배제의 영향은 한인 국제결혼여성에게 한국인도 아니고 미국인도 아닌 반쪽짜리 정체성으로 갈등을 겪게 한다. 그러므로 연구참여자는 국제결혼여성이 그들 스스로의 삶을 역동적으로 만들어온 주역이기에 주눅들 필요가 없음을 인식하게 하고 싶다는 것이다. 그리하여 국제결혼여성이 자신들의 역량을 한국과 거주국에서 펼쳐나가고 신명 나는 삶을 살아가도록 돕고자 한다. 이 단체의 임원으로서 국제결혼여성의 리더십을 강화하고 나아가 한국 다문화가정과 연계하여 함께 성장하고자 한다. 이러한 연계와 활동들을 통해 세계 각국의 월드킴와 회원들의 위상을 높이고 그들 스스로 자긍심을 갖게 하는 데 목표를 두고 있다.

③ 해외 한인 입양 동포와의 협력

연구참여자는 해외에 입양된 한국인을 다시 한국으로 연결하는 데 있어서 한인 국제결혼여성이 징검다리 역할을 할 수 있다고 생각한다. 어릴 때 해외에 입양된 경우 한국어를 하지 못하거나 한국 문화가 생소한 입양인이 많다. 하지만 한인 국제결혼여성은 성인이 되어 이주했기에 한국어와 거주국 언어가 가능하고 한국문화와 거주국 문화를 모두 이해할 수 있기에 입양 동포가 한국과 연결되도록 역할을 할 수 있다는 것이다.

"입양인들은 한국에서 버려졌다는 기억으로 한국에 대해 부정적이거나 적대적인 경우도 있어요. 다른 한편으로는 한국이 그립지만 그러한 표현을 잘할 수 없기도 합니다. 한국의 언어와 문화를 모르기 때문에 한국 사회가 이해하도록 표현하지 못해요. 이러한 입양인들에게 한국문화와 입양인들이 자라온 문화 모두를 이해하는 국제결혼여성들이야말로 이들을 돌보고 도움을 줄 수 있는 특화된 그룹이에요."

한국인 입양아는 세계 여러 나라에 입양되어 성장했다. 그리고 한인 국제결혼여성도 세계 여러 나라에 거주하고 있다. 그러므로 연구참여자는 한국의 문화와 거주국의 문화를 모두 이해하는 한인 국제결혼여성이 민족적으로는 한국인이지만 문화적으로는 거주국의 구성원이 된 입양인을 이해할 수 있는 그룹이라고 말한다. 어릴 때 해외에 입양된 사람 가운데 한 기혼여성은 입양인으로 자랐으나 자신이 결혼하여 자녀를 낳고 보니 한국에 관한 관심이 생성되었다고 했다. 그러나 한국어를 하지 못하기에 한국과 직접 소통하지 못한다(지난 2019년 한국에서 열린 월드킴와 대회에 이들 해외 입양 동포 기혼여성들이 참여했다). 그러므로 이들과 한국 사회가 소통할 수 있도록 한인 국제결혼여성이 입양인과 한국 사회 사이에서 징검다리가 되어줄 수 있다는 것이다. 그리고 국제결혼여성은 한국을 떠나올 때 교육을 많이 받지 못한 상태에서 성인이 되어 떠나왔기에 이주한 후 발전하는 현대사회의 문명을 익히는 것에 한계를 가진다. 즉 언어와 컴퓨터, 신지식 등을 빠르게 습득하지 못하여 발전 또한 더딜 수밖에 없다. 그러나 입양인은 어린 나이에 한국을 떠나왔기에 한국어를 하지 못하지만 입양된 나라의 언어는 매우 잘하며, 훌륭하게 자라나 입양국의 건강한 시민으로 살아가고 있다. 아울러 컴퓨터와 신지식에도 익숙하다. 그러므로 연구참여자는 이들 두 그룹의 만남은 노년 그룹이 다수를 차지하는 월드킴와에 새로운 젊은 감각을 불어넣을 입양 동포가 접목됨으로써 양쪽 모두에게 동반성장 관계가 될 수 있다고 여긴다.

　그녀는 월드킴와 임원으로서 2020년 9월 미국 샌프란시스코에 월드킴와 총본부를 두는 현판식을 주도했다. 여기에는 지역의 부영사를 포함하여 한인회 임원들과 월드킴와 임원들이 참여했다. 월드킴와 총본부가 현판식을 한 것의 의미는 이 단체가 온라인에서 존재하는 것만 아니라 실제성을 가지게 됨을 나타내는 상징이기도 하다. 그리하여 향후 월드킴와가 세계적 규모의 한인 국제결혼여성 단체로서 여성들의 인권과 복지에 더욱 적극적으로 대처할 것을 다짐한다. 이와 아울러 연구참여자는 한인 국제결혼여성과 한국의 다문화가정, 그리고 해외의 한인 입양인과 협력하는 단체로 성장하는 데 자신의 역할을 다하고자 한다.

④ 한국의 다문화 사회: 어머니부터 변해야 함

연구참여자는 한국전쟁이 정전된 후 3년 후인 1956년 태어나 1977년 결혼하여 1978년에 미국으로 이주했다. 그리고 다시 돌아와서 본 한국은 자신이 한국을 떠나던 시기의 한국이 아니며, 성장하고 발전한 한국이 되었다. 눈부시게 발전한 한국이 자랑스럽지만, 한편으로는 아쉬운 면이 있다.

"와서 보니까 참 잘살더라고. 흐뭇해요. 친정이 잘살면 좋은 거예요. 근데, 선진국의 마음가짐도 따르라는 거지요. 꼴불견이 되지 말고, 허세 부리지 말고, 완벽하게 포장하지 말고. 용감한 국민이 됐으면 좋겠어요. 이제는 내적 의식의 성장에 눈을 돌려야 한다고 봐요."

연구참여자는 경제부국이 되었다고 하여 자동으로 선진국이 되는 것이 아니라고 여긴다. 그리하여 지난날 우리 선조가 가졌던 고결한 삶의 방식, 즉 다른 사람을 배려하고 가진 것을 나누며 선행을 베푸는 것 등을 기억하여 실천하기를 바란다. 그녀는 한국 사회가 경제적으로 풍요로움을 가진 것은 좋으나 그에 걸맞게 타자를 대하는 마음에서도 겸손함을 갖추기를 바라고 있다.

무엇보다 그녀는 한국의 엄마들이 먼저 변하여 자식을 믿어주고 강하게 키워야 한다고 말한다. 그러한 자식 사랑의 하나가 한국 사회에 이주한 외국인을 차별하는 현상에 대해 어머니들이 먼저 용감한 사랑을 가져서 그들을 끌어안고 화합하는 모습이 되어야 한다는 것이다. 그래야 자녀들이 그러한 어머니의 모범을 보고 자라남으로써 향후 한국 사회가 외국인에 대한 차별과 편견에서 벗어나게 되리라는 것이다. 한국 사회가 부자인 것이 중요한 것이 아니라 어떤 상황에서도 사람을 올바르게 대하는 것에 있어서 용감했으면 좋겠다는 바람이다. 그렇게 되기 위해 한국에서 어머니의 역할이 중요하다는 것을 강조한다.

　연구참여자가 어렸을 때 종가의 장손 며느리였던 어머니는 집안 행사에 몇백 명씩 찾아오는 친척들을 위해 음식을 좋은 것으로 준비하고 못 온 이들을 위해 싸서 들려 보냈다. 정작 자식들은 남은 음식을 먹으면서 어머니처럼 살지 않으리라 생각했다. 집안의 화목을 위해 참아내며 성찰적으로 살아야 했던 엄마처럼 바보 같은 삶을 살지 않겠다고 다짐했다. 그러나 그녀가 이주하여 살아온 삶 또한 성찰적인 삶이었다. 어른들의 이혼으로 상처받은 아이들의 마음을 보듬어 안고 살았고, 전남편의 계속되는 가정불화 요인을 걷어내며 가정 안의 질서를 잡기 위해 애쓰고 노력하는 삶을 살았다. 그러면서 사람들 사이의 갈등을 어떻게 풀어가는지에 대해 능력을 발전시켜나갔고, 신앙으로 자신이 맡은 소명이 무엇인지를 찾는 삶을 살았다. 연구참여자는 한국이 경제적으로 성장한 모습을 보면 마음이 뿌듯하고 자랑스럽지만, 다른 한편으로는 내적인 성찰을 추구하는 한국 사회가 되기를 기대한다. 내적 성찰은 겉으로 드러나는 것만 추구하지 말고, 허세를 부리지 말고, 힘들고 어려워도 올바름을 고수할 수 있는 용감한 한국인이 되는 것이다. 그러한 것이 전 세계가 인정하는 진정한 한국의 품위가 될 것이기 때문이다.

⑤ 남의 자식도 내 자식처럼

　연구참여자는 만약에 내 자식을 가르치는 것에 실패했더라도 낙담하지 말고 다른 사람의 자녀를 도우라고 말한다. 자신의 태도를 고쳐서 좋은 영향력을 계속 펼치라는 것이다. 만약에 소를 잃었다 하더라도 외양간은 고쳐놓는 것, 즉 자녀가 어긋나더라도 부모 자신은 자포자기하지 말고 변화해야 한다는 것이다.

"우리 한국 사람들이 소 잃고 외양간 고친다 해서 소 잃고 나면 자포자기하는 거 그거 바꿨으면 좋겠어요. 차세대를 위해 외양간을 고쳐보세요. 고쳐놓으세요. 그렇게 하고 싶어요."

연구참여자는 한국의 부모들이 자녀들을 과보호하는 것은 아닌지에 대해 고민했으면 한다. 현재 한국이 잘살게 되었기에 자식을 과보호하는 관점에서 키우지 말고 고생도 시켜보고, 잘못은 잘못했다고 인정하고 사과하는 책임의식이 필요함을 강조한다. 그리하여 세계무대에 나갔을 때 강한 한국인이 되게 해야 한다는 것이다. 자식이 나비가 되려고 몸부림칠 때 도와주면 날지 못하게 되므로 어머니들이 자식에게 '터프한 사랑'을 할 수 있어야 한다는 것이다. 그녀는 한국의 엄마들이 먼저 변하여 자식을 믿어주고 강하게 키워야 한다고 말한다. 그러한 자식 사랑의 하나가 한국 사회에 이주한 외국인을 차별하는 현상에 대해 어머니들이 먼저 용감한 사랑을 가져서 그들을 끌어안고 화합하는 모습을 보여야 한다는 것이다. 그래야 자녀들이 그러한 어머니의 모범을 보고 자라남으로써 향후 한국 사회가 외국인에 대한 차별과 편견에서 벗어나게 되리라는 것이다. 한국 사회가 부자인 것이 중요한 것이 아니라 어떤 상황에서도 사람을 올바르게 대하는 것에 용감했으면 좋겠다는 바람이다. 그렇게 되기 위해 한국에서 어머니의 역할이 중요하다는 것을 강조한다.

그녀가 한인회 회장으로 일할 때 국제 로터리 클럽 익스체인지 프로그램(International Rotary Club Exchange Program)이라는 것이 있었다. 한 아이의 호스트 패밀리 가장이 IMF로 갑자기 직장을 잃게 되어 아이를 돌볼 처지가 되지 못했다. 그리하여 연구참여자에게 사정하며 도움을 달라고 했고, 당시 그녀는 수술 후 몸이 회복되지 않은 상태였지만, 한국에는 절대 돌아가지 않겠다는 아이를 자기 집에서 6개월을 돌보았다. 아이는 중학교 3학년이었고, 아이의 부모는 한국에서 교육자 직업을 가지고 있었다.

"나는 니가 니네 집에서 귀한 자식인 거 안다. 니네 집 안방에서 하던 행동을 우리 집에서 하려면 나가거라. 나를 믿고 내가 너를 사람 되게 할 테니까. 그래서 나는 네가 사람 되기 위해서 내가 볼 때 좋은 거를 한다. 그러면서 6개월을 같이 있으면서 풀도 좀 뽑으라고 했어. 우리 집 앞에. 그랬더니 그거 하나 풀 뽑고 울더라고."

그녀가 마당의 풀 뽑기를 시켰을 때 아이는 서러움에 울었다. 연구참여자의 남편은 왜 아이가 우는지를 물었고, 연구참여자는 그것도 하나의 가르침이라고 했다. 그렇게 아이가 풀을 뽑은 후 남편과 쇼핑하게 하여 아이의 마음을 달래주었다. 아이가 기분 좋게 돌아온 후 그녀는 아이와 이야기했다.

"나는 니가 내가 떠나온 우리 대한민국의 기둥인 거를 안다. 지도자는 한 번에 그냥 떨어지는 거 아니다. 지도자는 키워져야 되니까. 그래서 내가 그랬어. 너는 엄마 아빠를 잘 만나서 외국까지 와서 공부하지만 네 나이에 지금 벽지공장에서 일하는 애들도 있다. 그런데 세월이 지나면 그 아이하고 너하고 똑같이 이 나라 일꾼이 되면 니가 진다. 그 사람들의 마음을 읽을 수가 없으니까 니가 유명한 정치인이 되더라도 너는 훌륭한 정치를 할 수가 없다. 지금 네가 우는 것처럼 울면서 공장에 다녀야 하는 애들이 있다. 그 마음을 니가 알고서 일을 하게 하려고 너에게 일을 시킨 것이다. 그리고 아이를 내가 안아줬어요. 그런 식으로 키웠어요. 그리고 날마다 독후감을 쓰라고 그랬어. 오늘 뭘 배웠는가 쓰라고 했어요. 6개월을 가르치고 애가 학생회장 했어요."

연구참여자는 사정이 허락하는 한 내 자식, 남의 자식 할 것 없이 사랑으로, 그리고 때로는 강한 사랑으로 돌보아야 한다는 것을 자신의 삶에서 실천으로 보여주었다. 그녀는 자식을 가르치기 위해 부모가 마음을 굳게 먹고 올바름의 원칙을 고수할 수 있어야 함을 강조했다. 혹시 부모가 미숙해서 자기 자식의 교육에 실패했더라도 용기를 잃지 말고 남의 자식을 잘 키워보려 노력하는 힘을 발휘해야 한다는 것이다.

⑥ 이주자에 대한 포용과 환대

미국에 이주하여 42년째 거주하고 있는 연구참여자는 한국 사회를 보았을 때 한국이 다문화가정을 경시하는 경향이 있으며, 특히 동남아시아에서 온 사람들에 대한 인간적 환대가 부족하다고 여긴다. 또한 한국이 여성을 비하했던 행태를 결혼이주여성에게 되풀이하는 것을 본다. 그러므로 이러한 인식을 바꿔야 한다고 굳게 믿고 있다.

"그러니까 한국 사람들 그 인식이 바뀌어야 한다고 생각해요. 그리고 그 사람도 어차피 우리 한민족이야. 시집을 왔으니까 우리가 안아야 돼요. 그리고 그 자녀들을 잘 키워야 돼요. 왕따를 시킬 것이 아니라 그 아이들이 가지고 있는, 우리 이중문화가정이 계란 하나에 노른자가 2개 있다고 생각하면 돼요. 포텐셜은 무지무지해. 그러니까 그 엄마 나라에 언어를 가르쳐서 이 아이들이 자동적으로 엄마의 외가 나라와 우리나라의 외교에 큰 역할을 담당할 수 있는 외교관들이라고 생각하고 성장시켜야 해요."

연구참여자는 자신이 이주자가 되어 미국에서 살아갈 때 처음에는 자신이 한국인도 아니고 미국인도 아닌 반쪽짜리 정체성으로 어려움을 겪었다. 그러나 그것을 극복한 후에는 자신은 한국인이기도 하며 미국인이기도 하고, 하나님의 딸이라는 정체성으로 다른 사람들을 도울 수 있는 상태로 마음을 변화시켰다. 그러한 자신의 경험에 근거하여 결혼하여 한국에 이주한 외국인 가정 또한 자신들과 마찬가지로 무한한 가능성을 가진 존재라는 것을 한국 사회가 인식하기를 바라고 있다. 배제할 것이 아니라 내부로 끌어안아(inclusion) 그들을 미래의 한국에 이익집단이 되도록 해야 한다는 것이다.

"사람의 모든 거는 인간관계에 달렸어요. 돈을 따르는 게 아니라 인간관계를 중시하고, 돈을 남기는 장사를 하는 게 아니라 사람을 남기는 비즈니스를 해라. 정말 다문화가정 그 융화, 받아들여야 돼요. 잘해주면, 내가 환대받으면 그거 알아요."

연구참여자는 한인 국제결혼여성이 거주국에서 언어와 문화 등에 적응이 안 되어 이혼을 당하거나 삶에서 어려움을 겪는 경우를 보았다. 이 여성들의 일부는 한국전쟁 후 가난을 피하여 미국으로 이주했으므로 언어를 배우고 문화를 익히기보다 돈을 버는 것에만 집중하기도 했다. 그것은 장기적으로 보았을 때 한인 국제결혼여성의 삶을 더욱 고립화하는 일이 되었으므로 안타까운 마음을 가졌다. 연구참여자는 국제결혼가정의 경우 처음에 사랑으로 만났을지라도 내 나라 문화가 아닌 외국에 갔으니 눈치껏 그 나라 문화와 관습을 존중하며 행동해야 한다고 말한다. 그리고 그 나라 언어를 지속하여 익혀서 부부관계가 나빠지지 않도록 노력을 기울여야 한다고 강조한다. 그녀는 이주하여 모국에서 살아온 삶의 두 배 이상을 거주국에서 살아왔다. 그리하여 깨달은 것은 돈을 남기기 위해 노력할 것이 아니라 사람을 남기는 비즈니스, 즉 다른 사람들을 환대하고 포용해야 한다고 말한다. 그리고 연구참여자는 한국 사회가 외국인을 대할 때 지금처럼 차별하고 배제하는 태도와 인식을 바꾸지 않는다면 향후 값비싼 사회적 비용을 지불하게 될 수도 있음을 말하고자 한다.

⑦ 그 사람의 신을 신고 1마일을 걸어보라

연구참여자는 한국 사람들이 코리안 드림을 가지고 온 외국인을 가난하다는 이유로 무시하는 것은 개구리 올챙이 적 생각 못 하는 행동과 같다고 보고 있다. 한국이 경제적으로 부자가 되고, 또 많이 배웠다고 해서 거만하게 행동하는 것을 고쳐야 한다는 것이다. 연구참여자가 이주자의 삶을 살아온 선(先)경험자로서 하고 싶은 말은 다문화 사회의 현실에서 한국인이 거만하지 말고, 자신을 포장하지 말며, 다문화가정 사람들을 조금 더 이해하며 받아들여야 함을 강조하려 한다.

"올챙이 적을 생각하라는 말이죠 항상. 내가 아무리 발전을 해도 옛날에 나를 (돌아)보고. 미국 사람은 이런 게 있거든요. 그 사람과 잘 지내려면 그 사람을 준비시킬 것이 아니라 그 사람의 구두에다가 당신 발을 넣고 1마일 걸어보라고 그래요. 1마일이 6키로예요. 1마일을 그 사람의 장화를 신고 6키로를 걷는 거야."

연구참여자는 다문화 현실에서 다른 사람과 잘 지내고 싶다면 "그 사람의 구두를 신고 걸어보라"라고 말한다. 이는 역지사지(易地思之)로 이해할 수 있다. 우리는 서로 다른 관점과 문화를 가진 사람들과 함께 살아가는 환경에 있다. 그러므로 우리 자신의 것만을 주장하며 살아가는 것은 갈등을 키울 뿐이다. 남의 구두를 신고 걷는 것과 같이 남의 사정을 헤아리고, 우리의 지난날을 돌아보아 현재를 겸손히 받아들이는 것이 필요하다. 이와 같은 세계 시민으로서의 덕목을 교육하고 실천하는 것을 꾸준히 추구하는 것이 무엇보다 절실히 필요하다.

7.
연구참여자 7:
소외된 이들과 함께하는 신앙인

1) 생애담 요약

연구참여자는 1957년 2남 3녀의 막내로 태어났다. 열 살까지 서울에서 살다가 부산으로 이사하여 대학 졸업 때까지 살았으며, 그 후 서울로 다시 이사했다. 대학에서는 식품영양학을 전공했고, 대학 3학년 때 부마항쟁*이 있었으며, 4학년 때는 5.18민주화운동이 있었다. 그로 인해 학교에 경찰들이 들어오고 한편에서는 바리케이드를 치는 등의 일들이 있었기에 공부를 제대로 하지 못하고 리포트로 졸업요건을 대신했다. 연구참여자는 두 언니가 국제결혼하여 미국에 이민 갔기에 언니들이 있는 미국으로 유학하고 싶었다. 그러나 연구참여자의 엄마는 막내딸마저 유학을 떠나보내고 싶지 않았기에 유학을 반대했다. 연구참여자는 어머니에게 마지막 남은 꿈이

---

* 부마항쟁(釜馬抗爭): 1979년 10월에 부산과 마산을 중심으로 대학생과 시민이 유신체제에 반대하여 일으킨 민주화운동을 말한다.

라 여기는 막내딸이었다. 그러나 연구참여자의 언니는 미국에 와서 공부하도록 편지로 계속하여 동생을 격려했으며, 형제 초청을 했다. 형제 초청 승인을 기다리면서 한편으로 대학을 졸업하던 해인 1981년 7월에 연구참여자는 미8군 재무 회계부서에 비서로 취직했다.

한편, 미8군에 취직한 후 그곳에서 사병이던 현재의 남편을 만났고, 1982년 8월에 혼인신고만으로 결혼했으며, 1983년에 첫딸을 낳고 1984년 3월에 미국 텍사스주 폴후드로 이주했을 때가 27세였다. 2년 동안 아이를 키운 후 미군에 복직하려 했으나 남편이 자녀를 먼저 키워줄 것을 요청했기에 복직 기간을 놓쳤다. 그리하여 한인이 하는 재봉을 배워 1987년까지 이 직업으로 많은 돈을 벌었다. 1987년 쌍둥이 미숙아를 출산했고, 출산 과정에서 과다출혈로 생명을 잃을 뻔했으나 하나님께 기도하자 기적적으로 출혈이 멈추었다. 생사를 넘나들던 쌍둥이의 출산 과정은 연구참여자에게 인생의 전환점이 되었다.

1994년도부터 부동산 일을 시작하면서 한인 국제결혼여성과 접촉하게 되었으며, 교회에서도 만나게 되었다. 연구참여자는 국제결혼여성이 남편과 한국의 가족들에게 버림을 받아도 가슴으로 가족을 품고자 노력하는 모습을 보았고, 이 여성들에게 진심으로 존경심을 가지게 되었다. 연구참여자가 한국 사회에 바라는 것은 한국 남편이 외국인 아내를 남들 앞에서 존중하고 인정하며, 자녀들 또한 어머니를 사랑하고 따르는 태도다.

2) 초국적 생애담

(1) 이주 전의 삶

① 어린 시절의 어수선한 한국의 정치 현상

연구참여자가 성장할 당시 한국 사회는 정치적으로 매우 어수선했다. 그로 인해 휴교령이 내려져 공부를 제대로 할 수 없었다.

"3학년 때 부마사건, 4학년 때 광주사태, 그래서 4학년 때 우리는 휴교령이 내려가지고, 3학년 때는 갑자기 또 우리 중간고사 치는데 막 경찰들이 들어오고, 바리케이드 치고, 3학년 때는 그래도 공부를 좀 했어요. 근데 4학년 때는 아예 휴교령이 내렸어요. 그래서 그때는 우리가 리포트로 졸업을 했어요. 리포트로."

연구참여자는 미국으로 유학 가고 싶었으나 두 언니가 국제결혼하여 엄마 곁을 떠나 있던 상태였기에 그녀의 어머니는 막내딸은 옆에 두고 싶어 했다. 그리하여 유학도 반대했고, 어머니의 생각은 막내딸이 이화여대를 나와서 손에 물 한 방울 묻히지 않고 살기를 바랐으며, 그것은 어머니의 대리만족이 담긴 소망이었다. "너는 내 꿈"이라고 말하는 어머니의 기대는 연구참여자에게 부담이 되기도 했다.

② 유학을 꿈꾸다

연구참여자는 2남 3녀 가운데 막내로 태어났다. 큰오빠는 부산의 명문 중·고등학교를 거쳐 서울의 명문 대학을 졸업했다. 그리고 작은오빠 역시 서울의 명문 대학에 다녔기에 그녀는 자신의 이름보다 누구의 동생으로 불리는 어린 시절을 보냈다. 그러므로 당시에는 자신의 정체성이 없어진 듯한 스트레스를 느끼기도 했다. 부산에서 대학 졸업 후 가족과 함께 다시 서울로 이사했다. 연구참여자의 큰언니는 그녀가 우물 안 개구리처럼 한국에만 국한하지 말고 넓은 세상을 보고 배우기를 바랐다. 그리하여 언니는 막내 여동생을 위해 가족 초청 형식으로 미국이민을 신청했다. 연구참여자는 유학하고 싶었지만, 어머니는 막내딸의 유학을 적극적으로 반대했다.

"저는 유학하고 싶어 했는데, 우리 어머니는 막내딸까지 뺏길까 봐. 언니들이 미국으로 가버렸으니까 오빠들은 상관이 없는데 딸 막내가 또 미국에 간다니까 굉장히 민감하셨어요. 유학 간다는 것도 막으셨는데."

연구참여자의 어머니는 유학하는 것을 반대했지만, 언니의 편지까지 막을 수는 없었다. 언니는 미국에서 살면서 더 넓은 세상을 보았기에 막내 여동생이 미국에 와서 공부하기를 바랐다. 그리하여 매일 편지에다 빼곡하게 작은 글씨로 적어서 막내 여동생을 독려했다.

(2) 이주 동기

① 언니의 편지: 우물에 안주하지 않기

연구참여자가 중학생 때 언니가 국제결혼을 했고, '형제 초청'을 신청했을 때는 연구참여자가 중학교 3학년이 되었을 때였다. 연구참여자의 언니는 전쟁을 겪은 세대로 미국에 갔을 때 한국과는 너무 다른 세상을 보았다. 그러므로 어린 동생에게 "우리는 기회가 없었지만, 너는 우리를 위해 이곳에 와서 꿈을 펼쳐라"라고 말했다. 연구참여자의 언니는 동생들이 있었기에 공부할 수 없었고, 대신 동생이라도 공부하도록 매일 편지를 보내주었다. 깨알같이 작은 글씨로 몇 장에 걸쳐 적은 언니의 편지들을 통해 연구참여자는 유학 가야겠다는 결심을 하게 되었다. 연구참여자는 고등학교 내내 언니의 편지로 살았다. 언니는 연구참여자에게 우물 안에서 나와야 하며, 절대 우물에서 안주하지 말라고 하면서 영감(inspiration)을 주었다. 그러나 어머니는 연구참여자마저 외국에 뺏기게 될 것을 염려하여 가끔 언니의 편지를 연구참여자에게 전해주지 않았다. 그러나 연구참여자는 언니의 편지를 읽으면서 유학에 관한 생각을 많이 했고, 어차피 유학할 계획이었기에 영어를 공부해두었다. 당시 연구참여자가 대학에서 공부하고 졸업한 식품영양학은 직업시장에서 새로운 학문 분야였다. 연구참여자는 대학교수를 꿈꿨으며 미국에 가서 식품영양학을 조금 더 공부하고자 했다.

"나는 어려서 대학교 갈 때까지 누구 동생이라고 사람들이 항상 그러잖아요. 쟤 누구 동생이다. 그래서 제 아이덴티티(identity)가 없어진 듯한 느낌. 그 당시에는 그런 스트레스가 있었어요. 그래서 엄마는 엄마대로 그런 프레셔(pressure)가 있었고, 언니가 또 매일 편지를 썼고. 정말 저는 그 편지를 버리지 않았는데, 깨알같이 써서서 몇 장씩 해서 와요. 그러면 우리 엄마가 어떨 땐 그 편지를 안 줘. 그래도 편지가 온 거를 아니까. 편지를 엄마한테 받아서 그 편지를 읽으면서 아, 내가 미국을 가야겠다. 그 생각을 많이 했어요."

미국에 가야겠다는 계획을 세웠으나 대학을 졸업할 때까지 형제 초청이 승인되지 않았기에 취직을 먼저 했다. 그리고 형제 초청이 나오기까지 언어를 준비하는 것에 집중했다. 그리고 미8군에 취직했고 그곳에서 남편을 만나게 되었다.

② 국제결혼, 그리고 이주

연구참여자의 남편은 사병이었으며, 당시에는 국제결혼을 하려면 상사에게 허락을 받아야 했다. 장교조차 국제결혼하면 따돌림을 당하던 시대였다. 그때 어떤 사람은 연구참여자에게 국제결혼이 여기에서는 특별할지 몰라도 미국 가면 국제결혼에 대해 아무도 신경 쓰지 않는 일이라고 말했다. 그리고 한 가지 충고를 들은 것은 사병과 결혼하는 것보다는 그래도 장교랑 결혼하는 것이 낫지 않겠느냐고 했지만, 그녀는 이에 개의치 않았다.

"그때는 결혼을 하면, 코맨더(commander)한테 퍼미션(permission)을 넣어서 허락을 받아야 했어요. 그때 당시에는 장교 사이에서도 외국인 여자와 결혼하면 왕따를 당했대요. 그래서 저더러, '니가 여기서는 썸바디(somebody)일지도 모르지만, 미국 가면 유 윌 비 노바디(you will be nobody), 아무것도 아니다. 적어도 자기가 어드바이스(advise) 해주고 싶은 거는 그래도 장교랑 결혼을 하는 게, 사병보다는 낫지 않겠냐' 그러는데, 그때 저는 너무 당당했어요. 그래서 나는 그런 건 모르겠고, 나는 이 사람을 사랑하고 싶어서 그런 거지 다른 컨디션을 보지 않았다. 그래서 이제 결혼을 했죠. 결혼을 해서 도미해서, 거기서부터 나의 인생이 달라졌죠. 84년이었으니까 스물일곱 살? 대학 졸업하자마자 취직해서 세상 물정 아무것도 모르고. 집에서 막내딸로 자라다가 그냥 결혼하고 했죠."

연구참여자는 미국으로 유학하고 교수가 되어야겠다는 꿈을 가졌지만, 미군이었던 남편과 결혼함으로써 삶의 방향이 달라졌다. 1982년 결혼하고 첫아이를 한국에서 낳은 후 1984년 3월에 도미했다.

(3) 이주 초반기: 삶의 갈림길들

① 복직이 무산됨

연구참여자는 면사포를 쓰고 웨딩드레스를 입는 결혼식은 하지 못하고 혼인신고만 했다. 이유는 남편이 미국에 가서 결혼하자고 했기 때문이다. 그러나 연구참여자는 미국에서도 면사포를 쓴 결혼식은 하지 못했다. 남편은 오하이오주 클리블랜드 출신으로 4대 독자였다. 연구참여자와 남편은 3월에 시댁에 도착했고, 4월에 남편의 주둔지로 떠나야 했으며, 3월의 클리블랜드는 눈이 많이 쌓여 있었다. 연구참여자는 남편과 시댁이 그런 여러 가지 상황으로 결혼식을 할 생각을 못했던 것 같다고 했다. 그렇게 시댁에 있다가 주둔지로 갔을 때 연구참여자는 복직할 계획이었다. 그러나 남편이 집에서 아이만 키워달라고 요청했기에 아이가 아직 한 살이 안 된 시기였으므로 2년 뒤에 복직하기로 계획을 변경했다.

"시댁에 있다가 텍사스로 내려가서 저는 이제 처음에는 어카운딩(accounting) 디비전(division)에서 일한 게 육군부대이기 때문에 제가 이제 다시 복직을 할 생각을 했었어요. 근데 우리 남편이 애기만 키워달라고 하더라고요. 애기만 좀 잘 키우고 자기가 버는 걸로 살았으면 좋겠다고 해서, 그럼 내가 한 2년 애를 좀 키운 다음에 복직을 하겠노라 했어요."

연구참여자는 결혼 전 미8군 재무회계부서(FAO: Finance Accounting Office)에서 근무했고, 직급은 KGS(Korean Government Service) 5로 한국 공무원 신분이었다. 남편과 결혼 후 다른 사람들이 알려준 대로 하와이에 가서 미국 국적을 받아왔을 때는 GS 4였고, 1년 뒤에 GS 5로 승격되어 KGS 5 때보다 월급이 세 배로 뛰었다. 그러므로 당시 사병이던 남편보다 월급이 더 많았다. 또한, 딸은 일하는 아주머니와 친정어머니가 봐주었으므로 미국으로 들어갈 때까지 미군에서 일하는 것이 좋았다. 연구참여자는 남편과 함께 미국으로 이주한 후 복직하려 했지만, 아내가 집에 있기를 바란 남편의 요청으로 아이를 키우다가 복직할 기회를 놓쳤기에 그 직업으로 다시 돌아갈 수 없었다.

"그 옆집 분이 그걸 굉장히 잘하는 분이었어요. 그분하고의 인연으로, 거기서는 홈쏘잉을 했어요. 본인의 집에다 가라지(garage)에다가 공장 주인이 기계를 딱 갖다줘요. 그래서 거기서 저희가 87년도까지 있으면서 저 돈 많이 벌었어요. 거기서 돈을 많이 벌고, 우리 둘째를 임신해서, 쌍둥이를 임신을 했어요. 그래서 87년도. 우리 쌍둥이들을 낳았죠. 1월에 두 번 죽을 뻔했어요."

연구참여자의 남편이 군인이었기에 대부분 군대에서 생활하는 동안 그녀는 교회에 다녔다. 그리고 일하느라 바쁜 한인이 구역예배에 참여하도록 도우면서 연구참여자도 봉제를 배우게 되었다. 운이 좋게도 옆집에 사는 이웃이 홈 소잉을 굉장히 잘하는 사람이었고, 그곳에서 1984년부터 1987년까지 있으면서 그녀는 재정적으로도 풍요롭고 넉넉해졌다. 그리고 그곳에서 둘째를 임신했는데 쌍둥이였다. 1987년 1월에 쌍둥이를 낳았는데, 그때 죽을 고비가 있었다. 연구참여자가 쌍둥이를 임신하고 낳으면서 가졌던 여러 가지 일은 그녀의 삶에서 신앙으로 하나님을 섬기게 되는 전환점이 되었다.

② 쌍둥이의 출산

쌍둥이를 임신하고 나서 2주에 한 번씩 진료를 받기 위해 병원에 다녀야 했다. 그때 자연유산 증세가 생겨서 병원에 갔는데, 병원에서 주사를 놓은 후 상황이 응급으로 돌변했다. 그 이후 병원에서 많은 시간을 보내야 했다. 연구참여자가 임신으로 인해 건강하지 못해 어린 딸과 남편도 함께 고생스러운 시간이 될 수밖에 없었다. 더욱이 쌍둥이를 낳았을 때 미숙아였기에 쌍둥이들은 한 달 동안 인큐베이터에 있어야 했다.

"임신하고 자연유산 증세가 생겨서 병원에 갔고 주사를 맞았는데, 그걸로 인해서 제가 죽을 뻔했어요. 그래서 헬리콥터 타고 샌안토니오, 미국 군부대 병원 중에서 제일 큰 병원으로 저를 헬리콥터로 옮겼죠. 거기서 베드레스팅(bed resting)으로 서너 달 있었고, 아기들은 한 달 미숙아로 예정일보다 빨리 태어났어요. 우리 애아빠는 우리 집에서 샌안토니오까지 3시간 반 걸려요. 그래서 1주일에 두 번을 왔다 갔는데, 그때는 우리 큰딸이 있었잖아요. 사람들한테 맡기고 오는데, 아이를 맡기고 왔다가 가는 일이 쉽지 않아 어려움을 많이 겪었어요."

연구참여자가 쌍둥이를 임신하고 병원에 갔을 때 병원에서는 쌍둥이라서 혹시 태어나게 되면 스스로 숨을 쉴 수 있는 약을 투여하자고 해서 주사를 맞았다. 그러나 그 주사가 너무 과했기에 연구참여자에게 호흡곤란의 응급상황이 발생했다. 그리하여 헬리콥터로 가장 가까운 곳에 있는 더 큰 병원으로 옮겨졌고, 그 병원에서 몇 개월을 응급 상태로 지내야 했다. 그런 후 남편은 토요일에 와서 그녀가 쌍둥이를 낳은 것을 보고 일요일에 돌아갔다. 그런데 연구참여자의 하혈이 멈추지 않았다.

③ 수혈을 거부함

연구참여자가 의식이 돌아왔을 때 여섯 명의 의사가 연구참여자를 내려다보면서 수혈하지 않으면 위험하다고 말했다. 그러면서 "수혈을 해야 한다. 그런데 남편이 없으니 환자 본인이 사인해달라"라고 했다. 이때 연구참여자는 "나는 나의 하나님을 믿는다. 수혈하지 않겠다"라고 대답했다. 그녀는 어릴 때부터 어머니와 함께 교회에 갔지만, 신앙을 가지고 교회에

간 것은 아니었다. 그리고 당시 수혈을 거부할 때는 어떤 종교적 의도나 생각을 가지고 거부한 것이 아니라 아기를 낳고 눈을 떴을 때 그냥 첫마디가 "나는 나의 신을 믿는다"였다고 한다.

"저는 그때 엄마가 가르쳐주는 대로 기도하고 그런 정도였기 때문에 절실하다 이런 거를 몰랐었는데, 그 말에 제가 저도 모르게 이야기하더라고요. '나는 하나님을 믿으니까. 하나님이 도와주실 거라고 믿습니다. 저는 수혈을 하고 싶지 않습니다' 하고 말하니까 그 의사가 그러더라고요. 니 하느님이 누구인지는 모르지만, 너는 수혈을 안 받으면 안 돼. 그러고 있는데 하혈이 나오고 있는 그 느낌이 너무 뜨거워서 이게 뭐냐니까, '그게 바로 수혈을 해야 하는 이유다'라고 하며 '당신은 사인을 안 하면 우리는 수혈을 할 수 없고, 남편도 없으니까 아주 위험하다는 거다. 마음이 바뀌면 말해달라' 하고 의사는 나갔어요. 그리고 저더러 '언제든지 이 느낌이 나면 푸시 버튼을 해라.' 그래서 버튼을 누르는데 무섭더라고요. 너무 자주 하혈이 내려오니까. 근데 저두 모르게 하나님한테 기도하면서 있다가 잔 거야. 그 하혈이 점점 줄어드니까 잠이라도 들었겠죠? 그러고 이제 깨니까 의사가 나한테 와서 그러더라고요. 니 하나님이 어떤지 모르겠지만 이것은 기적이다."

연구참여자의 수혈 거부에 대해 의사들은 의학적 당위성을 가지고 반드시 수혈받아야 하는 상태임을 알려주었다. 그러나 그녀는 하나님의 도움을 믿는다고 하며 수혈을 거부했다. 이에 의사들은 마음이 바뀌면 말하라고 하며 방을 나갔고, 나가면서 하혈 느낌이 나면 버튼을 누르라고 했다. 그녀는 푸시(push) 버튼을 눌렀지만, 너무 빠르고 자주 눌러야 했기에 겁이 났다. 더구나 하혈하면 양을 체크하는 간호사가 깜짝 놀라는 소리를 냈기에 그녀는 더욱 불안했다. 그렇지만 의심 없이 그냥 있었다. 다행히 서서히 하혈 버튼을 누르는 것이 느려지면서 잠을 잘 수 있었다. 그리고 얼마 후 의사가 왔고 의사는 기적이라고 이야기했다. 그리고 연구참여자는 일반 병동으로 옮겨질 만큼 빠르게 회복되었다.

④ 신앙으로 다시 태어남

연구참여자는 출산으로 인해 기적을 경험했고, 더 큰 변화는 마음의 변화였다. 이 경험을 통해 연구참여자는 신앙인의 삶으로 다시 태어났다.

"저희 아이들이 미숙아로 태어나서 하나는 5파운드 다른 아기는 4 앤 하프 파운드. 정말 이런 설탕 한 봉지도 안 되는…. 우리 남편이 엄마한테 보여준다고 사진을 양팔에 아이들을 안고 찍었어요. 근데 아이에게 IV주사를 꽂을 데가 없어서 이마에 꽂았대요. 그래서 그걸 이불로 살짝 가리고 안고 찍었는데, 우리 딸들의 팔이 우리 남편 엄지손가락보다 더 작아. 더 가늘어. 그 사진을 우리 남편이, 아이들이 격리보호 응급실에 있으니까 노란 종이 가운 있죠? 그걸 입고 애들을 안고 사진을 찍어갖고 왔는데 너무 기가 차는 거야. 근데 그 사진이 아직도 있어요. 옛날에 그 폴라로이드 사진 있죠. 아직도 저희 집 벽에 있어요."

연구참여자가 낳은 쌍둥이는 미숙아로 태어났다. 한 명은 2.04kg, 다른 한 명은 2.26kg의 몸무게로 태어났기에 너무 작았고 주사를 꽂을 데가 없어 이마에 꽂아야 할 만큼 연약한 상태였기에 인큐베이터에 한 달 동안 머물러야 했다. 그런 딸들이 지금은 건강하게 잘 자랐고, 그것 또한 기적으로 여긴다. 믿을 수 없을 만큼 작고 연약했던 딸들의 사진은 연구참여자의 집 벽에 붙여놨다. 이 일은 연구참여자의 가족에게 잊을 수 없는 기적의 기억으로 남아 있다.

"제가 미국을 가게 된 거는 하나님 뜻인 거 같아요. 그래서 가게 된 것 같고, 나의 생각으로는 공부하고 미국에서 돌아오는 게 나의 생각이었지만, 하나님 뜻이 그게 아니었기 때문에 결혼을 시키신 거 같아요. 저는 그랬어요."

연구참여자는 쌍둥이 출산에 따른 경험을 통해 그동안 습관처럼 다니던 교회와 신에 대한 믿음에서 실제성을 띠게 되었으며, 나아가 자신의 삶에 대한 관점을 달리하게 되었다. 연구참여자는 자신이 이루고 싶은 목표를 가지고 이주를 실행했다고 생각했다. 그러나 그녀가 느끼기에 하나님은 자신의 삶에 대해 자신이 가진 목표와는 다른 목적을 가졌다는 생각이 들었다. 국제결혼을 통해 자신의 삶이 계획한 것과 달라졌고, 쌍둥이 출산을 통해 하나님에 대한 신앙을 갖게 했기 때문이다.

⑤ 출산을 통한 기적의 경험

연구참여자는 임신 후 자연유산 반응과 이에 대한 병원의 주사 대응으로 인해 응급상황이 되어 헬리콥터로 실려왔기에 돌보아줄 지인이 없었다. 이때 연구참여자에게 한국 음식을 가져다주며 도움을 준 한국 사람이 있었다. 그녀는 이때의 경험을 성경에 나오는 선지자 엘리야의 경험에 비유했다. 연구참여자를 도운 이 한국 여성은 엘리야에게 하나님이 까마귀를 통해 음식물을 가져다주게 하여 목숨을 연명하게 했듯이 연구참여자에게 음식을 해서 가져다주어 출산할 때까지 견뎌낼 수 있게 한 것이다.

"저는 그때 그 일로 인해서 새롭게 신앙을 확고히 갖게 된 거죠. 우리 가족이 다 모태신앙인데도 불구하고 한국에서 살면서는 그런 믿음이 없었잖아요. 저희 어머니가 권사님이고 그러시지만, 저는 진실하게 믿는 믿음의 소유자는 아니었던 거 같아요! 그래서 그 사건으로 인해서 제가 믿음에 대해 생각해보았고 쌍둥이를 낳고 난 다음에 하나님께서 그, 엘리야처럼 저희를 돌보아주셨음을 믿게 된 거지요."

연구참여자가 입원한 병원에 한국에서 이주한 한 부부가 있었는데, 그들은 미국에 왔을 때 다른 직업이 없었고 병원에서 청소하는 일을 하고 있었다. 그리고 그녀와 아는 사이도 아니고 서로 다른 병동에 있었기에 자주 만날 수 있는 형편도 아니었다. 그런데 연구참여자에 의하면 "하나님께서 이 한국 여성에게 하나님을 생각하게 하신 것 같다"라고 했다. 이 여성은 남편과 같이 일하는데, 차가 한 대만 있었기에 남편이 출근했을 때는 차가 없어서 연구참여자에게 올 수 없었고, 일하는 중에는 시간이 없었기 때문에 역시 그녀를 찾아올 형편이 되지 않았다. 넉넉하지 않은 형편에 있었던 이 여성은 자신들을 위한 음식도 제대로 못 해 먹는데, 하나님이 어떤 음식을 요리하라고 했다고 한다. 그리고 요리하면서 자기도 모르게 연구참여자의 것을 따로 담아놓았다고 한다. 가져다줘야겠다고 생각하면서. 그러면서 '차가 없어서 가져다주지도 못하는데…'라고 하면서도 음식을 담아놓고 또 일하러 올 때 그것을 가지고 나오게 되었다고 한다. 그리고 일하면서 때로는 일터에서 '(연구참여자가 있는) ○○병동에 갈 사람?' 하면서 묻는 일이 생기거나 쉬는 시간에 바쁜 짬을 내어 연구참여자에게 음식을 가져다놓고 가곤 했다는 것이다. 그러한 과정을 통해 그녀는 임신 중에도 자신에게 베풀어진 은혜를 경험했다.

"자기가 요리를 하면서 자기도 모르게 제 거를 떠놓는데요, 갖다줘야 하겠다고. 그리고 자기가 그런대요. 차가 없어서 갖다주지도 못하는데, 또 일할 때 그걸 들고 나온대요. 그러면 일하는 데서 '저기 병원에 갈 사람?' 이런데요. 그분이 쉬는 시간이 되게 바쁜데, 그걸 갖다놓고 가게 되는 거야. 그래서 저는 어려운 임신 상태에서 견뎌낼 수 있도록 그 까마귀 역사를 보게 된 거죠."

이 일은 연구참여자가 신앙 안에서 새롭게 태어난 후 그녀의 신앙이 더욱 강화되는 계기가 되었다. 그녀가 회복된 후 감사한 마음에 그들을 찾아 전화하여 만나고자 했다. 이에 대해 그들은 다음과 같이 말하며 사양했다.

"저는 하나님이 하라는 일을 한 거고 제가 할 일은 다했기 때문에 그냥 아기들을 건강하게 잘 키우시라고 그러시더라고요. 저는 그분을 얼굴도 기억 못 하고, 몰랐어요. 근데 그게 한 20년 뒤에 우리 동네에 부흥회 강사로 샌안토니오에서 오신 목사님께 그때의 이야기를 했더니 그분이 그 교회 식구였더라고요. 그래서 제가 찾아뵙고 싶다고 하니까, 하나님이 이미 자기들에게 충분히 복을 주셨고, 하나님이 다 아시는 일이니까 그냥 서로를 위해서 기도만 하고 만나는 거는 별로 의미가 없을 거 같다고 그러셔서 저는 그분들을 마음에만 심고 있어요."

연구참여자의 개인적인 신앙의 경험은 연구참여자뿐만 아니라 그 일을 행한 사람의 신앙에도 영향을 미쳤다. 이러한 일들은 연구참여자에게 삶의 전환점이 되었으며, 신앙을 더욱 확실하게 갖게 했다.

(4) 이주 중반기

이주 중반기는 연구참여자가 거주국의 삶에 더 깊숙이 적응해 들어가는 시기이며, 거주국 사회에서 경력을 쌓고 사회적 네트워크가 더욱 견고해진 시기다.

① 변화된 삶의 자세

그때부터 연구참여자는 자기 스스로 성경을 읽으며 열심히 교회 생활을 했다. 그렇게 함으로써 하나님이 자신과 오늘까지 함께하시며 오늘날의 자신으로 만들었다고 생각한다. 연구참여자는 현재 미국에서 '국제결혼가정선교회'라는 초교파적 평신도 사역을 실행한다. 그리고 미주리주에 110에이커(134,659.147평) 규모의 선교센터가 있고, 그곳에는 수련회를 할 수 있는 방들이 준비되어 있다. 그리고 거기에 2019년 11월 노숙인 쉼터가 지어졌다.

"제가 깨달은 것은 하나님이 저를 오늘의 저로 만들어주신 건 다 그런 거 같아요. 그때 제가 하나님이 살아계신 걸 깨닫게 하시고, 하나님이 하시고자 하시면 무엇이든지 가능케 하시는 능력의 하나님을 믿는,

그런 삶으로 변하게 하신 거지요."

연구참여자는 쌍둥이가 태어난 것과 관련한 기적과 임신 중 겪은 경험 등 이어진 일들로 인해 하나님이 역사하면 불가능한 것이 없다는 신앙을 갖게 되었다.

"하나님이 미국으로 안 보내주셨으면, 저는 인간이 안 되었을 거 같아요. 대학에서 학생회장을 할 때 제 별명이 할매였어요. 후배들에게 잔소리하고 '너네 그러면 안 돼' 막 그러면서 잘난 척을 많이 했죠. 미국에서 공부하고 와서 학계에 남으면 내가 좀 괜찮지 않을까? 그런 생각으로 유학을 꿈꾸었었지만, 그건 내 생각이고 하나님의 생각은 그게 아니었던 거 같아요."

연구참여자는 자신이 자라온 환경이 큰 동네는 아니었지만, 동네에서 오빠들이 워낙 출중했기에 누구 동생으로 모르는 사람이 없는 상태에서 자랐다. 또한, 대학에 가서도 성격이 활달하고 적극적으로 참여했기에 2학년 때 유네스코 학생회의 회장을 했다. 그랬기에 남에게 잔소리하고 가르치는 행동을 하며 잘난 척했다고 한다. 그러한 자신이 사람다운 새로운 삶을 살도록 이끌어주신 분이 하나님이라고 했다. 연구참여자는 미국으로 유학한 후 학자가 되기를 바랐으나 하나님이 연구참여자에게 기대하는 삶은 다른 삶이었던 것 같다고 여긴다. 즉, 개인의 영달보다 타자를 돕고 신앙인으로 발전하는 길로 인도되었다고 여긴다. 그녀는 미국으로 이주한 후 국제결혼 여성으로서 교회와 지역사회에서 교류를 넓히는 활동을 활발히 행했다.

"우리가 국제결혼을 한 사람들이 많지만, 주로 저처럼 결혼한 사람들보다 기지촌에서 일하다가 오신 분들이 많다 보니까 저는 그분들하고 섞여지지가 않았어요. 그러니까 외로움도 많죠. 만나도 친구가 될 만한 사람이 많이 없었고, 교회 안에서도 그나마 그 사람들 중에서는 제가 일꾼이니까. 저한테 또 일을 이거저거 많이 맡기셔서 저는 한글학교 교장도 하고, 선데이스쿨 디렉터도 하고, 성가대 대장 하다가 나중에 성가대 지휘자가 없으니까 성가대 지휘자까지 하고. 교회에서 많이 활동을 했지요."

미국으로 이주한 한인 국제결혼여성이 모두 연구참여자의 친구가 된 것은 아니었다. 미군기지 주변에서 일한 여성들도 결혼을 통해 미국으로 이주했으나 이들과 연구참여자와의 교류는 많이 일어나지 않았다. 마치 물과 기름처럼 섞이지 않았다. 그 때문에 그녀는 외로움이 많았고, 친구가 될 만한 사람을 찾지 못했다. 국제결혼여성과 교류가 많지 않은 대신 사회적인 활동은 활발히 하여 한글학교 교장과 주일학교 책임자, 성가대 총책임자 및 지휘자 등의 활동을 했다.

② 진로 찾기

연구참여자는 좀 특별한 직업을 가지고 싶어서 아이들이 어렸음에도 욕심을 내어 공부를 더 하고자 했다. 교수님들은 식품영양학은 미국에서도 새로운 학문 분야이지만 졸업하기가 쉽지 않은 분야라고 했다. 그러나 그녀는 한국에서 식품영양학을 공부했기에 미국에서는 영양사 자격증만 취득하면 되었다. 당시 연구참여자가 살던 지역은 작은 지역이라서 영양사를 구하는 회사가 없었기에 사는 곳에서 1시간 이상 출퇴근해야 했다. 그러나 아이가 셋이나 있는 상황에서 1시간 넘게 출퇴근하는 것은 아무래도 어려움이 있었다.

"제가 지금 생각하면 우리 남편은 참 고마운 게 하나님이 우리 남편을 만나게 해주신 게 정말 정말로 반듯한 사람이에요. 가정을 제일 중요시하는 사람이라 자기는 돈이 있어도 되고 없어도 되고 너의 커리어를 만족을 시킬지 모르지만 '일단 우리는 가정을 가졌으니까 아이들을 잘 키워달라' 그게 우리 남편이 원하는 거였어요. 그리고 애들을 키우고 너가 커리어를 갖고 싶으면 갖되, 애들을 초등학교 1학년 들어갈 때까지는 직장을 안 가졌으면 좋겠다. 그래서 제가 돌렸죠. 식품영양학을 안 하고 제가 간호학을 하겠다. 그래서 간호학을 공부하려고 하니까, 전과를 해야 하니까 이제 요구조건이 많이 있더라고요."

영양사로 직장을 가지려 했을 때 남편은 아직 아이들이 어리니까 아이들이 초등학교에 입학할 때까지는 아이들 양육에 집중해주었으면 좋겠다는 의견을 말했다. 이에 연구참여자는 남편의 의견을 받아들여 아이들을 키우면서도 할 수 있는 직업으로 전환하고자 했다. 그래서 직장이 먼 영양사 직업이 아닌 간호사를 하려고 생각을 바꾸었다. 그리고 동시에 한국에서 교원 자격증을 취득한 것으로 교사로도 일할 수 있었다. 주위의 친구들은 보충교사나 보조교사를 먼저 해서 적성에 맞으면 그때 미국 교사자격증을 취득하라고 조언했다. 그리하여 보충교사를 시도했으나 어린 딸들이 있어서 조심해야 할 것도 많았고 준비할 것이 너무 많았기에 보조교사로 일하기로 했다. 그러면서 계속해서 자신에게 맞는 일을 찾으며 기도를 계속

했다. 그러던 중 연구참여자는 자신이 사는 곳에 있는 노인전문 주거 시설에서 영양사를 뽑는다는 것을 알게 되었다.

"우리 동네에 노인전문 주거 시설이 새로 생겼어요. 영양사 및 요리사를 모집한다고 해서 갔는데, 마침 주인이 저하고 상담을 했는데 저를 너무 좋게 보셨어요. 그래서 그분이 하시는 말씀이 현재는 자기가 영양사는 아직 부담이 돼서 너를 우선은 주방장으로 하고, 식단은 일단은 사서 쓰다가 자기가 준비가 되면 너를 영양사로 취업을 시켜주겠다. 그러니까 자기 옆에 있으라고 하더라고요. 그리고 그 시기에 다니는 교회에서 제직 수련회를 갔었는데, 그거를 할 것이냐 아니면 교사로 일을 할까 하는 갈등으로 기도를 하게 되었죠."

영양사로 지원한 곳에서는 연구참여자를 채용할 의사를 밝혔다. 당장은 영양사로 채용할 수 없으나 대신 먼저 주방장으로 일하고 나중에 직장 내의 상황이 준비되면 영양사로 일하라고 했다. 연구참여자 외에 다른 사람도 지원했지만, 직장에서는 연구참여자에게 기회를 준 것이다. 상황이 이러했으나 그녀는 자신이 어떤 일을 할지에 대해, 그리고 어느 방향으로 나아갈지에 대한 고민을 계속했다.

③ 부동산 중개업으로 인도됨

한편 연구참여자는 교회 일에 항상 적극적으로 참여했다. 당시 지역에서 기부금 모금을 했는데, 여기에서 그녀는 재능을 발휘했다. 그때 이를 지켜보던 같은 교회의 한인이 연구참여자에게 부동산중개업을 하면 최고로 잘하겠다는 의견을 주었다. 그러나 그녀는 이에 대해 마음에 큰 변화가 일어나지 않았다.

"근데 우리 지역에 부동산에이전트를 하는 분이 한두 분 계셨는데 주위분들이 저한테 그래요. '집사님은 부동산 하면 최고야' 그러시는 거예요. 근데 저희 집안은 세일즈하는 집안이 아니고요. 저희 집안은 거의 다 학자예요. 그래서 세일즈는 정말 생각을 안 했었어요."

연구참여자는 참석하게 된 제직 수련회에서 통성기도를 하라고 했기에 생각지도 않게 혼자 통성기도를 하면서 부동산 컨설팅에 대해 중언부언 기도하게 되었다. 그러면서도 그녀는 계속해서 세일즈는 자신이 할 일이 아니라고 여겼으며, 영양사와 다른 직업에 대해 계속 고민했고 기도 또한 계속했다.

"하나님한테 기도를 하는데 하나님이 부동산이라고 그러시더라고요. 그래서 제가, '하나님 저는 세일즈 같은 건 절대 못 해요. 그러니까, 다른 걸 주세요' 그랬는데, 또 좀 이따 기도를 하다 보면, 하나님이 '부동산을 하는 게 좋은데' 그러셔요. 그래서 '하나님 저는 그런 거 못해요.' 막 그랬어요. 근데 나중에 거의 기도가 끝날 때쯤 돼서 제가 그랬어요. '그럼 하나님, 제가 오늘 남편하고 전화 통화를 할 때 남편한테 부동산학교가 어딨는지 알아보라고 해서 남편이 방학 동안에 기회가 돼서 개학하기 전에 제가 만약에 중개사 자격증을 따서 일을 하게 된다면 하나님이 하라는 걸로 믿겠습니다.' 이렇게 기도를 끝냈어요."

연구참여자는 자신이 정말 부동산을 직업으로 가져야 할지 말아야 할지를 알고자 했다. 그리하여 기도할 때, 기도를 끝내고 나서 남편에게 전화하여 그 지역에 부동산 자격증을 취득할 학교가 있고 또 그 학교에서 방학기간을 이용하여 자격증을 취득할 기회가 된다면 하나님 뜻으로 알고 따르겠다고 했다. 이 기도를 마치고 연구참여자는 남편에게 전화를 걸어 부동산학교를 알아봐달라고 했다. 남편이 알아보고는 5월 중순에 시작하여 6월 말에는 자격증 취득을 위한 시험을 볼 수 있다고 알려주었다. 이로써 자신이 한 기도대로 될 기회가 있음을 알게 되었다. 그리하여 연구참여자는 직업 선택에서 양손에 떡을 쥔 형상이 되었다. 영양사와 보조교사, 그리고 부동산중개업을 사이에 두고 무엇을 할 것인지 결정해야 했다. 연구참여자는 영양사를 한다면 자신은 일요일에 교회에 가야 했기에 근무할 수 없었고, 그렇다고 다른 사람들은 일요일에 근무하게 하고 자신만 빠져나오는 것도 양심에 걸렸다. 그리하여 영양사 일은 하고 싶었지만 못하겠다고 고사하고 낮에는 보조교사를 하고 저녁에는 부동산학교에 다니기 시작했다. 그리고 6월 말 자격증을 취득했다.

"낮에는 보조교사로 일하고, 저녁에는 이제 클래스를 갔어요. 그래 가지고 시험을 치면서도 하나님한테, '하나님 나 방학 동안에 6월 시험 치고 라이선스 따고, 6월, 7월, 8월 중순까지밖에 없어요. 돈 못 벌면 저 학교로 돌아가요.' 그랬더니 하나님이 저한테 큰 대어를 주셨어요. 경험도 없는데 저한테 저 큰 상가를 생각지도 않게 하게 하셨어요. 하나님이 저한테 보여주신 거잖아요. 그래서 제가 학교도 미련 없이 떠나고 부동산중개업을 시작한 게 94년도. 그때부터 지금까지 제가 부동산에이전트를 하고 있습니다."

이로써 연구참여자는 결국 부동산에이전트를 하게 되었다. 연구참여자는 자신이 다른 일을 하지 않아도 되도록 큰 상가를 팔 수 있게 하나님의 축복이 있었다고 말했다. 그리고 그 일은 연구참여자가 부동산중개업에서 자신감을 가지게 되는 이유도 되었고, 큰 상가를 판 이후부터는 다른 직업이 아닌 부동산에 전념할 이유가 되었다. 그녀는 자녀가 어렸으므로 자녀를 키우며 교회 활동을 하고, 직업을 찾고 공부를 하고 자격증을 취득하는 등 시간을 바쁘게 활용했다. 지금은 그렇게 하지 않으려 하지만 젊었을 때는 매우 활동적이었으며, 특히 교회 일은 더욱 그랬다.

④ 교회 생활, 마이 라이프

연구참여자의 남편은 특공대(Special Forces)였기에 한 달에 23~28일을 특별 임무 수행을 위한 훈련 관계로 집을 떠나 있다가 집에 돌아오면 일주일도 못 돼서 다시 부대로 복귀해야 하는 생활이 반복되었다. 30일을 넘게 되면 가족과 함께 못 지내는 날들에 대한 특별수당을 주어야 하는데, 그걸 안 주기 위해 군대에서는 23~28일 동안만 집을 떠나 일하게 했다. 쌍둥이의 생일이 1월인데 남편이 제대할 때까지 아이들의 생일에 거의 참석하지 못했다. 연구참여자의 남편은 1년에 10~11개월 동안 집을 떠나 있었다.

"그래서 저는 애들을 그냥 교회에서 키웠어요. 자고 일어나면 교인들, 우리 성도들, 우리 구역 식구들 거의 다 군인 가족이니까, 남편들이 우리 남편처럼 특공대가 아니더라도 파병 가는 분들도 있고 하니까. 우리는 그냥 가족처럼 같이 키우는 거야. 흑인도 없고 백인도 없고 그냥 섞어서 애들이 그냥 형제자매처럼 그냥 컸어요. 그래서 저희가 교회 가서 살았죠. 그리고 남자들도 없으니까 매주 목요일 되면 교회 잔디 깎는 날이야. 그럼 애들 다 데리고 가서 밥해서 먹이고 잔디도 우리가 깎고 교회도 정리하고 그랬어요."

남편이 1년의 대부분을 직장에서 보내는 동안 연구참여자는 딸 셋을 데리고 교회에 다니면서 교회가 확대가족 역할이 되도록 했다. 커다란 가족 공동체로서 서로의 짐을 덜어주면서 인종을 구분하지 않고 아이들을 함께 키웠다. 그녀는 아이들에게 백팩을 하나씩 매어주고 교회에 가게 했는데, 그 백팩은 매트처럼 되어 있어서 아이들이 낮잠을 자야 할 때 거기에 담요를 넣고 가는 것이다. 그리하여 낮잠 시간이 되었을 때 아이들에게 낮잠자라고 말하면 아이들은 그 백팩을 펼쳐서 낮잠을 자고 엄마들은 일하곤 했다. 교회는 연구참여자와 아이들에게 뗄 수 없는 생활의 한 공간이었다. 그러나 남편은 이러한 상황을 알지 못했다. 어느 날 아내와 아이들이 모두 교회 예배에 간 사이에 남편이 돌아왔고, 남편은 집에 아무도 없자 몹시 화가 났다.

"근데 저녁에 아빠가 왔는데 우리가 교회에서 안 들어온 거예요. 그래서 집에 왔더니 우리 아빠가 뿔딱지가 이만큼 난 거야. 그래서 처음에는 오랜만이니까 인사하고 어쩐가 했는데, 나중에는 아빠가 나한테 화를 내고 그랬죠. 우리 애들은 저쪽에서 놀고 있는데 화딱지가 나니까 '이 교회 귀신들아, 다시 교회로 가버려!' 그러는 거예요. 그때 우리 큰딸이 대꾸하나. 안 하고 지 백팩 딱 매고 동생들 것도 딱 매고 '가자' 이러는데, 우리 남편이 눈이 똥그래져가지고 말을 할 수가 없는 거야. 그런 일이 있었어요. 그 뒤로 우리 아빠가 자기도 그걸 느꼈겠지만, 교회 생활이 우리의 라이프라는 걸 알고 나니까 나중에 그런 거에 조금 덜 화를 내게 되었죠."

연구참여자의 남편은 아내가 아이들에게만 집중하기를 바랐고, 집 밖의 활동을 반기지 않았다. 그리하여 자신이 1년의 거의 대부분 집을 떠나 있는 동안 아내가 아이들만 키우면서 집에 있기를 바랐다. 그러므로 어느 날 우연히 집에 왔을 때 집에 아이들과 아내가 모두 없는 상황을 받아들이기 힘들어했다. 연구참여자는 남편이 부재한 환경에서 교회에 열심히 다녔고, 교회가 연구참여자와 아이들에게 확대가족 역할을 했다. 그러한 것이 남편으로서는 이해하기 어려운 부분이었으나 차츰 아내와 아이들의 삶의 방식을 이해하는 방향으로 나아갔다. 연구참여자는 교회에서 하는 일이 많았고, 가끔 남편이 교회에 같이 오거나 하면 아이들과 남편은 연구참여자의 일이 다 끝날 때까지 기다려야 하는 때도 있었다. 지나치도록 교회 활동을 열심히 했던 지난날을 이제 돌아보니 연구참여자는 그러한 부분이 가족에게 미안한 기억으로 남는다. 현재는 남편과 함께 한인교회가 아닌 미국교회에 나간다.

⑤ 모전여전(母傳女傳)

연구참여자의 둘째딸은 남편이 아들을 원했기 때문인지 몰라도 좀 남자처럼 자랐다. 둘째는 언니나 동생이 밖에서 무슨 일이 있으면 가서 싸우는 성격이었다. 그리고 교회 아이들에게 무슨 일이 있을 때도 둘째딸이 적극적으로 나서는 편이었다. 어느 때는 연구참여자가 교회에서 별로 마음에 들지 않아 하는 사람의 아이랑 친하게 어울렸는데 차마 그 아이랑 놀지 말라는 말은 하지 못했다. 그런데 어느 날 둘째아이가 그 아이를 집에 데려왔다. 집에 수영장이 있었으므로 교회의 아이들이 자주 놀러 오고 데려다주기도 했지만, 연구참여자는 그 아이와 그 아이의 엄마가 마음에 들지 않은 탓에 짜증을 냈다. "엄마한테 이야기라도 하고 데려오지 그랬어?"라고 했을 때 딸은 "엄마도 그렇게 했잖아!"라고 했다. 아이들이 보기에 이상한 아줌마나 노숙인을 데려올 때 자신들에게 허락을 안 받지 않았느냐고 말하는 것이다. 이에 연구참여자는 자신의 행동을 돌아보게 되었고, 둘째딸이 자신이 한 행동을 따라 한 것뿐이라는 사실을 깨달았다.

"어느 날 걔를 딱 데리고 왔는데 느낌이 이상해. 그래서 저 아이가 왜 왔냐고 하니까 우리 딸이 쟤가 집에서 쫓겨났다는 거야. 그러니까 내가 걔가 맘에도 안 들었고 걔네 엄마도 맘에 안 들었고 그런 게 좀 있어서 짜증을 팍 냈어요. '그럼 너는 엄마한테 말을 하고 데리고 와야지 어떻게 그냥 데리고 오냐?' 그러니까 우리 딸이 나보고 하는 말이 '엄마도 그랬잖아!' 그래서 무슨 말이냐니까 엄마도 홈리스 사람도 데리고 오고 이상한 아줌마 데리고 오고 그러지 않았냐. '엄마가 그럴 때 우리한테 허락받았나요?' 제가 그때 너무 놀랐어요. 그래서 제가 '아, 그렇구나. 다음에는 선을 좀 긋기는 해야겠구나.' 그 후로는 가족들한테 먼저 물어보지 않고는 우리 집에 사람을 데리고 오고 이런 건 좀 삼가게 되었지요."

연구참여자는 지난날 노숙인을 집에 데려오고 다른 사람을 데려올 때 자신은 좋은 일 한다고 생각했지만, 가족을 배려하지 못한 행동임을 깨닫고 놀라게 되었다. 그런 일이 있고 난 후부터는 가족들의 의견을 묻지 않고 집에 사람을 데려오는 것을 삼가게 되었다. 가족이 힘든 것이라면 안 해야 겠다는 것을 느꼈으며, 그것은 잘한 결정이라고 생각한다. 남편도 집에 누군가를 데려오는 것을 굉장히 부담스러워했으나 남편이 집에 없으니 괜찮다고 생각했다. 그러나 아이들에게도 좋지 않았다는 것을 알았을 때 충격이었다. 그리하여 가족을 우선하는 삶으로 변화했다.

"그전에는 아직 남편이 군대생활을 하고 계시니까. 제가 좋은 일이라고 생각하고 했었는데, 제가 볼 때는 좋은 일일지 모르지만, 애들한테는 그런 게 아닌 게 있었는데, 제가 안 물어보고 했잖아요. 그러니까 애가 저한테 그 소리를 했을 때 충격이었어요. 내가 기도했다고 주의 일을 하는 게 아니고 모든 것을 종합해보고 그게 정말 하나님이 기뻐하시고 내 주변에 덕이 안 되면, 그것 또한 안 하는 거구나. 그런 절제를 배웠다고 할까요."

연구참여자가 집에 사람들을 데려온 데는 또 다른 이유가 있었다. 그녀는 1년이 넘는 기간에 걸쳐 현재 거주하는 집을 지었다. 그리고 그 집이 매우 컸으므로 자신의 허영심이 큰 집에 대한 욕심을 부렸다고 생각했고, 기도하면서 이 집을 주시면 오고가는 선교사님들과 주의 종님*들을 섬기는 집으로 사용할 수 있게 해달라고 했다. 그리고 초창기에는 진짜로 그렇게 했다. 그것이 좋은 일이라고 생각하여 행했으나 딸의 이야기를 들은 후 가족들에게 부담이 되었음을 알게 되었다. 이러한 과정을 통해 연구참여자는 그냥 열심히 하고 기도하는 것만이 주의 일이 아니라 주변 사람과 화합

---

* 연구참여자는 교회의 성직자들을 이야기할 때 항상 '주의 종님'이라고 높여 불렀다.

하여 모두가 평안하지 않으면 안 하는 것이 맞겠다는 절제를 배웠다. 즉, 신앙은 자기만족이 아니라 주변 모두와 함께 기쁨을 느끼는 것이어야 한다는 것을 깨달았다.

(5) 이주 후반기

① 신앙생활의 어려움

남편과 불화를 일으킬 만큼 열심히 했던 교회 생활이었지만, 연구참여자는 교회에서 조금씩 신앙 이면의 모습들을 만나게 되었다. 그러한 것이 오랜 세월이 지난 지금 남편과 미국인 교회에 나가게 된 이유이기도 하다. 연구참여자는 정말 열심히 교회에서 활동했다. 그러나 그런 연구참여자를 험담하는 말을 연구참여자의 아이들이 듣게 되었다. 이에 아이들은 엄마를 험담하는 사람들로 인해 속상해했고, 결국 한인교회에 나가지 않겠다고 했다. 더구나 성직자의 자녀들이 교회에 나오지 않았고 그 아이들과 연구참여자의 아이들이 같이 어울리면서 연구참여자의 아이들도 교회에 나오지 않았다. 성직자의 삶이 모범이 되지 않았기에 그녀는 그들과 갈등을 겪었다. 중학교에 다닐 때까지 아이들과 싸워가면서 교회에 데리고 다녔지만, 결국 아이들은 성인이 된 후 교회에 나오지 않게 되었다. 이러한 일들은 그녀를 힘들게 했다. 한편 그녀는 교회에서 이건 아니다 싶은 것이 있을 때는 바른말을 했고, 그로 인해 성직자로부터 교회에 나오지 말라는 소리를 들었다. 자신이 교회에 가서 헌금 내고 봉사하는 것은 좋지만 자신들이 듣기에 불편한 말을 할 때는 연구참여자를 내쳤다.

"내가 가서 헌금 내는 거는 좋고 내가 가서 봉사하는 건 좋고 다 좋은데, 바른말 하니까 싫어하시고, 어떤 목사님은 저더러 나가라고 하시더라고요. 그래서 제가 교회를 본의 아니게 또 옮기게 되고, 그러면서 참 신앙생활에 어려움을 많이 겪었어요. 참 신앙생활이 어려워요. 저도 참 안타까웠어요. 나는 풍족하게 사는데, 주의 종들이 참 힘들게 사시니까. 저는 그분들이 누리고 사는 걸 원했어요. 저처럼 그 정도는 누리고 살아야지 하는 마음이 있어서 저희들이 주의 종들한테 그렇게 대한 거 같은데, 어떤 포인트에서 주의 종들이 그 물질에 눈이 뜨이시고 나니까 굉장히 달라지시더라고요. 제가 우리 제직들한테도 그런 소리를 했어요. 우리가 목사님 망쳐놨다. 우리가 그러면 안 된다."

연구참여자는 미국 한인교회의 실상 가운데 하나를 다음과 같이 이야기했다. 성직자들이 교회 회원들의 섬김을 받음으로써 물질에 눈을 뜨게 되었고, 그로 인해 성직자로서 자질이 변색되었다는 것이다. 그녀는 자신은 경제적으로 잘사는데 성직자와 가족들이 가난하게 사는 것이 안타까워 물질적으로 지원했던 것이 오히려 그들의 영적인 건강을 해치는 독이 되었음을 인지했다. 성직자들이 교회 회원들로부터 받는 (선물, 기부, 존경, 추앙 등) 것을 당연하게 여기며 때로는 그것을 노골적으로 요구하기도 하는 행태를 인지하게 되었다. 연구참여자는 그러한 현상은 성직자들을 잘못 대한 자신들의 잘못이라고 생각하고 있으며, 교인들의 태도가 변화되어야 성직자들이 소금으로서의 맛을 잃어버린 것을 회복할 수 있다고 여긴다.

② 성도들을 돈으로 보는 목사들

한인 국제결혼여성 가운데 어떤 사람들은 한국에서 학교도 제대로 다닐 수 없었던 가난을 피해 미국으로 이주했다. 연구참여자가 아쉽게 생각하는 것은 학교도 제대로 다니지 못하다가 구역장이 되고 집사가 되니 그것이 그들에게는 계급이 된 것이다. 즉, 교회에서 일부 교회 회원들이 봉사해야 할 직책을 계급으로 여겨 자신의 지난날을 보상받고자 하는 현실이 안타까웠다.

"그분들은 학교도 제대로 못 다니다가 교회에서 구역장이라 그러고, 집사님, 권사님 이렇게 되니까, 목사님한테 잘 보여서 그 계급이 돼버린 거야. 사람 앞에 기쁘게 하니까 자기가 꿈에도 꾸지 못했던 그런 구역장도 하고 그러잖아요. 그러니까 그런 분들이 교회 안에서 군림을 하니까. 지금은 정말 교회가 갈 곳이 없어요. 사실 우리 세대가 교회 안 가면 교회 문 닫아야 해요. 목사님께 '이건 이렇게 해야 하지 않을까요?' 그러면 말 듣기 싫으니까 '나가!' 하고 자기 마음에 드는 애들은 줄 세워서 집 사주고 뭐 사주고 하니까 당신 맘대로 다 되잖아요. 그러니까 저처럼 교회가 걱정되어서 바른말 하던 분들은 다 미국교회에 다니는 거야. 그렇게 미국교회 다니는 게 일반화가 돼버렸어요. 어떤 목사님 말마따나 골프를 치니까 성도들 머리가 골프공으로 보인다고, 성도들이 헌금 내는 거 보고 그 헌금 종이 들여다보고, 쟤는 몇 불짜리 성도, 쟤는 몇 불짜리 성도, 이런다고. 그 트렌드가 저희가 있는 이 선교회에도 자꾸 들어오고 있어서… 기도 제목이에요. 저희는 그런 거가 참 힘든 거 같아요."

미주 한인교회의 실상에서 나타난 문제는 교회 회원들이 성직자를 너무 받들고 물질적으로 지원하다 보니 성직자가 존경받는 것을 당연하게 여겨 성직자의 본분을 잊은 데 있다. 교인들이 목사에게 잘 보여서 집사나 권사가 되고 그러한 사람들은 교회 안에서 군림했다. 또한, 목사는 자기 마음에 드는 사람에게 집사도 시켜주고 권사도 시켜주었다. 심지어 어떤 목사는 골프를 치니까 성도들 머리가 골프공으로 보인다고 했고, 헌금내용에 따라 몇 불짜리 성도라고 분류한다는 것이다. 이러한 세태는 연구참여자가 있는 초교파 평신도 사역에도 퍼지고 있기에 연구참여자는 고민이 많다. 사람들의 공명심과 이를 부추기는 성직자의 문제는 연구참여자에게도 기도 제목이 되고 있으며 신앙의 힘든 점이라고 했다.

③ 국제결혼여성의 벗

연구참여자는 1994년부터 부동산중개업을 했고, 국제결혼여성에게 집을 팔게 되면서 국제결혼여성과 연결되기 시작했다. 처음에는 다른 국제결혼여성과 교류를 많이 하지는 않았다. 구역장이었기에 구역 식구들과 어울리는 정도였고, 어떤 면에서는 물과 기름처럼 서로 섞이지 않았다.

"학교 다닐 때 줄반장, 학교도 안 다녀보신 분들이 참 많아요. 국제결혼한 분들이 초등학교도 제대로 못 다녀보신 분들, 중학교 겨우 나오신 분들, 고등학교 나온 건 아주 드물고, 저처럼 그렇게 좋은 대학이 아니라도 대학 나오신 분은 미안한 소리지만 정말 왕따 당하고 살아요."

그러다가 부동산중개업을 하면서 국제결혼여성에게 집을 팔게 되었고, 연구참여자가 사는 지역에 시카고 대학의 분교가 있었는데, 그곳에서 군인들에게 한글을 가르치는 교수로도 일했다. 그렇게 하면서 자연스럽게 그 지역에 사는 국제결혼여성을 만나 그들을 돕는 일에 참여하게 되었다.

"저는 지역에서 어떤 일을 많이 했냐면, 시카고 대학의 분교가 우리 지역에 있었는데 거기 군인들 한글을 가르치는 일을 했고. 그러다 보니까 그 지역에 영어를 못하니까 힘들어하는 이런 분들이 많고, 남편한테 무시당하는 분들도 생기게 되고, 영어를 모르니까 관공서에 본인이 갈 수가 없는 사람도 많고, 또 영주권 신청해야 하는데 어떻게 할 줄 모르고 변호사한테 하면 돈도 많이 드니까 제가 영주권 신청을 해드리고, 또 양자 하는 거 도와드리고 하여튼 제가 그런 일을 다 했죠. 그리고 공증도 해드리고 하여튼 필요하다 그러면 쫓아다니면서 도왔죠. 그렇게 알게 되면서 그분들이 자기 백그라운드를 오픈하는 분들도 있고, 그렇게 가까워지는 계기도 많아졌죠."

국제결혼여성은 미국에 이주해서도 영어가 안 되거나 남편에게 무시당하는 사람들이 있었으며, 영주권을 신청하는 방법을 모르고, 또한 관공서에 가는 일에서도 많은 어려움을 겪었다. 이에 연구참여자가 이러한 일에 도움을 줌으로써 국제결혼여성과 연결이 이루어지기 시작했다. 당시 연구참여자는 초교파 평신도 사역(국제결혼가정선교전국연합회, 이하 국제선)을 시작하여 10년 동안 총무로 일했고 4년간 부회장을 하고 작년(2018)까지 4년간 회장으로 일했다. 국제선에서는 1년에 한 번씩 수련회를 했다. 수련회의 가장 중요한 프로그램은 '우리들의 이야기'라는 프로그램이다.

"우리 국제선교회 이제 1년에 한 번씩 미국 전역에서 모여 연합 수련회를 하는데, 지금은 이제 각 지역에서도 수련회를 하시고 계시는데 가장 좋아하는 프로그램이 뭐냐면 '우리들의 이야기'라는 바로 자신들의 삶을 나누는 시간이죠. 시작할 때는 스스로 나서는 사람이 없다가 한 사람씩 입을 열기 시작하면 봇물이 터지지요. 자기의 그 어려웠던 이야기가 나오기 시작해요. 그러면 너도나도 힘들었던 이야기들이 나오고."

국제결혼여성은 '우리들의 이야기' 프로그램을 통해 소속감을 얻고 공동체 안에서 공감하고 서로 위안을 얻었다. 그들은 당시 먹고살기 힘든 상황에서 결혼을 통해 미국으로 이주했고 미국에서 살만하게 되면 가족을 초청했다. 그 가운데 특히 흑인과 결혼한 사람들은 자신이 도움을 줘서 미국으로 건너온 가족들에게도 배제당했다.

"대부분의 국제결혼분들은 자기가 먹고살게 되면 가족들 도와주고 또 미국으로 가족들을 초청하고, 그래서 같이 어울려서 사는 경우도 많은데, 어떤 분들은 특히 이제 흑인하고 결혼하신 분들이 상처가 많은 게 본인 가족들한테, 음 자기는 동생들을 다 도와주고 그랬는데 남동생이 결혼하는데 자기들을 초청을 안 했다고, 자기하고 자기 남편을 초청을 안 했다고 그런 소리도 하고."

국제결혼한 여성 가운데는 국제결혼을 통해 가족에게 도움을 주었지만, 도움을 받은 가족들로부터도 감사함을 돌려받지 못했다. 오히려 도움을 준 가족들에게 외면당하는 사례도 있었으며, 이러한 마음의 상처는 연구참여자의 초교파 평신도 사역(국제선)에서 실행한 프로그램 '우리들의 이야기' 등을 통해 치유하기도 했다.

④ 가슴으로 품는 사람들

연구참여자는 국제선에서의 사역을 통해 아주 특별한 것을 배웠다. 그리고 국제결혼여성의 놀라운 특성을 발견했는데, 다름아닌 다른 사람들을 따뜻하게 품는 특성이다. 심지어 자신의 도움을 받은 후에 돌아선 가족들에게 또다시 도움의 손길을 내미는 행동을 하는 국제결혼여성을 보며 연구참여자는 진심으로 이들을 존경하게 되었다.

> "그분들은 가슴이 뜨거워요. 가슴으로 모든 일을 하고, 특히 저희 선교회 구성원들을 보면 대부분의 그분들은 가슴으로 일을 하시고 가족들을 품고 그러는데, 우리 세대 특히 저 같은 경우에는 가슴보다 머리가 먼저 가는 거 같아요. 그래서 그분들이 참 존경스럽고 우리가 할 수 없는 게 뭐냐면, 제 성품은 곱게 살고 곱게 자라서 그런지 몰라도 저건 아니야 하는 것들을 받아들이기가 참 힘들어요. 근데 그분들은 '그럴 수도 있지' 이렇게 하시더라고요. 그분들은 용납하고 받아들이는 걸 굉장히 잘하셔요."

국제결혼여성 가운데 어떤 분은 이런 말도 했다고 한다. "미련한 개가 지가 토했던 거 도로 먹는다"라고. 연구참여자는 국제결혼여성이 자신들을 무시하고 밀어내는 사람들이 다시 도움을 청했을 때 또다시 도움을 주는 것을 이해할 수 없었다. 오히려 '어떻게 그럴 수 있는가? 그런 수모를 겪었으면 이제는 안 그래야지'라고 생각했다. 한인 국제결혼여성이 미련한 개처럼 자기가 토한 것을 다시 먹는 행위인 줄 알면서도 도와주는 것을 말한다. 연구참여자는 이러한 국제결혼여성을 보면서 그들이 그렇게 다른 사람의 필요사항에 대해 외면하지 않고 비록 미련한 개가 되더라도 안아주고 받아들여주는 포용력이 정말 귀한 것임을 알게 되었다.

"공부도 못했고, 정말 어려운 일을 당하고, 인간쓰레기처럼 남들한테 업신도 당하고 그런 분들이에요. 거의 다. 그런데, 너무 달라. 너무 달라요. 사람을 대하는 거나 어떤 사건이 있을 때. 그래서 저는 그분들을 참 존경하지요. 존경하고. 제가 그래서 그분들한테 제가 이제 지난 4년을 총회장을 하면서, '정말 존경합니다' 그런 소리를 자연히 한 게, 나는 가슴으로 품어지지 않는데, 가슴으로 품는 걸 볼 때 '아, 나는 아직도 멀었구나.' 저래서 그 형제 부모를 데리고 오지 않았나. 그래서 그 부모 형제들한테 상처를 받았는데도 불구하고 또 도와줘요."

연구참여자는 국제결혼여성과 알게 된 것이 20년쯤 되어가고 있고, 국제결혼여성이 자신들은 업신여김을 받으면서도 다른 사람들을 대할 때 가슴으로 품는 것을 보며 반성하기도 했다. 이들은 상처를 받았음에도 또다시 상처를 준 사람에게 도움의 손길을 내민다. 이것을 곁에서 보면서 이들 국제결혼여성을 진심으로 존경하게 되었다.

⑤ 하파(HAPA), 하프 코리안 부모 찾아주기

연구참여자는 국제선 회장을 하면서 입양 한인을 만난 것이 3년 되었다. 그리고 2019년 10월 한국에서 열린 국제결혼여성대회(월드킴와 주최) 참석을 위해 귀국했을 때 혼혈인협회(HAPA)*에서 주최한 9박 10일 'Journey to Mother's Land(엄마의 나라 방문 체험)'를 후원하고 동참하기로 했다. 대다수 참가자는 한국 방문을 할 경제적 능력도, 지인들도 없어서 혼자서는 꿈도 못 꾸는 일을 돕기로 한 것이다.

> "하프 코리안. 그 사람들은 하와이안 말로 '해피니스'인가 그렇다는 거 같아요. 한국 피가 섞인 혼혈인의 모임으로 대다수 회원이 고아원, 할머니 또는 지인들의 손에서 양육 받다가 미국으로 입양된 경우가 많다 보니 이번 여행이 꿈을 이루는 기회의 여행이었어요. HAPA에서는 그들의 DNA 검사를 해서 이번 여행을 통해서 한국에 있는 가족을 찾아주기 위해 애를 썼지요."

'하파'는 혼혈을 가리키는 하와이언 말이라고 한다. 한국전쟁 후 한국인과 미군 사이에 태어난 아이들이 미국으로 입양되어 떠났다. 이들 가운데 일부가 2019년 국제결혼한 여성들과 함께 한국을 방문했다. 이들과 함께 한국을 방문한 국제결혼여성단체(월드킴와, 국제선)는 입양아들이 한국을 떠나기 전에 거하던 곳 방문, 한국에 있는 혼혈인 만나기 등 이들에게 필요한 도움을 주고자 했다. 입양인 가운데에는 한국에 나온 경험이 없던 사람들이 많다. 그리고 이들 가운데에는 호적이 없는 사람도 많기에 연구참여자는 이들이 한국의 가족을 찾는 것을 지원하겠다고 나섰다. 하나님이 자신

---

* 'HAPA'는 Half-Asian People's Association의 머리글자를 딴 용어다. 특히 19세기 말 하와이에는 아시아인이 몰려들었고, 당시 아시아인은 'half'라는 단어를 'hapa'라고 발음했다고 한다. 그러면서 hapa는 아시아계 미국인을 지칭하는 단어로 자리 잡았다.

에게 바라는 일이기에 다른 사람이 먼저 시작했지만, 자신이 마무리를 짓게 되었다고 한다. 한국 재외동포재단에서도 DNA 은행** 설립을 추진하여 재외 입양인의 친부모 찾기를 돕고 있다.

"이제 저는 남은 생에 하나님이 주신 걸 가지고 물질이나 시간이나 가는 선교, 오는 선교, 보내는 선교, 그렇게 하고 여행도 다니고 그러는 걸 지금 하려고 하니까. 만약 하나님이 허락하시면 다닐 수 있는 여건이 되면 다니려고 하고 있어요."

연구참여자는 자신의 삶을 하나님이 축복해주셨기에 그것으로 다른 사람들을 도우며 남은 삶을 살아가고자 한다. 연구참여자가 도우려는 사람들은 한인 국제결혼여성 그룹과 혼혈인 및 입양아 그룹이다. 그리고 기회가 된다면 결혼하여 한국으로 이주한 외국 여성 가족들도 돕기를 바란다.

⑥ 한국 남성과 결혼한 외국 여성들과의 연결

연구참여자는 해외에서 뉴스나 다른 매체를 통해 한국으로 결혼하여 이주한 외국 여성들에 관한 내용을 접했다. 어느 날 한 방송에서 베트남에서 온 여성을 보았다. 그 여성은 많이 배운 사람 같아 보였으나 자신감이 없는 것을 보고 마음으로 굉장히 안타깝게 여겼다. 그리고 그 사람에게 '당신은 할 수 있다' 그런 말을 하고 싶은 심정이 되었다. 그러나 해외에 거주하

** 재외동포재단은 해외 입양인이 서류만으로 한국에 있는 친부모를 찾기 어렵기 때문에 DNA 은행 설립을 추진하고 있다. 이미 실종자나 전사자 가족 찾기에 DNA가 활용되고 있기에 희망자가 DNA 은행에 유전자 정보를 등록하면 현재보다 친족을 빠르게 찾을 수 있을 것이라고 했다 (LA 중앙일보 2020년 1월 18일자 2면).

는 한인 국제결혼여성은 이러한 마음을 가진다 해도 한국으로 이주한 결혼이주 외국 여성을 만나 그러한 마음을 나누기는 현실 여건상 어려움이 있었다. 서로 사는 공간이 다르기 때문이다.

"저희들과 그들. 그들과 시간을 가질 수 있는 기회를 만든다면 서로에게 격려해주고, 공감하는 삶의 동역자가 될 수 있고, 또 그들에게도 또한 저희가 앞서간 자들로 모범이 되어줄 수도 있다는 점."

연구참여자는 한인 국제결혼여성과 한국 거주 결혼이주 외국 여성이라는 두 그룹의 교류는 아직 이루어지지 않았지만, 앞으로 결혼이주 외국 여성들과의 교류뿐 아니라 그 자녀들과의 교류도 이루어지기를 바라고 있다. 한국을 떠나 외국에서 살아온 재외한인여성 그룹과 결혼하여 한국으로 이주한 결혼이주 외국 여성 그룹은 서로에게 영감을 줄 수 있다. 그리고 더 나아가 한인 국제결혼여성의 선행된 이주자의 삶은 결혼이주 외국 여성들에게 롤모델이 될 수 있을 것이라고 생각한다.

⑦ 한국의 다문화: 남편이 변해야 함

연구참여자는 자신이 미국 사회에서 말할 때 음성의 높낮이를 다르게 하면서 원주민처럼 말하지 못하고 이상하게 하더라도 남편은 자신의 긍정적인 면을 보고 잘했다고 말해주고, 남들 앞에서도 그렇게 했다는 것이다. 그것으로 인해 사람들이 자신을 무시하지 못했다고 한다. 그녀는 만약 자신이 한국인 남성을 만났다면 오늘의 자신이 있었을까를 생각했을 때 그렇지 않았을 것이라고 생각한다. 그러므로 외국인 신부를 데려온 한국 남성은 먼저 그 마음에서 아내를 받아들이고 존중하는 자세가 있어야 한다는 것이다.

> "한국 사회에서 만약에 그런 외국인 신부와 결혼을 해서 산다면 그 남자분이나 그 가족들이 그분을 받아들여주는 그런 게 우선 있어야 하고, 또 자녀들을 같이 키워야 하는 거지 여자가 혼자 키울 수 있는 건 아니거든요."

연구참여자는 한국의 다문화가정이 갖는 어려움에 대해 앞선 경험자로서 그들을 도울 수 있고, 도울 의사가 있다고 연구참여자는 말한다. 그리고 그들은 한국의 아주 큰 자원이라고 역설한다. 자신에게 주어진 경제적 풍요를 국제결혼여성과 혼혈인, 입양인을 위해 사용하고 필요한 도움을 나누어야겠다는 결심을 새롭게 했다. 그리하여 국제결혼여성단체인 월드킴와, 그리고 국제선과 협력하고 한국의 정부 기관과 연계하여 혼혈인, 입양인의 부모나 가족 찾아주기, 한국의 결혼이주 외국 여성들, 그리고 그들 자녀들과의 연계도 지속하여 추진하려는 목표를 가지고 있다. 그리하여 한인 국제결혼여성은 자신들의 영향력이 사람들을 돕고 축복하는 데 사용되기를 바라고 있다.

4장

별이 된 상처:
미국 한인이주여성의 초국적 삶

1. 개인적 삶에서의 이주
2. 사회적 삶에서의 문화적응
3. 초국적 삶에서의 공동체
4. 한국에 보내는 메시지

이 장에서는 한인이주여성의 삶을 개인의 단편적 삶의 파편으로 치부하지 않고 초국적 삶을 살아온 이주민 삶의 표본으로서 그녀들의 삶을 통시적 관점에서 살펴보았다. '별이 된 상처(Scars into Stars)'가 상징하듯 그녀들의 삶은 아픔도 많았지만, 이제는 별처럼 빛나고 있다. 총 3개의 영역으로 그녀들의 삶을 나누어 개인적 삶에서의 이주, 사회적 삶에서의 문화적응, 마지막으로 초국적 삶에서의 공동체 관점으로 한인이주여성의 삶을 정리했다. 그리고 동시대를 초국적 삶으로 완성한 7명의 한인이주여성이 한국 사회에 전하는 메시지에 귀를 기울였다. 그녀들이 현재 한국 사회에 전하고픈 메시지가 무엇인지 살펴보는 것은 공시적인 관점에서 한국 다문화 사회가 처한 상황을 타자화하여 바라보게 할 것이며, 동시에 한국 다문화 사회가 나아갈 길을 모색하는 데 커다란 도움이 될 것이다.

1.
개인적 삶에서의 이주

7명의 한인이주여성은 개인적인 여러 상황으로 인해 모두 미국으로 이주했다. 각자 저마다의 사연을 가진 채 태어나고 살아온 고향을 떠나 낯선 땅으로 이주했고, 현재까지 그 선택으로 낯선 땅에서 살고 있다.

연구참여자 1은 한국에서 이혼을 겪은 후 당시 미군이던 현재의 남편을 만나 미국으로 이주한 여성이다. 이혼 후 아들과 떨어져 살던 연구참여자는 여성으로서 그리고 어머니로서 가장 힘든 시기를 보내고 있었고, 친구의 소개로 현재의 남편을 만났다. 부부의 인연으로까지 발전하며 연구참여자는 자연스럽게 미국으로 이주하여 새로운 삶을 시작했다. 그러나 연구참여자의 새로운 삶에는 미국과 함께 항상 한국이 있었다. 연구참여자에게 마음의 한국이란 한국에 두고 온 아들이었다. 표면적으로는 순탄한 문화적 응을 하며 새로운 삶을 시작하고 있었지만, 사실 연구참여자는 한국에 두고 온 아들로 인해 진정한 의미의 새로운 삶을 시작하지 못하고 방황하고 있었다. 연구참여자가 미국으로의 이주를 선택하며 겪은 대표적인 개인적 상처는 한국에 두고 온 아들에 대한 어머니로서의 내적 갈등, 즉 그리움과 죄책감이었다.

　연구참여자 2는 미국으로 이주하기 전까지 한국에 주둔한 미군 부대에서 타이피스트로 일하던 여성이다. 1970년대 초 한국은 북미 같은 선진국으로의 이주를 응원하고 지지하는 사회 분위기였다. 이러한 사회 분위기와 함께 타이피스트라는 직업을 가진 연구참여자는 '아메리칸 드림'을 꿈꾸는 사람 중 하나였다. 그래서 한국 사회의 분위기에 편승하면서 연구참여자도 미국으로의 이주, 결혼을 통한 이주를 선택한 당시의 젊은 여성 중 한 명이었다. 그러나 언어와 문화에 대한 일련의 준비과정 없이 선택한 이주는 절대 쉽지 않았다. 낯선 땅에서 마주한 삶은 매우 험난했고, 그 속에서 연구참여자는 끊임없이 좌절을 경험하며 한국과 미국 사이에서 갈등했다. 그래서 연구참여자는 미국에서 산 지 1년 만에 도망치듯 한국으로 되돌아가기도 했다. 언어와 문화가 다른 미국에서의 문화적응 자체가 연구참여자에게는 상처의 시간이었고, 이주 초기에 상처의 시간은 피해갈 수 없었다.

　연구참여자 3은 부모님의 이혼으로 누구보다 불우한 유년 시절을 보냈다. 미국으로의 이주를 통해 가족에게 받은 상처를 치유한 한인이주여성이다. 연구참여자는 친부와 친모 사이를 오가며 불안정한 유년 시절을 보냈고, 자라온 환경 탓에 항상 미래에 대한 불안감이 있었다. 연구참여자는 자신의 불안한 미래를 떨치기 위해 책을 읽고 공부에 매진했고, 이러한 노력이 모여 남편을 만날 기회가 만들어졌다. 그리고 어린 시절의 아픔을 보상이라도 받듯 한국으로 출장 온 남편을 만나 미국으로 이주하면서 한국 가족에게 받은 상처를 새로운 가족을 통해 극복할 수 있었다. 다른 연구참여자들이 이주라는 선택으로 인해 상처의 시간을 겪어내야 했다면, 연구참여자에게 미국으로의 이주는 오히려 상처받았던 유년 시절을 치유해주는 특별한 시간이었다.

연구참여자 4는 미국에서 교도소 사역이라는 특별한 삶의 이력을 가지고 있다. 결혼을 통해 미국으로 편입한 이주민이 아니다. 한국의 정치적 변화와 함께 연구참여자의 가족은 자신들의 의지와 상관없이 미국으로 도망가듯 이주해야 했고, 당시에 10대였던 연구참여자는 아무런 계획도 없이 부모님을 따라 낯선 미국 땅에서 살 수밖에 없었다. 그렇게 떠난 미국에서의 삶은 한국과 너무 달랐고, 당시에 어린 연구참여자는 이주로 인한 문화갈등과 충격을 고스란히 경험할 수밖에 없었다. 사업을 하는 아버지 덕에 부유한 유년 시절을 보낸 연구참여자가 부딪친 삶은 빈곤과 외로움이었기 때문이다. 이주로 인해 송두리째 변해버린 삶의 변화는 국적, 성별, 나이와 상관없이 누구나 경험할 수밖에 없는 상처이고 부모님의 돌봄을 받는 10대의 나이일지라도 피해갈 수 없는 운명과도 같았다.

연구참여자 5는 가난한 삶과 가난한 한국에서 벗어나 선진국에서 부유하게 살아가고자 미국으로 이주한 여성이다. 미국에 대한 동경과 국제결혼을 꿈꾸었던 연구참여자는 양호교사라는 안정적인 직업까지 포기하며 미국으로의 이주를 감행했다. 연구참여자는 27세라는 젊은 나이에 홀로 미국에 첫발을 내디딘 용감한 여성이었다. 그러나 이상과 현실은 너무 달랐다. 연구참여자를 기다리고 있던 것은 냉혹한 현실이었고, 그녀는 자신의 모든 경력을 인정받지 못한 채 청소부라는 낯설고 고된 삶을 견뎌내야 하는 상처를 감당해야 했다. 이주를 통해 한국에서 가지고 있던 모든 경험과 경력들을 포기해야 하는 상처를 안고 새로운 삶을 시작했다.

연구참여자 6은 미국으로의 이주를 택하며 딸로서의 지위까지 박탈당하는 상처를 경험한 한인이주여성이다. 의대를 가기 위해 재수를 하던 중 미군이던 남편을 만났고, 이로 인해 삶의 방향은 완전히 달라졌다. 연구참여자는 집안의 반대를 무릅쓰고 미군이던 남자와 결혼을 결정했고, 이 선택으로 인해 그녀는 호적에서 이름까지 지워지는 상처를 겪었다. 호적에서 지워진 이름은 단지 법적인 지위를 상실한 것만이 아니라 그녀가 더 이상 의지하고 돌아갈 곳, 한국이 사라진 것을 의미한다. 실제로 연구참여자가 미국에서 남편에게 버림받았을 때, 그녀는 돌아갈 고향이 없었다. 가족의 반대를 무릅쓰고 선택한 이주였기에 더욱 면목이 없어 한국에 연락할 수 없었지만, 사실 연구참여자는 어느새 한국인으로서의 정체성을 잃어버린 상태였다. 미국인으로서도 한국인으로서도 어디에도 속하지 못한 채 이방인처럼 외롭게 홀로 힘든 시간을 견뎌내야 했고, 그녀의 사라진 정체성은 상처의 시간이었다.

연구참여자 7은 먼저 이주한 언니들의 영향과 혼란스러운 한국의 사회 분위기에 편승해 미국으로 이주를 감행한 한인여성이다. 부마항쟁과 5.18민주화운동 같은 혼란스러운 한국의 정치적 상황, 그리고 무엇보다 국제결혼하여 이주한 언니들의 영향으로 인해 연구참여자는 미국으로의 유학을 꿈꿨다. 특히, 엘리트 코스를 밟는 오빠들로 인해 연구참여자는 집안에서 늘 그림자 같은 존재로 살아야 했고, 그 속에서 벗어나길 꿈꿨던 연구참여자는 미국으로의 이주를 강하게 소망했다. 그러나 부모님의 반대로 쉽게 유학의 길은 열리지 않았고 미국으로의 이주가 좌절되고 있었다. 그 무렵 두드리면 열린다는 말처럼 연구참여자는 지인의 소개로 미군 신분의 한 남자를 만났다. 부모님의 반대를 무릅쓰고 한국에서 미군과 결혼한 후 미국으로 이주했고, 이 과정에서 연구참여자는 부모님과 한국 가족들과의 이별이라는 상처를 경험했다. 이주라는 새로운 도전은 결국 사랑하는 또 다른 가족과의 이별이라는 상처를 감당해야 하는 선택이었다.

2.
사회적 삶에서의 문화적응

개인적인 다양한 이유로 7명의 한인이주여성은 미국으로 이주했지만, 그녀들이 새로운 미국에서 문화적응을 해야 하는 것은 공통의 숙명이었다. 문화적응은 선택이 아닌 삶 자체였고, 그것은 홀로 해낼 수 있는 것이 아니었다. 한 남성의 아내로만 살아간다면 집이라는 동굴 속에서 숨어지내도 되겠지만, 7명의 한인이주여성은 주체성을 가진 한 개인으로서 살아가고자 했고, 그러기 위해서는 미국 사회 속으로 뛰어들어야 했다. 사회 속으로 뛰어들어야만 미국인이 될 수 있었고, 그것이 문화적응이었다.

연구참여자 1은 한국에서 아들을 데리고 오면서 본격적인 미국에서의 활동, 즉 문화적응을 시작했다. 이주 초반에 서툰 영어 실력이 연구참여자를 위축되게 만들었지만, 비교적 언어 제약을 받지 않는 꽃집 아르바이트를 시작하며 미국에서 자신의 사회적 영역을 확대해갔다. 꽃집 아르바이트는 가정경제를 운영하는 비즈니스로까지 발전했고, 이러한 경제적 활동을 통해 자신감을 얻은 연구참여자는 점차 사회적 활동으로 그 영역을 확대해나갔다. 그 결과, 연구참여자는 미국 내의 국제결혼여성회에서 활동하며 곤경에 처한 여성들을 돕고 민주당에서 봉사활동을 하며 다양한 인권 활동에 참여하여 사회적 삶을 실천했다. 일련의 모든 봉사활동은 연구참여자를 한인여성 인권운동가로서 실천적 삶을 살아가게 했다.

연구참여자 2는 한국에서 미국으로의 이주뿐 아니라 미국 내에서의 반복적인 이주를 경험하며 이주 초기에 부적응을 경험한 이주민이다. 한국에서 부푼 꿈을 가지고 처음 도착한 지역은 미국의 시애틀이었다. 그러나 전남편의 직장 등 여러 문제로 인해 연구참여자는 새로운 환경에 적응하기도 전에 미국 내에서 잦은 이주를 할 수밖에 없었다. 시애틀에서 아이오와주 그리고 콜로라도주를 거쳐 워싱턴주의 해군 부대가 주둔한 휘드비섬까지 미국 대륙을 횡단한 끝에 연구참여자는 휘드비섬에서 최종적으로 정착할 수 있었다. 여러 곳을 전전하다가 최종적으로 정착하여 현재까지 살고 있는 휘드비섬은 연구참여자에게 제2의 고향 같은 곳이며, 삶의 가장 중요한 사건들이 함께한 장소다. 연구참여자는 휘드비섬에서 전남편과 이혼하고 지금의 남편을 만나 재혼하여 제2의 삶을 시작했다. 그리고 이곳에서 부모와도 같은 존재, 양부모나 다름없는 노부부와 인연을 맺었다. 노부부와의 인연은 연구참여자가 미국에서 안정적인 결혼생활을 누리고 이주민이 아닌 정주민으로서 살아가게 하는 결정적인 사건이었다. 노부부와의 인연을 통해 연구참여자는 미국 사회에서 따뜻한 가족을 경험하고 이주민이 아닌 정주민으로서의 삶으로 나아갈 수 있었기 때문이다. 즉, 두 번째 결혼과 함께 만난 노부부와의 인연을 통해 연구참여자는 주변 이웃을 돌아보는 사회적 삶을 시작했다.

연구참여자 3은 한국에서의 힘겨운 유년 시절을 보상이라도 받듯 미국에서의 삶과 문화적응이 매우 긍정적이고 순조로운 국제결혼을 한 한인여성이다. 남편과 시어머니는 연구참여자가 낯선 환경과 문화에서 성공적으로 문화적응을 하게 만든 조력자다. 이렇게 든든한 가족이라는 울타리 속에서 연구참여자는 가족 내에서의 삶뿐 아니라 미국 사회의 구성원으로서, 특히 이주민 삶의 조력자로서 사회적 삶을 살아갔다. 그 시작점은 버지니아 총기 사건인 조승희 사건이었고, 이 사건을 통해 연구참여자는 이주민 자녀, 조승희 같은 한국 교포의 아이들을 돌보는 일을 시작했다. 바쁜 부모로 인해 집에서 방치되는 이주민 아이들을 직접 자신의 집으로 데려와 영어책을 함께 읽는 책벌레 클럽을 운영했다. 그리고 책벌레 클럽은 한국의 취약계층 아이들을 위한 영어교육으로까지 발전했다. 이주민을 위한 사회적 삶은 결국 그녀가 미국에서 성공적인 문화적응을 하는 기반이었고, 이주민에서 정주민으로 살아가게 했다.

연구참여자 4는 10대의 나이에 가족과 함께 미국으로 이주했다. 그러나 부모님과 다른 가족은 몇 년 후 한국으로 되돌아갔고, 연구참여자만 언니와 함께 미국에 체류하는 결정을 했다. 미국에서의 삶을 선택한 연구참여자는 학업에 매진했고, 그 덕에 이주 초기와 달리 다양한 사회적 경험을 하며 미국에서 순조로운 문화적응을 할 수 있었다. 특히, 한국어와 영어를 유창하게 하는 덕에 연구참여자는 미국의 주류사회에 속해 활동했는데, 그녀가 자신의 진정한 삶을 일구기 시작한 것은 법률사무소에서 일하면서부터다. 법률사무소에서 만난 사람 중에 미국인과 국제결혼한 한인여성이 있었고, 이 중에는 소위 '기지촌 여성'이라 불리는 여성들이 있었다. 기지촌 여성들은 미국에서 적응하지 못하고 방탕한 생활을 하며 도움을 필요로 했고, 연구참여자는 그녀들을 도우며 제2의 삶을 살기 시작했다. 그리고 기지촌 여성들을 도우며 시작한 봉사하는 삶은 교도소의 한인 재소자를 돕는 일로 발전했다. 연구참여자는 남편과 함께 재소자들을 자신의 자식들로 부르며 사랑을 실천하는 사회적 삶을 살아간 것이다.

연구참여자 5는 청소부 일을 하며 미국에서의 이민 생활을 시작했다. 한국에서 간호사라는 전문 직업을 가진 여성이었지만, 미국에서 연구참여자는 외국에서 온 낯선 이주민일 뿐이었다. 그렇게 기대와 다른 미국에서의 삶이었지만, 연구참여자는 좌절하지 않고 칼리지에서 영어를 배우며 차근차근 문화적응을 했다. 문화적응을 하는 가운데 연구참여자의 두 번째 꿈인 미국 남자와 국제결혼도 하면서 하나씩 '아메리칸 드림'이 실현되었고, 그녀의 아메리카 드림은 다시 사회적 삶으로 발전해나갔다. 전직이 간호사였던 연구참여자는 사회에 봉사하는 삶에 대한 소망이 있었고, 자신의 재능을 사회에 환원하면서 사회적 삶을 시작했다.

연구참여자 6은 파란만장한 삶을 살아온 한인이주여성이다. 유학이 좌절된 연구참여자는 당시에 미군이던 남편을 만나 결혼했다. 그러나 한국에서 첫아이를 낳고, 둘째를 임신한 채 떠난 미국 생활은 연구참여자가 상상한 삶과 달랐다. 심각한 의처증을 앓고 있던 남편은 다른 여성과 외도를 했고, 연구참여자에게 느닷없이 이혼을 요구했다. 낯선 땅에서 연구참여자는 2주 만에 두 아이와 재산 등 모든 것을 잃은 상태가 되었고, 어느새 자살까지 결심하는 극한 상황에 놓여 있었다. 이러한 극한 상황에서 다행히 연구참여자를 돕는 주변 사람들이 나타났고, 그들의 도움과 지지로 연구참여자는 현재의 좋은 남편을 만날 수 있었다. 그리고 이혼 1년 뒤에 새로운 가정을 꾸린 연구참여자는 남편의 지지 속에서 약대에 진학할 수 있었다. 약대 진학으로 약사의 길을 가고자 했지만, 최종적으로 다시 신학대에 입학하여 박사과정을 마친 후 목회자가 되었다. 이러한 선택과 결정이 연구참여자를 목회자로서 살아가게 했고, 목회자로서의 삶은 연구참여자가 지향하는 삶의 방향을 모두 바꿔놓았다. 미국으로 이주하여 평범한 주부로 살아가는 대신 시련과 좌절을 통해 목회자라는 사회적 삶을 살아가는 인물이 되었다.

　연구참여자 7은 결혼과 출산으로 미국에서의 삶을 시작했다. 주변에서는 장교가 아닌 사병인 남편과의 결혼에 대해 많은 걱정과 우려를 표했지만, 연구참여자에게 남편의 직위는 문제가 되지 않았다. 남편에 대한 믿음이 있었고 미국에서의 삶에 대한 꿈이 있었기에 연구참여자는 망설임 없이 1982년 혼인신고를 하고 1983년 미국으로의 이주를 감행할 수 있었다. 친정의 반대가 있었지만 비교적 순탄한 과정이었고, 쌍둥이를 출산하기 전까지만 해도 큰 시련이 없었다. 그러나 1987년 쌍둥이 미숙아를 출산하면서 연구참여자에게 큰 시련이 다가왔다. 출산 과정에서 과다출혈로 생명을 잃을 수도 있는 상황에 놓였고, 홀로 그 모든 시간을 감내해야 하는 상황이었다. 죽음을 목전에 두고 사투를 벌여야 하는 상황에서 연구참여자가 의지하고 기댄 존재는 하나님이었다. 연구참여자는 출산을 통해 기적을 경험했고, 이 경험을 통해 하나님을 진정으로 믿는 신앙인으로 다시 태어날 수 있었다. 다양한 사회적 갈등과 상처를 이겨내고 문화적응을 하는 것이 이주민의 숙명이지만, 연구참여자가 경험하고 이겨낸 갈등과 상처는 생사의 갈림길이었다. 그리고 연구참여자는 이 시간을 통해 신앙인으로서 선교 활동을 하며 미국에서의 문화적응, 나아가 사회적 삶을 살아갈 수 있었다. 즉 연구참여자가 쌍둥이를 출산하며 겪은 생사의 갈림길은 그녀를 신앙인으로서 다시 태어나게 했고, 그 속에서 그녀는 온전한 문화적응을 할 수 있었다.

3.
초국적 삶에서의 공동체

성공적인 문화적응으로 인해 7명의 한인이주여성은 미국 시민으로서, 정주자로서 의 삶에 도달할 수 있었다. 그러나 그녀들은 미국 시민으로서 살아가는 삶에 안주하지 않고 더 높은 지점을 향해 달려갔다.

연구참여자로서 만난 7명의 한인이주여성은 모두 월드킴와에서 만난 이주민이다. 월드킴와는 국제결혼여성으로 구성된 국제 규모의 단체로, 국가 간 경계를 가로질러 한국과 정주국에서 다양한 초국적 활동을 하는 공동체다. 7명의 연구참여자는 월드킴와의 일반회원이거나 회장직 같은 임원을 맡은 바 있는 구성원으로, 역할의 차이만 있을 뿐 그녀들은 공동체를 통해 초국적 삶을 지향하는 이주민이다.

공동체를 구성하고 그 속에서 활동하는 배경에는 미국에 거주하는 국제결혼한 한인 여성의 대부분이 차별과 편견을 경험한 바 있기 때문이다. 국제결혼한 한인여성은 미국의 정주민에게서 받은 차별과 편견뿐 아니라 같은 이주민 입장의 한인에게도 차별과 편견의 대상이었다. 이러한 상황은 개인의 일탈이나 특성이 아니라 사회 및 문화적 차원에서 만들어진 배타주의를 기반으로 한다. 한국을 떠나 새로운 삶을 살기 위해 온 이주민은 그들 안에서 또 다른 이주민, 즉 타자를 만들고 있었다. 타자로서의 또 다른 이주민은 미군과 국제결혼한 한인여성으로, 이주민은 미군과 국제결혼한 한인여성을 이방인으로 대우하고 있었다.

그러나 이 책에서 소개하고 있는 7명의 한인이주여성은 그 어디에도 속하지 못하는 이방인이 아니라 그 어디에도 편향되어 매몰되지 않는 양국의 정주민으로서 살아가고 있다. 월드킴와 같은 공동체 속에서 초국적 유대관계를 맺고, 자신의 정체성을 하나가 아닌 둘로 만들어 삶의 영역을 확대하여 살아가고 있는 그녀들의 삶에서 다문화 사회의 다양한 삶의 지평을 발견할 수 있다.

월드킴와에서 15대 부회장으로서 봉사활동을 하는 연구참여자 1은 공동체를 통해 초국적 삶을 사는 대표적인 한인이주여성이다. 월드킴와에서 펼치고 있는 초국적 활동 외에도 연구참여자는 다양한 공동체 활동, 예컨대 미주한인민주당, 전 버지니아주 주지사 자문위원, 전 페어팩스카운티 여성부 소수계 대변인 등을 통해 미국 내에서 국제결혼 한인이주여성의 위상을 높이고 이주여성의 지위를 격상시키는 데 애쓰며 살아가고 있다. 이러한 연구참여자의 활동은 미국 내뿐 아니라 그녀의 모국인 한국에도 영향을 미치고 있다. 한국을 위한 연구참여자의 초국적 활동에는 기지촌 할머니를 돌보는 일, 동두천에 있는 혼혈학교 지원, 다문화 이주여성과 대안학교 지원 등이 있다. 연구참여자는 혈연관계의 가족뿐 아니라 한국인 모두를 자신의 가족으로서 돌보는 전형적인 초국적 이주의 삶을 살아가고 있다.

미국 내에서도 한곳에 정착하지 못하고 여러 곳을 이주하며 부적응을 경험한 연구참여자 2는 현재 휘드비섬이라는 섬 지역에 정착하여 노후를 보내고 있다. 연구참여자는 현재 정주민으로서 미국 내 취약한 환경의 주변 이웃을 돕고, 나아가 아프리카의 어린이들을 후원하는 활동을 하고 있다. 연구참여자가 선택한 초국적인 삶은 주로 후원하는 활동으로, 월드킴와를 통해 한국을 후원하는 활동에 참여하고 있다. 대도시가 아닌 섬 지역에 거주하는 환경의 특성상 연구참여자는 봉사활동에 직접 참여하는 방향보다 후원하는 방향을 선택했고, 월드킴와 같은 공동체 활동을 통해 자존감과 정체성을 잃지 않으며 초국적 활동을 지속하고 있다.

연구참여자 3은 교육자로서 초국적인 삶을 살아가고 있는 한인이주여성이다. 어려운 유년 시절을 보낸 연구참여자는 공부를 하며 미래를 꿈꿨고, 그 결과 미국에서 단란한 가정을 꾸리며 살 수 있었다. 이러한 연구참여자의 경험이 그녀를 불우한 환경에 놓인 아이들의 선생님이 되게 만들었고, 미국 한인 이주민 아이들뿐 아니라 한국의 취약계층 아이들을 위한 영어교육자가 되게 만들었다. 연구참여자는 한국의 도서 지역처럼 교육의 사각지대에 놓인 아이들을 위해 화상영어교육을 개발했고, 정부의 예산을 받아 60여 개의 벽지학교에 영어교육을 보급했다. 현재는 현실적인 문제에 부딪혀 안타깝게도 영어교육을 진행하지 못하는 상황이지만, 2014년부터 비영리 화상영어교육 과정을 준비하고 있다. 연구참여자는 미국의 이주민 자녀들뿐 아니라 한국의 취약계층 아이들의 교육에 앞장서며 한국과 미국 아이들의 교육자로서 초국적 삶을 영위하고 있다.

연구참여자 4는 교도소 사역을 중심으로 봉사활동을 하면서 지역사회를 넘어서 한국의 다문화 사회에 이주민으로서의 경험을 나누는 활동을 하고 있다. 물론, 개인의 의지와 역할이 매우 중요하겠지만, 연구참여자는 초국적인 차원에서 '월드킴와'라는 공동체를 통해 좀 더 선한 영향력을 한국에 전파하고자 한다.

연구참여자 5는 봉사의 범위를 넓혀 현재 필리핀에서 18년째 봉사활동을 함과 동시에 한인 결혼이주여성의 권익을 증진하고 대변하는 일을 하고 있다. 그리고 월드킴와를 통해 미국 가족에게서 존중받은 결혼이주여성으로서의 경험을 한국의 다문화가정에도 전하는 역할을 하고자 한다. 현재는 한국에 거주하는 한국인보다 더욱 한국의 미래, 특히 결혼이주여성이 존중받는 다문화가정을 위해 노력하는 삶을 살고 있다.

월드킴와에서 중추적인 역할을 하는 연구참여자 6은 현재 월드킴와의 총회장을 맡고 있다. 국제결혼을 택한 탓에 한국에서도 미국에서도 이방인 같은 삶을 살아야 했던 연구참여자는 어려운 고난의 시간을 이겨내고 목표한 바대로 신학대학교에서 박사과정을 마친 후 목회 활동을 시작했다. 자신처럼 낯선 미국 땅에서 도움을 청하는 국제결혼여성을 만나 그녀들을 위한 봉사활동을 하며 살고 있다. 그리고 공동체 속에서 봉사활동의 범위를 확장하여 현재 국제결혼여성과 한국에서 세계 여러 나라로 입양된 한인 입양 동포와의 연계를 기획하고 있다. 입양 동포의 장점과 국제결혼여성의 장점이 합쳐져 양쪽 그룹의 발전과 아울러 한국에 도움이 되는 역할을 하고자 한다.

현재 국제결혼가정선교회에서 초교파 평신도 사역을 하며 선교 활동을 하는 연구참여자 7은 자신 같은 국제결혼한 한인여성을 위한 활동 외에도 '입양아와 혼혈아의 부모 찾기 운동' 등을 활발하게 진행하고 있다. 연구참여자는 월드킴와 같은 공동체 속에서 한국으로 결혼이주한 여성들을 위한 활동을 모색하며 초국적 삶을 살아가고 있다.

4.
한국에 보내는 메시지

7명의 미국 한인여성의 삶은 개인의 통과의례 과정이지만 동시에 한국의 다문화 사회가 가진 문제가 무엇인지, 그리고 나아갈 길을 제시해준다. 그래서 마지막으로 그녀들이 전하는 당부와 염려의 메시지에 귀 기울이고자 한다.

1) 이주민을 위한 교육 및 사회정착 프로그램의 필요성

연구참여자에게 미국에서 적응하는 데 큰 도움이 된 것은 미국의 사회 제도적 장치나 시스템이었다.

"고등학교에 보면 그 ESL 클래스라고 이민 온 사람들에게 무료로 영어를 가르쳐주는 그런 시스템이 있어요. 그래서 아마 교재비 정도 받고 그 지정된 고등학교에서 저녁 시간에 약간 일 끝나고 우리들이 가서 배울 수 있는 그러니까 상중하 이렇게 클래스를 해가지고 그렇게 가르쳐주는 시스템이 있어요. 그게 참 많이 도움이 되고, 제가 여성회에서 일하다 보니까 가정폭력 같은 경우 미국 쉘터와 미국 기관하고 연결을 해가지고 집을 한 채 마련을 해줘요. 2년 텀이지만 그래서 그 가정폭력 피해 여성이 자립을 할 수 있게끔 직업도 알선해주고 기술을 배우게끔 하고 자녀가 있으면 학교도 보내주고 그런 프로그램을 2년 정도 할 수 있고 그 후에는 대부분 자립을 해요. 그런 게 참 좋았던 거 같아요."(연구참여자 1)

1990년 미국으로 이주하여 현재까지 살면서 연구참여자가 경험하고 기억하는 미국 사회에 고마운 사회제도 및 정책은 크게 두 가지가 있었다. 먼저, 이주민을 위한 무료 언어교육으로, 체계적으로 학교에서 이주민을 위해 영어교육을 하는 부분에 대해 감사함과 함께 필요성도 전했다. 현재 한국도 이주민을 위한 한국어교육이 시·도 단위로 무료 진행이 되고 있다는 점에서 고무적이다. 언어교육 정책의 적극적인 확산과 발전이 더욱 필요하다는 사실을 그녀의 경험을 통해 배울 수 있었다. 그리고 그녀가 떠올린 또 하나의 고마운 사회제도 및 정책은 가정폭력 피해자 여성을 위한 자립 프로그램이었다. 가정폭력 피해자 여성들에게 제공되는 집과 직업교육 및 소개는 가장 실제적이고 현실적인 사회제도라 할 수 있다. 실제로 가정폭력 피해자 여성 중에는 결혼이주여성이 큰 비중을 차지하고 있기에 가정폭력 피해자 여성을 위한 사회제도는 사실 다문화 사회를 위한 정책 중 하나로 볼 수 있겠다. 한국에도 가정폭력의 피해자인 결혼이주여성의 사례가 뉴스나 신문 등의 매스미디어를 통해 종종 보도되고 있지만, 그 이후 그녀들이 현재 어떠한 사회적 보호와 도움을 받으며 삶을 살아가고 있는지 오리무중이다. 전문가뿐 아니라 일반인들도 모두 알 수 있는 가정폭력 피해자 여성을 위한 사회제도 및 시스템이 적극적으로 홍보되고 모색되어야 할 것이다.

2) 이주와 정착의 필수조건은 언어 공부

부족한 영어 능력은 이주민에게 언제나 숙제였다. 고령의 나이가 될 때까지 그녀가 영어 공부의 끈을 놓지 않은 이유는 한평생 유창한 언어에 대한 갈망이 있었기 때문이다. 그녀는 미국에서 적응하는 데 가장 힘들었던 점으로 언어 문제를 뽑는다. 그래서 한국 사회의 이주민 혹은 외국으로의 이주를 꿈꾸는 이들에게 언어 공부에 대한 중요성을 언급했다.

"미국이라는 나라가 원래가 각 나라에서 모여서 사는 유나이티드 스테이트(united states)잖아요. 그래서 한국과는 조금 틀리겠죠. 그럼에도 영어가 잘 안 통하고 그러면 차별대우하고 옛날에는 또 검은 사람들 얼마나 차별대우했어요. 마찬가지로 그렇지만 지금 세대는 별로 그렇지는 않은 것 같고, 제가 생각하기에 어느 나라 이걸 떠나서 대화를 제대로 하느냐 못하느냐에 대해 차별이 있는 건 사실인 거 같아요. 그래서 가능하면 젊은 세대라면, 그 미국에서 살 거 같으면 영어를 좀 열심히 공부하고 우리 세대처럼 그냥 무턱대고 주먹구구식으로 그런 게 아니라." (연구참여자 2)

정주국의 언어능력은 이주의 성패를 좌우하는 매우 중요한 조건이다. 그리고 연구참여자 2의 당부에는 언어능력의 중요성뿐 아니라 체계적인 언어교육의 필요성이 포함되어 있다. 사실, 학교 혹은 국가기관을 통해 체계적인 언어교육을 받는 수혜자는 이주민의 절반에도 못 미친다. 한국의 외국인 이주노동자의 경우는 밤낮으로 직장에서 근무하므로 체계적인 학습을 보장받지 못하는 실정이다. 또한 한국 남성과 결혼한 이주여성의 경우는 임신과 출산 그리고 도서 및 산간지역 등의 환경적인 제약 때문에 체계적인 언어교육을 받지 못하는 경우가 많다. 교육기관 대신 시어머니와 남편 등 가족을 통해 언어를 학습하는데, 이러한 경우 결혼이주여성은 연구참여자 2처럼 언어능력의 한계를 경험할 수밖에 없다. 따라서 체계적인 한국어교육의 테두리 밖에 있는 이주민의 현황을 살피고, 그들을 위한 다양한 형태의 교육방안을 고민해봐야 할 것이다. 이주민의 언어능력은 이주민의 문화적응, 즉 이주민의 성공적인 삶을 위한 필수조건이면서 동시에 한국인의 행복한 삶에도 영향력을 미치는 주요 요인이다.

3) 마음으로 안아주는 통합의 다문화 사회

다문화 사회에 필요한 것은 '하트 투 하트(heart to heart)', 사람들이 진정으로 봉사하고 안아주고 친구가 될 때 다문화 사회가 된다는 연구참여자 3의 조언이다. 돈으로 모든 것을 해결할 수 없다는 그녀의 조언은 현재 한국의 다문화 사회에 시사하는 바가 크다.

"다문화 아이들이 같이 융화할 수 있도록 껴안아줘야 됩니다. 돈으로 해결하면 다 된다는 생각 있죠. 그건 절대 안 됩니다. 사회가 이 사람들을 진정으로 봉사하고 껴안아주고 네트워크 있어야 되고요. 친구가 돼줘야 돼요. 이제 대한민국은 다문화 시대이고 50년 후에는 그 사람들이 뭐라고 그러죠. 이 찬성 그 아마 우리 대한민국 인구의 30퍼센트, 40퍼센트 될 가능성이 통계적으로 나와요. 통계는 너무나 정확하고 무서운 거예요. 이거는 어쩔 수 없습니다. 그러면은 돈으로 해결하려 하지 말고 하트 투 하트(heart to heart) 그게 필요해요." (연구참여자 3)

다문화 사회의 화합과 통합을 위해 필요한 조건들이 많다. 이주민을 위한 여러 사회 및 경제 정책, 법안 등이 필요하고, 실제로 한국에서는 다문화 사회를 위한 많은 정책과 법안들을 만들었고 그로 인해 진일보한 성장을 거두었다. 그러나 진일보한 성장과 함께 사회 여기저기에서 진통을 호소하는 목소리도 있다. 표면적으로 보이는 많은 부분이 발전하고 있지만 여전히 문화갈등이 일어나고 있고, 무엇보다 이주민은 자신들에 대한 선입견과 편견에 대해 호소하고 있다. 한국은 오랜 세월 동안 단일민족을 강조하던 사회였고, 그러다 보니 이주민에 대한 배타적 태도를 보이거나 혹은 지나치게 시혜적인 태도로 이주민과 관계 형성을 하는 정주민의 선입견과 편견이 힘들다는 것이다.

변화의 속도가 빠르고 그 범위도 넓다 보니 다문화 사회로 넘어가면서 과도기적으로 나타날 수밖에 없는 현상이기도 하지만, 문화적 차이를 인정하고 서로 존중하는 사회적 합의와 분위기가 모색된다면, 선입견과 편견이라는 문화갈등은 이른 시일 내에 지양될 수 있을 것이다. 따라서 서로 행복한 한국의 다문화 사회를 위해 필요한 것은 다양한 법안과 정책뿐 아니라 이주민에 대한 이해와 존중 그리고 공감일 것이다. 연구참여자 3이 언급한 '하트 투 하트'는 한국 다문화 사회가 지향할 정책 및 교육 방향일 것이다.

4) 다문화 사회, 다음 세대를 위한 준비

한국은 정주민의 출산율이 심각하게 낮아지고, 다문화가정 자녀가 증가하고 있는 현실을 통해 미래를 봐야 한다고 연구참여자는 강조한다. 앞으로의 미래는 많은 점이 변화할 것이라고 예견하기 때문이다.

"지금 유치원, 초등학교 학생 수가 자꾸 작아져가지고 학교도 문을 닫는다는데, 다문화가정에는 자녀들이 많이 있고 현재는 학교에서 왕따를 당하고 색깔이 다르니까. 그렇지만 이제 계속 다문화가정 자녀들이 태어나고 결혼하고 이렇게 되면 우리나라 다문화가정이 엄청 발전하고 부흥될 텐데. (중략) 미국은 그게 차이가 없어요. 미국은 누구든지 실력 있으면 인정받고, 그리고 이렇게 큰 회사에 동양인, 흑인 몇 프로 이렇게 채용하게 되어있어서 그런 게 전혀 없는데, 우리나라는 또 그런 게 심하잖아요. 이게 2세, 3세 애들은 많아지고 한국 사람들은 애도 안 낳고 젊은 애들은 결혼을 안 하고 그러면은 우리나라는 다문화 아이들이 많아질 텐데. 여기서 대통령 안 나오겠어요?" (연구참여자 4)

흑인 출신 대통령이 탄생한 미국의 경우처럼 인종에 상관없이 실력으로 인정받는 사회가 도래할 것이라는 미래에 대한 조언은 한국 사회에 시사하는 바가 크다. 아직도 단일민족이라는 혈통주의에 기대어 현재와 미래를 설계하는 정주민에게 연구참여자 4의 예언은 반드시 수용해야 할 조언이다. 미래 한국의 지도자들이 다문화가정에서 나타날 것이고, 모든 인종과 출신 국가를 공평하게 채용하는 기업 문화가 확대될 것이라는 그녀의 미래 예측은 이미 현실에서 실현되고 있기 때문이다. 필리핀 국적의 전 국회의원 이자스민처럼 이제 한국 사회에도 혈통주의를 벗어나 능력과 실력에 비례한 인재 등용이 이루어지고 있고, 그것은 개인뿐 아니라 한국의 미래에도 긍정적인 메시지라 할 수 있다.

5) 여성을 존중하는 문화, 아내의 문화를 인정하는 다문화 사회

연구참여자가 봉사의 삶을 살 수 있었던 것은 자신이 이런 일을 할 수 있도록 지지해주고 적극적으로 도와준 미국인 남편 때문이었다. 연구참여자는 국제결혼가정이었지만, 한인 이민자가 밀집한 대도시에 살았기에 문화적응이라든지 언어적응이라든지 특별한 고생을 하지 않았다. 오히려 여성을 존중해주고 기회를 주는 미국의 문화가 가정에서부터 시작되어 연구참여자는 여성으로서 자신의 꿈을 실현할 수 있었다. 예를 들어 부엌에서도, 식사 예절에서도 여성을 존중하는 미국문화를 한국문화와 비교하면서 연구참여자는 그러한 문화차이를 인상적으로 생각했다.

"제가 임신했을 때 땡스기빙날(Thanksgiving day)에 시아버지하고 우리 남편이 음식을 해가지고 부엌에서 자꾸 왔다 갔다 하니까 며느리가 얼마나 불편해요. 제가 부엌을 들어갔다가 어떻게 하고 계시나 뭘 도와주어야 하나 그러니까 저희 남편 이야기가 저희 아버지 하는 말이 내가 우리 시아버지가 부엌을 쓰는 걸 싫어하시나 보다. 그러니까 자꾸 들어오는 걸 보지 않냐? 이게 문화차이야. 나는 미안하고 어려워서 우리 시아버님이 감히 부엌에서 저렇게 일을 하고 계시니까 미안해서였는데, 우리 시아버지는 우리 며느리가 자기 부엌을 쓰는 거를 싫어하는구나 이렇게 알고 계시는 거. 이게 문화의 차이. 또 한 가지는 우리는 엄마가 매일 꼴찌로 밥 먹잖아요. 애들 먹이고 남편 먹이고. 근데 미국은 안 그래요. 우리 남편은 그냥 먹고 그런 건 괜찮은데 제일 맛있는 걸 먹게 하는 건 엄마. 애들 다 기다려야 해. 그 문화가 우리 한국하고 좀 다른데. 내가 다 먼저 하라고. 그리고 애들이 먹고 남편이 꼴찌를 먹는 거. 음식을 담는 거. 이게 미국에서 적응하는 게 이런 문화가 이렇게 있구나 그랬지." (연구참여자 5)

연구참여자는 미국에서 결혼이주여성으로서 자신의 경험처럼 한국에 있는 결혼이주여성도 존중받고 살기를 바란다. 여성을 존중하는 미국문화와 달리 결혼하기 위해 이민 온 여성들이 한국문화에 동화되기만을 원하는 한국 남편들의 모습에 연구참여자 5는 우려를 표한다. 남편뿐만 아니라 시댁 전체가 문화적으로 결혼이주여성을 받아들이기 위한 준비가 필요하다고 보고 있다. 무더운 기후로 인해 낮잠 자는 습관을 가진 외국 여성을 아내로, 며느리로 맞은 남편과 시댁은 그들의 문화를 존중해야 한다는 것이다. 다시 말해 연구참여자 5는 한국 다문화 사회의 문제점이 이민자에 대한 낮은 포용력이라 보고, 결혼이주여성이 한국문화에 동화되도록 강요할 것이 아니라 한국인이 먼저 그들의 문화를 이해하고 포용해야 한다고 보고 있다.

> "다문화가정 여성들을 만나고 그들의 고통을 들었을 때 느낀 거는 결혼 전 남편과 시부모들이 교육이 필요하다고 생각해요. 그냥 결혼만 해서 다 되는 게 아니라 말하자면 월남이나 필리핀은 낮에 낮잠을 자요. 너무 더운 나라에서 왔기 때문에 그러니까 한국에 오면 잠이 온다고. 그러면 게으르다고 욕하고 때리고. 때리면 안 되죠. 그 문화를 이해를 해야 하거든. (중략) 외국에서 온 아내, 며느리 어떻게 그 우리 가족이니까. 애도 낳고 그러는데, 아내 며느리에 대한 이해를 해주고 그 문화를 이해해주고 이게 교육이 없이 어떻게 되겠어요. 내 식으로 욕하고 윽박지르고 어떤 사람은 시어머니가 너무 욕을 많이 한다고 하더라고요. 자기 나라에서 교육받고 온 사람도 있고 잘살아보려고 한국 남자랑 결혼해서. 그래도 우리나라가 이제 경제 이제 크게 도약하고 잘사는 나라로 되어 있잖아요? 이 남편들의 인격이라든지 지식이라든지 교육 같은 게 있어서, 포용을 해야지." (연구참여자 5)

한국 사회에서 가장 필요한 태도는 결혼이주여성에 대한 존중, 나아가 여성에 대한 존중이라고 말하고 있다. 다문화 사회라 함은 다양한 문화가 공존하며 함께 살아가는 사회이고, 근본적으로 남성과 여성이 함께 사는 사회가 다문화 사회라는 점에서 여성에 대한 존중에서부터 화합과 통합의 다문화 사회가 완성된다고 보는 것이다. 실제로 한국으로 시집온 많은 이주여성이 여성에 대한 차별로 문화적응의 어려움을 호소하고 있다. 여성에 대한 존중은 아직도 한국 사회가 좀 더 노력해야 하는 부분으로, 며느리 이

전에 누군가의 아내이자 어머니인 이주여성에 대한 존중이 한국 사회의 밝은 미래일 것이다.

6) 한국 엄마들의 변화가 다문화 사회의 미래

연구참여자 6은 한국 다문화 사회에서 가장 중요한 인물이 한국 엄마들이라고 말한다. 그녀는 한국 엄마들이 먼저 변화할 때 비로소 아이들이 변화하고, 그리고 한국 사회가 바뀔 수 있다고 소신을 밝히고 있다.

"나는 누가 뭐래도 엄마들 먼저 변해야 한다고 생각해요. 사랑을 주고. 돈으로만 매기는 게 아니라 내 자식에게 책임을 강하게 가르치고, 같이 대화하고, 같이 들어주고. (중략) 진짜 엄마들이 먼저 변해야 돼요. 엄마들이 먼저 변해서 다문화가정 사람들을 안아야 해요. 내 자식도. 다문화가정을 할 수 있다는 걸 염두에 둬야 해요. 다문화가정이 될 수 있다는 거를 염두를 두고 겸손해지면 돼요." (연구참여자 6)

한국은 유럽과 미국처럼 가족 단위의 이주가 아닌 결혼이주여성과 이주노동자가 중심인 다문화 사회다. 경제적으로 한국보다 취약한 동남아시아권의 이주민, 특히 결혼이주여성이 주로 한국 사회로 편입했고, 그러다 보니 가난, 팔려온 여성 같은 부정적인 이미지들이 꼬리표처럼 이주민을 따라다니고 있다. 이러한 현상을 외국에서 지켜본 연구참여자는 한국 사회가 외국인노동자나 결혼이주여성을 무시하거나 홀대하는 것을 걱정스럽게 보고 있었다. 그리하여 이에 대한 처방으로 먼저 한국 엄마들이 변화해야 한다고 말하고 있다. 또한 앞으로 누구든지 다문화가정이 될 수 있다는 것을 인지하여 사람을 차별하지 말고 인간 존중의 겸손한 태도를 지니는 데, 그 중심에 엄마들의 변화가 선행되어야 할 것을 강조하고 있다. 엄마들의 변화를 통해 한국 다문화 사회를 변화시켜야 한다는 연구참여자의 조언은 한국 사회의 중요한 방향이기도 하다. 한국 다문화 사회의 미래는 아이들에게 달려 있고, 아이들은 누구보다 어머니에게서 지대한 영향을 받기 때문이다. 피부, 인종, 국적을 초월하여 누구나 함께 어울려 살아가는 다문화 사회는 결국 아이들과 아이들을 양육하는 어머니의 힘으로 만들어질 것이다.

7) 결혼이주여성 남편들의 공동체적 위상과 미래

다문화 사회에서 집중하는 대상은 대부분 이주민이다. 다문화 사회를 구성하는 인물은 이주민과 정주민이지만, 대부분의 다문화 사회 정책 혹은 교육 등은 모두 이주민을 대상화해서 진행한다. 그러나 미국 남성과 결혼하여 다문화가정을 이루어 살아온 연구참여자 7은 오히려 남편의 위치와 역할의 중요성에 대해 말하고 있다. 정주민인 남편의 문제를 간과하면 안 된다는 점을 한국 사회에 피력하고 있다.

> "결혼이주 외국 여성과 같이 사는 한국 남자분들은 무엇보다도 자기를 또. 자기 자신을 높이는 방법이 내 가족이 한국 어느 사회에 내놔도

정말 내 와이프가 정말 대단하고 내 아이들이 정말 프라이드라 그래야 할까요? 그게 없으면, 그 가정이 사회의 구성원으로 건전하게 산다는 게 더 어렵다고 생각해요. 가정에서 내 존재감을 먼저 알아야 자신감이 생기는 거고, 또 그런 사람이 자꾸 늘어나야 하는 거죠."(연구참여자7)

연구참여자는 외국 여성과 결혼한 한국 남성이 먼저 자기 자신에 대한 자존감을 높이고 자신의 아내를 존중하는 태도를 가져야 한다고 말한다. 아내와 아이들이 집에서 존중받지 못하면 사회에 나가서 건강한 사회의 구성원으로 성장하기 어렵다는 것이다. 그리하여 먼저 가정에서 남편이 아내를 존중하고 아이들을 사랑하여 아내와 아이들이 사회에 나가서도 당당하게 행할 수 있는 기반을 마련해주어야 함을 강조한다. 그렇게 하기 위해 국제결혼한 한국 남성은 먼저 자신에 대해 긍정적으로 생각하고 자신감을 가져야 한다고 말한다.

사실, 결혼이주여성에 대한 선입견과 편견은 국제결혼한 한국 남성들, 즉 그녀들의 남편들에게도 고스란히 영향을 미치기 때문이다. 그래서 다문화가정 속 한국 남편들은 대부분 사회적 편견 속에서 따가운 시선을 느끼며 위축되는 경험을 한 바 있다. 폭력적인 다문화가정 남편에 대한 기사나 뉴스가 나올 때마다 평범한 남편들도 함께 폭력 남편처럼 매도된다. 따라서 결혼이주여성뿐 아니라 그녀들과 단란한 가정을 일구며 살아가는 남편들에 대한 배려도 사회적 차원에서 필요하다.

그리고 결혼이주를 통해 온 아내에 대한 한국 남편들의 지지와 존중도 행복한 다문화가정을 위해 매우 중요하다. 연구참여자는 영어 발음이 부족한 자신에게 늘 잘했다고 말해주고, 긍정적으로 행동한 남편의 지지와 존중이 그녀의 삶에 결정적인 영향력을 미쳤다고 강조한다. 남편의 지지와 존중이 전제될 때, 이웃과 사회에서도 결혼이주여성에게 지지와 존중을 표할 것이라는 그녀의 믿음은 한국 사회에 울림이 된다.

맺음말

　한인 교포 여성들의 공동체인 월드킴와에서 만난 7명의 한인이주여성은 모두 다른 이름의 다른 삶을 살아온 사람들이지만, 미국으로 이주하여 초국적 삶을 살아온 공통점을 가진 대한민국의 또 다른 시민이다. 7명의 한인이주여성은 공통적으로 한국에서 유년 시절을 보낸 후 미국에서 현재까지의 삶을 영위하고 있으며, 미국과 한국이라는 양국의 소속감과 정체성을 가진 채 국위 선양에 앞장서며 초국적 삶을 살아가는 여성들이다.
　현재 60~70대 노년기의 삶을 보내고 있는 연구참여자들이 처음부터 초국적 삶을 살 수 있었던 것은 아니다. 전혀 다른 언어와 문화의 소용돌이 속에서 한인이주여성은 저마다의 문화충격과 문화갈등 그리고 문화적응을 하며 청년기와 중장년기를 보냈고, 이주민이 아닌 두 개의 나라를 가진 정주민으로서 살아가고자 수많은 노력을 해왔다. 그 수많은 노력이 연구참여자들의 생애이고, 그래서 들려주는 그녀들의 생애담이 각국에 편입한 이주민의 초국적 삶의 대표성을 가진다고 평가할 수 있다.
　이 책에서 소개하고 있는 7명의 미국 한인여성 이야기는 개인의 사적인 삶의 이야기이면서 동시에 공적인 삶의 이야기다. 본격적인 다문화 사회로 진입한 한국 사회에서 7명의 미국 한인여성 이야기는 개인적인 상처와 문화적응의 차원을 넘어서 초국적 삶의 의미가 무엇인지, 그리고 초국적 삶에서 필요로 하는 사회적 조건들이 무엇인지를 제시해주는 공적인 삶의 이야기다. 공적인 삶의 이야기로 본 7명의 미국 한인여성의 생애담은 결국 우리 안의 이주민 이야기이고, 우리의 자화상일 것이다. 아메리칸 드림을 꿈꾸며 미국으로 이주한 7명의 앳된 한인여성이 현재 한국의 다문화 사회에 살아가고 있는 20~30대 젊은 이주여성일 것이고, 그들과의 관계를 통해 우리의 불행한 혹은 행복한 미래를 만날 수 있을 것이다.

특히, 7명의 미국 한인여성의 삶을 통해 한 개인이 초국적인 삶을 영위하기 위해서는 개인의 노력과 열정뿐 아니라 종교 혹은 사회 차원의 공동체가 필요하다는 사실을 배울 수 있었다. 이주민은 공동의 이주민 공동체 혹은 정주민과의 협동 공동체 속에서 모국과 정주 사회 사이의 관계성을 확보하여 초국적 삶을 실현하고, 이주민의 초국적 삶은 다시 정주국과 자국 사람들의 삶까지 변화시킨다는 사실을 확인할 수 있었다. 즉 공동체는 이주민이 긍정적인 문화적응을 하고 나아가 정주국 사회와 모국 사회의 징검다리 역할을 하는 초국적 활동을 지원한다는 사실도 깨달을 수 있었다. 따라서 7명의 미국 한인여성이 '월드킴와'라는 공동체를 통해 양국의 정체성을 획득하고 초국적 삶을 지향할 수 있었던 것은 결코 우연이 아니었으며, 한국의 다문화 사회에서도 이주민이 월드킴와 같은 구심점 역할의 공동체 활동을 할 수 있도록 적극적으로 지원할 필요가 있다. 초국적 삶에는 '상생'이라는 의미가 포함되어 있다. 이주민의 초국적 삶은 결국 우리의 삶을 의미하며, 서로가 함께 행복한 미래를 만들어가는 과정으로 지지하고 응원해야 할 것이다.

참고문헌

강수택(2004). 「근대, 탈근대, 사회적 연대」. 『한국사회학』 38(5), 1-29.

강희영(2012). 『한인여성디아스포라의 이주경험과 트랜스로컬 정체에 관한 연구: 구소련 유학이주여성의 한국체류경험을 중심으로』. 한양대학교 박사학위논문.

고가영(2008). 「우랄지역 원로 고려인들의 생애사 연구」. 『역사문화연구』 30, 51-86.

곽애영(2018). 「한국 에어로빅스의 대모 이영숙의 생애사 연구: 교육적 공헌을 중심으로」. 『체육사학회지』 23(3), 101-116.

김경신·임채완·이선미·김영혜·리단(2008). 『재외한인 여성공동체 네트워크』. 북코리아.

김남규(2019). 「테니스인 이종훈의 생애사」. 강원대학교 석사학위논문.

김민정(2012). 「미국가기와 결혼하기: 하와이 한인이주여성의 종족간 결혼」. 『가족과 문화』 24(3), 98-130.

_____(2018). 「조국에 대한 공헌과 재외한인으로의 인정」. 『아시아여성연구』 57(1), 7-47.

김병수(2016). 「재미 결혼이주 한인여성이 인식하는 미국인 남편의 역할」. 『한국생활과학회지』 25(6), 835-847.

김선정(2008). 『미국 소도시 한인사회와 한인들의 삶: 인디애나폴리스 올드타이머를 중심으로』. 한국외국어대학교 박사학위논문.

김영순·박봉수(2016). 「영주귀국 사할린 한인의 한국어 교사 경험에 관한 연구」. 『언어와 문화』 12(4), 55-81.

김영순·최희(2017). 「고려인 여성 Y의 생애 과정에 나타난 한국인의 문화유전자」. 『한국민족문화』 (64), 309-342.

김혜정(2012). 「재미 1세 한국 이민 여성의 영적 여정에 대한 사례연구」. 『한국기독교상담학회지』 23(3), 59-90.

남혜경(2020). 『파독 간호사 출신 한인여성의 이주생애사 연구』. 인하대학교 박사학위 논문.

남혜경·김영순(2016). 「재미 국제결혼 한인여성의 문화적응에 관한 사례연구」. 『여성학연구』 26(3), 35-68.

_____(2018). 「재독 한인 국제결혼 여성의 생애사에 나타난 이주의 의미」. 『교육문화연구』 24(6), 667-685.

문현아(2016). 「사할린 디아스포라 한인의 초국적 경험과 의미분석」. 『구술사연구』 7(1), 137-186.

박경용(2013). 「사할린 한인 김옥자의 삶과 디아스포라 생활사: '기억의 환기'를 통한 구술생애사 방법을 중심으로」. 『디아스포라연구』 7(1), 163-196.

박봉수(2017). 「포토텔링을 활용한 자서전 글쓰기: 영주귀국 사할린 한인 임순련의 생애사」. 『인문사회 21』 8(6), 379-391.

박신규(2019). 「두 재외한인의 삶을 통해 본 귀환이주의 특징분석: 사할린 한인 S와 중남미 한인 P의 사례를 중심으로」. 경북대학교 박사학위논문.

박신규·이채문(2016). 「영주귀국 사할린 한인의 귀환 이후 삶과 적응과정에 대한 분석: 부산 정관 신도시 사례를 중심으로」. 『한국민족문화』 60, 3-36.

박옥균(2012). 『오스트리아 속의 한국인』. 리더스가이드.

박준영(2020). 「재외 한인 이주 사회 여성 주체의 등장: 인도네시아 한인 여성 활동가 모빌리티 차별: 네트워크 자본 배제 극복 실천 사례를 중심으로」. 『현대사회와 다문화』 10(2), 107-141.

박해광(2015). 「미국 거주 국제결혼 한국 여성의 문화적 적응 연구」. 『다문화 사회연구』 8(2), 145-182.

배은경(2008). 「시베리아 과학자 김파벨 가족의 구술 생애사 연구」. 『역사문화연구』 30, 87-118.

서유석(2014). 「연대(solidarity) 개념에 대한 철학적 성찰」. 『철학논총』 72, 385-407.

양영자(2010). 「재독한인 1세대 여성의 가치관과 정체성의 변화과정에 대한 생애사 연구」. 『한국사회복지학』 62(3), 323-351.

양영자(2016). 「재독 한인여성의 생애체험에 대한 질적 사례연구」. 『비판사회정책』 53, 48-95.

월드킴와(2019). 『제15회 월드킴와 세계대회 자료집』.

윤인진(2004). 『코리아 디아스포라, 재외한인의 이주, 적응, 정체성』. 고려대학교출판부.

윤택림(2010). 「구술 생애사를 통한 1930년대 생들의 청소년기에 대한 심성사적 접근」. 『구술사연구』 1, 117-157.

윤희진·김영순·아이고자에바 아이게림·백보예바 아이굴(2016). 「고려인 민 타찌아나의 생애 이야기 재구성」. 『예술인문사회융합멀티미디어논문지』 6(10), 449-456.

이광규(1986). 「재미한국인 연구서설. 한국정신문화연구원」. 『제1회 한국학 국제학술회의 논문집』.

_____(1988a). 『재미한국인: 총체적 접근』. 일조각

_____(1988b). 「在美韓人의 分布 硏究」. 『社會科學과政策硏究』 9(3), 103-143.

_____(1991). 「美國과 蘇聯의 僑胞社會 比較」. 『미소연구』 5, 335-357.

_____(1992a). 「시사초점 (3) 타민족과 더불어 사는 지혜의 터득: LA사태가 우리에게 주는 교훈」. 『통일한국』 102, 42-44.

_____(1992b). 「특별기획 (2) LA 사태와 재외 한국인-LA 사태 해주: 재외 한국인 그들은 누구인가」. 『한국논단』 34(1), 55-61.

_____(1993). 「Overseas Koreans in the Global Context」. 『在外韓人硏究』 3(1), 7-34.

_____(1995). 「세계화와 재외한인가족」. 『家族學 論集』 7, 325-332.

_____(1997). 「해외동포에 대한 장기적인 정책을 마련하자」. 『황해문화』, 26-28.

_____(1998). 「재외동포 포커스: IMF시대에 생각하는 재외동포정책」. 『통일한국』 170, 80-82.

_____(2002). 「재미동포의 뷰티 서플라이 산업」. 『在外韓人硏究』 12(2), 185-208.

_____(2008). 「미주 동포와 한국어 교육」. 『언어와 문화』 4(2), 1-30.

이영민 외(2007). 『북미주 한인의 역사(상)』. 재외동포총서 04. 국사편찬위원회

이전(2001). 『미국에서 살고 있는 한인』. 한울

이효선·김혜진(2014). 「생애사 연구를 통한 이주여성 노동자의 삶의 재구성: 파독 간호사 단일사례 연구」. 『한국여성학』 30(1), 253-288.

이희영(2005). 「이주 노동자의 생애 체험과 사회 운동: 독일로 간 한국인 1세대의 구술 생애사를 중심으로」. 『사회와 역사』 68, 281-318.

임영상(2006). 「코리언 아메리칸과 구술사: 백한원-장진옥 부분의 인디애나 생활」. 『역사문화연구』 25, 277-321.

_____(2010). 「타슈켄트 주 〈북쪽등대〉 콜호즈의 김 게오르기, 문화일꾼에서 한국어 교사로」. 『역사문화연구』 37, 377-405.

장승혁(2014). 「사회연대원리의 기원과 발전: 전통적인 사회이론가들의 사상을 중심으로」. 『사회보장법연구』 3(2), 49-74.

전명희(2011). 「미국 내 한인여성의 가정폭력 특징과 유형에 관한 탐색적 연구: 피해 사례의 내용분석」. 『임상사회사업연구』 8(3), 51-75.

정수연(2019). 「재미 한인 기혼자의 내현적 자기애와 결혼만족도의 관계: 용서와 공감의 매개효과」. 『한국콘텐츠학회논문지』 19(8), 412-426.

조일동(2015). 「영주귀국과 사회문화적 정체성의 균열: 경기도 안산시 고향마을 사할린동포의 사례를 중심으로」. 『재외한인연구』 37, 31-59.

최미정(2018). 「재미한인 여성시 연구」. 『한국문학과 예술』 27, 273-321.

최성규(2016). 「농인 조경건의 생애사 연구」. 『특수교육학연구』 50(4), 41-64.

최윤미(2015). 「대한민국 평화유지활동의 신패러다임: 스마트파워 강화를 위한 국방·외교전략」. 『국가안보와 전략』 15(1), 141-172.

최정아(2018). 『재미한인이민여성 대상 자궁경부암 예방교육프로그램의 개발과 효과』.

이화여자대학교 박사학위논문.

최현길(2017). 『축구인 차범근 생애사 연구』. 세종대학교 박사학위논문.

황영삼(2008). 「고려인 학자 박 보리스 드미트리예비치 교수의 구술 생애사: 중앙아시아 및 시베리아 생활 시기를 중심으로」. 『역사문화연구』 30, 3-50.

Houchins, Lee and Chan-su Houchins (1974). The Korean Experience in America. Pacific Historical Review, XLIII, pp.548-575.

Kang, Miliann (1997). Manicuring Race, Gender, and Class: Service Interactions in New York City Korean-Owned Nail Salons. Race, Gender, and Class, 4, 143-164.

_____ (2003). The managed hand: The commercialization of bodies and emotions in Korean immigrant-owned nail salons. Gender & Society, 17(6), 820-839.

_____ (2010). The Managed Hand: Race, Gender and the Body in Beauty Service Work. Berkeley: University of California Press.

Kim, Kwang Chung, and Won Moon Hurh (1988). The Burden of Double Roles: Korean Wives in the USA. Ethnic and Racial Studies, 11, 151-167.

Min, Pyong Gap (1992). Korean Immigrant Wives' Overwork. Korea Journal of Population and Development, 21, 23-36. Reprinted in Korean American Women: From Tradition to Modern Feminism (pp.89-102), edited by Young Song Ailee Moon (Praeger, 1998).

_____ (1997). Korean Immigrant Wives' Labor Force Participation, Marital Power, and Status. (pp.176-191) in Women and Work: Race, Ethnicity, and Class, edited by Elizabeth Higginbotham and Mary Romero. Newbury Park, CA: Sage Publications.

_____ (2008). Severe Underrepresentation of Women in Church Leadership in the Korean Immigrant Community in the United States. Journal for the Scientific Study of Religion, 47(2), 225-241. Retrieved January 29, 2021, from http://www.jstor.org/stable/20486909

_____ (2010). A Four Decade Literature on Korean Americans: A Review and a Comprehensive Bibliography, 재외한인연구, 21, 15-134.

Song, Young In (eds.). (1998). Korean American Women: From Tradition to Modern Feminism. Westport, CT: Praeger.

Song, Young In, and Ailee Moon Lee (eds.). (1997). Korean American Women living in Two Cultures. Los Angeles: Keimyung-Baylo University Press.

Yoon, In Jin (1997). On My Own: Korean Business and Race Relations in America, Chicago: University of Chicago Press.

외교부(2019a). 국가별 재외동포 조사 현황. http://www.mofa.go.kr/www/brd/m_4080/view.do?seq=369552

_____(2019b). 재외동포 현황. http://www.mofa.go.kr/www/wpge/m_21508/contents.do

찾아보기

ㄱ

가부장적 전통 50
가정폭력 51, 53
가정폭력 피해자 여성 294, 295
가정학대 50
가족이민 43
가치관 23
간병인회사 189
간병케어서비스회사 193
개신교 40, 41
개인화 23
개항장 40
갤릭호 38
결혼만족도 50, 53
결혼생활의 적응과 갈등 50
경계인 52
고아입양특례법 42
골든레이호 156
공감 53

공동체 17, 18, 19, 54, 62, 70, 77, 289, 291, 308
교도소 149, 150, 151, 153
교도소 사역 29, 152, 153, 282, 291
교민사회 54
교회 60, 61, 189
국가별 할당법 39
국가주의 53
국제결혼가정선교전국연합회 24, 64, 73
국제결혼여성서울대회 65, 69
국제결혼여성세계대회 66
국제 로터리 클럽 익스체인지
　　　　프로그램(International Rotary Club
　　　　Exchange Program) 231
국제이주 15
국제적인 연대 활동 54
군인 아내(military wife) 41
그리움 52, 280
기계적 연대 60
기독교신학 50

기지촌 여성 42, 49, 138, 286

ㄴ
남아시아태평양 37
내적 갈등 280
내현적 자기애 53
네트워크 자본 62
네트워크 활동 63
노동참여율 44

ㄷ
대한부인구제회 60
돌봄자 52
동북아시아 37
동회 60

ㄹ
러시아 37

ㅁ
만명위원회 64
매개효과 53
몸(body) 49
무지개여성평화대행진 66
무지개집 65

무지개평화여성대행진 78
문화수용자 52
문화외교관 62
문화적응 52, 53, 288, 289
미국과 소련의 동포사회 연구 47
미국 이민법 41, 42
미군 41, 49, 50, 290
미군 부인 41, 52, 53
미주동포와 한국어 교육 47
민간대사 62
민간외교관 144
민족 교회 50
민족의식 40
민족정체성 41
민주주의 161

ㅂ
박애 58
배제 62
배출요인(push) 43
법률사무소 138, 146, 147, 286
베트남 37
별이 된 상처(Scars into Stars) 279
보수신학적 경향 50
복지국가 58, 59
복지서비스 전략 50
봉사 168, 192, 195, 299
봉사활동 292

부마항쟁 237, 283
부인친애회 62
불평등 53
비혼혈아 42
빈곤 문제 58

ㅅ

사진 교환 38
사진신부 39, 40
사회계약론 58
사회 관계망 17
사회구조 21
사회복지 50
사회분업론 59
사회적 동물 57
사회적 연대 7, 19, 58
사회적 지지기반 17
사회적 행위주체 21
사회화 23
산업사회 58
상생 308
상호작용 21, 23
샌프란시스코 40, 72, 228
생성 22
생애사 연구 21, 22, 23, 25
선거운동 147
선거캠프 147
선교사업 189

선교센터 74
성숙 22
성차별 50
세계국제결혼여성총연합회 69
세계한민족여성네트워크 76
세계화와 재외한인가족 47
소멸 22
소셜네트워크 36
소외감 52
순혈민족주의 53
스트레스 50
시민권자 37, 41
시카고학파 21
신(新)이민 43
신체적 질병 예방 54
실천 신앙 223
심신치료센터 74

ㅇ

아메리칸 드림 104
아프리카 37
양로원 192
언어 23, 295
언어교육 296
여성 리더십 50
여성안수 50
연대 58, 59
영구거주자 40

영어교육 136, 291
영주권자 37
외모 23
외현적 자기애 53
용서 53
우즈베키스탄 37
월드킴와 17, 24, 61, 66, 69, 72, 158, 290, 291, 308
유교 50
유교문화적 사상 50
유기적 연대 60, 61
유대감 60
유럽 37
유학생 37, 41, 44
의료보건 43
의료 전문인력 44
이민 열병 44
이방인 290
이주여성 네트워크 54
이중문화가정목회전국연합회 64
이혼율 45
인간불평등기원론 58
인권 사각지대 82
인권운동가 86
인류론 59
인종(race) 49
일반체류자 37
일반통합의 이론 59
일본 37

임파워먼트 7, 19
입양 42, 72, 292
입양아 41

ㅈ

자궁경부암 예방교육 53
자영업체 53
자조모임 52
재무회계부서 244
재미동포 47, 48
재미동포의 뷰티 서플라이 산업 47
재미한국인 서설 47
재미한인의 분포연구 47
재외동포재단 46, 65, 78
전쟁고아 41, 42
전쟁신부(war bride) 41, 49
정착의식 52
정체구조 23
정체성 16, 23, 52, 53, 60
정체성 인정 54
제물포항 38
젠더(gender) 49
조승희 사건 29, 132, 286
종교인 52
죄책감 281
주말농장 74
주체성 54
주한미군 44

중간 통로 17
중국 37
중남미 37
중동 37
중산층 이민 44

ㅊ
차별 53
차별성 53
책벌레 클럽 29, 121, 133, 134
초국적 삶 6, 16, 17, 18, 35, 36, 54, 292
초국적 세계 36
초국적 이주 15, 35, 36
초국적 정체성 51, 52
최사라 39
침묵의 희생자: 한인이주가정의 학대받는 여성들(Silent Victims: Battered Women in Korean Immigrant Families) 49

ㅋ
카이로스의 시간 22
카자흐스탄 37
캐나다 37
코윈 76, 77
퀸즈 YWCA 62
크로노스의 시간 22
킬린(Killeen) 73

ㅌ
타자성 52
타자화 53
특공대 259

ㅍ
파독 간호사 52
파르테논 신전 131
판문점 선언 77
평화마을 74, 75
평화통일 77
포섭과 추방 52
포용 187, 301
포함과 배제 52
폭력성 53
필리핀 37

ㅎ
하트 투 하트(heart to heart) 296, 297
하파 271
한국커뮤니티연구센터(Research Center for Korean Community) 48
한국 YWCA 62
한글학교 57
한미부인연합회 65
한미부인회 65, 69
한미여성연합회 65, 66

한미여성총연합회 78, 79
한인교회 57, 192
한인국제결혼여성단체 78
한인부인회 62
한인상회 57
한인회 57
해외교민청 48
해외입양사업 42
형제 초청 241
호놀룰루 38, 40
호주 37
혼혈고아 42
혼혈아 41, 42
혼혈 인구층 51
혼혈인협회 272
화상영어 135, 136, 291

화상회의 135
환대 162
휘드비섬 102, 106, 107, 108, 118, 285, 290
흡입요인(pull) 43

DNA 은행 273
ESL 293
FAO 244
HAPA 271, 272
IMF 232
KAWA 65, 69
KGS 244
YWCA 62

저자소개

김영순 (金永洵) kimysoon@inha.ac.kr

독일 베를린자유대학교에서 문화변동에 관한 연구로 철학박사 학위를 취득하고, 현재 인하대학교 사회교육과 교수 겸 대학원 다문화교육학과 학과장으로 재직 중이며, 인하대학교 부설 다문화융합연구소 소장, 다문화멘토링사업단 단장, BK21FOUR글로컬다문화교육연구단 단장 등을 수행하고 있다. 또한 학문후속세대를 위해 질적 연구방법론 캠프를 지속적으로 개최하고 있다. 주요 공동저서로 『다문화 생활세계와 사회통합 연구』, 『중국계 이주민의 다문화 생활세계 연구』, 『동남아시아계 이주민의 다문화 생활세계 연구』, 『중앙아시아계 이주여성의 삶: 이상과 현실 사이』, 단독저서로는 『다문화교육의 이론과 이론가들』, 『다문화교육과 협동학습 경험』, 『다문화 사회와 공존의 인문학』, 『이주여성의 상호문화 소통과 정체성 협상』, 『시민을 위한 사회·문화 리터러시』 등이 있다.

최승은 (崔承恩) choise@inha.ac.kr

오스트리아 빈 대학교와 대학원을 졸업하고, 인하대학교에서 상호문화교육에 관한 연구로 교육학 박사학위를 받았다. 경인교육대학교, 인하대학교에서 강의를 했으며, 현재 인하대학교 다문화융합연구소에서 연구교수로 재직하고 있다. 주요 공동저서로 『동남아시아계 이주민의 생활세계 생애담 연구』, 『결혼이주여성의 주체적 삶에 관한 생애담 연구』, 『디아스포라와 노스탤지어: 사할린 한인의 삶과 이야기』 등을 집필했고, 『언어, 문화 그리고 비판적 다문화교육』을 공동으로 번역했다. 주요 논문으로는 「이주 어머니(migrant mother)의 자녀교육 경험에 관한 연구」, 「국내 외국인 유학생의 문화적응 경험에 관한 현상학적 연구」, 「독일 한인이주여성의 초국적 정체성에 관한 생애사적 내러티브 연구」, 「Exploring the Meaning of Double Nostalgia in the Life Histories of Sakhalin Koreans」 등이 있다.

오영섭 (吳瑛燮) yesoh@hanmail.net

인하대학교에서 다문화교육 전공으로 교육학 박사학위를 받았으며, 학위 논문은 「이주배경 중도입국청소년의 미술·이야기융합치료 프로그램 참여경험 사례연구」다. 현재 인하대학교 다문화융합연구소에서 연구교수로 재직하고 있으며, 공동 저서로 『동남아시아계 이주민의 다문화 생활세계 연구』를 집필했다. 주요 논문으로는 「내러티브 활용 인문융합치료 교수모형 적용에 관한 질적 사례연구」, 「전환학습 관점에서 본 이주민설화조사 연구자의 다문화감수성 발달에 대한 연구」 등이 있다.

오정미 (吳正美) gina2004@naver.com

건국대학교에서 설화를 활용한 다문화교육에 관한 연구로 문학박사 학위를 취득하고, '다문화시대 한국학을 위한 이주민 설화 구술자료 DB 구축' 연구의 전임연구원을 맡은 바 있다. 이후 인하대학교 인문융합치료 전공의 초빙교수를 역임하고, 현재는 인하대학교 다문화융합연구소의 학술연구교수로 재직 중이다. 건국대학교, 경인교육대학교, 상지대학교, 국민대학교에서 다문화와 관련한 강의를 했으며, 단독저서로 『다문화 사회에서의 한국의 옛이야기와 문화교육』이 있고, 공동저서로 『시집살이 이야기 집성 1~10』, 『한국전쟁 이야기 집성 1~10』, 『한국문화와 콘텐츠』가 있다. 주요 논문으로는 「상호문학교육을 위한 문학교육의 방법론 연구: 다국적의 구비문학 자료를 바탕으로」, 「상호문학교육을 위한 아시아 설화에 대한 새로운 접근과 이해: 베트남 설화를 중심으로」, 「아시아 트릭스터담을 활용한 상호문화교육에서의 공감교육: '다름'이 아닌 '같음'을 바탕으로」, 「이주민 설화 조사를 통해 본 새로운 다문화교육 방안」 등이 있다.

남혜경 (南惠璟) ssalguaja@naver.com

인하대학교에서 한인 여성의 이주생애사 연구로 교육학 박사학위를 취득하고, 현재 'NM 생애사 연구소' 대표다. 학위 논문은 「파독 간호사 출신 한인 여성의 이주생애사 연구」다. 공동논문으로 「자녀에게 모국어를 가르치는 결혼이주여성의 경험」, 「재미 국제결혼 한인여성의 문화적응에 관한 사례연구」, 「재독한인 국제결혼여성의 문화 간 커뮤니케이션에 관한 연구」, 「한인 국제결혼여성의 공동체 활동에 나타난 정체성 협상」, 「1970~80년대 서유럽으로 유학한 한인 여성의 임파워먼트 형성과정에 관한 생애사적 연구」 등이 있다.